Rudolf Steiner
Esoterische Unterweisungen
für die Erste Klasse

ルドルフ・シュタイナー

秘教講義 1

高橋巖
［訳］

春秋社

黒板絵

秘教講義　第２講〜第 19 講

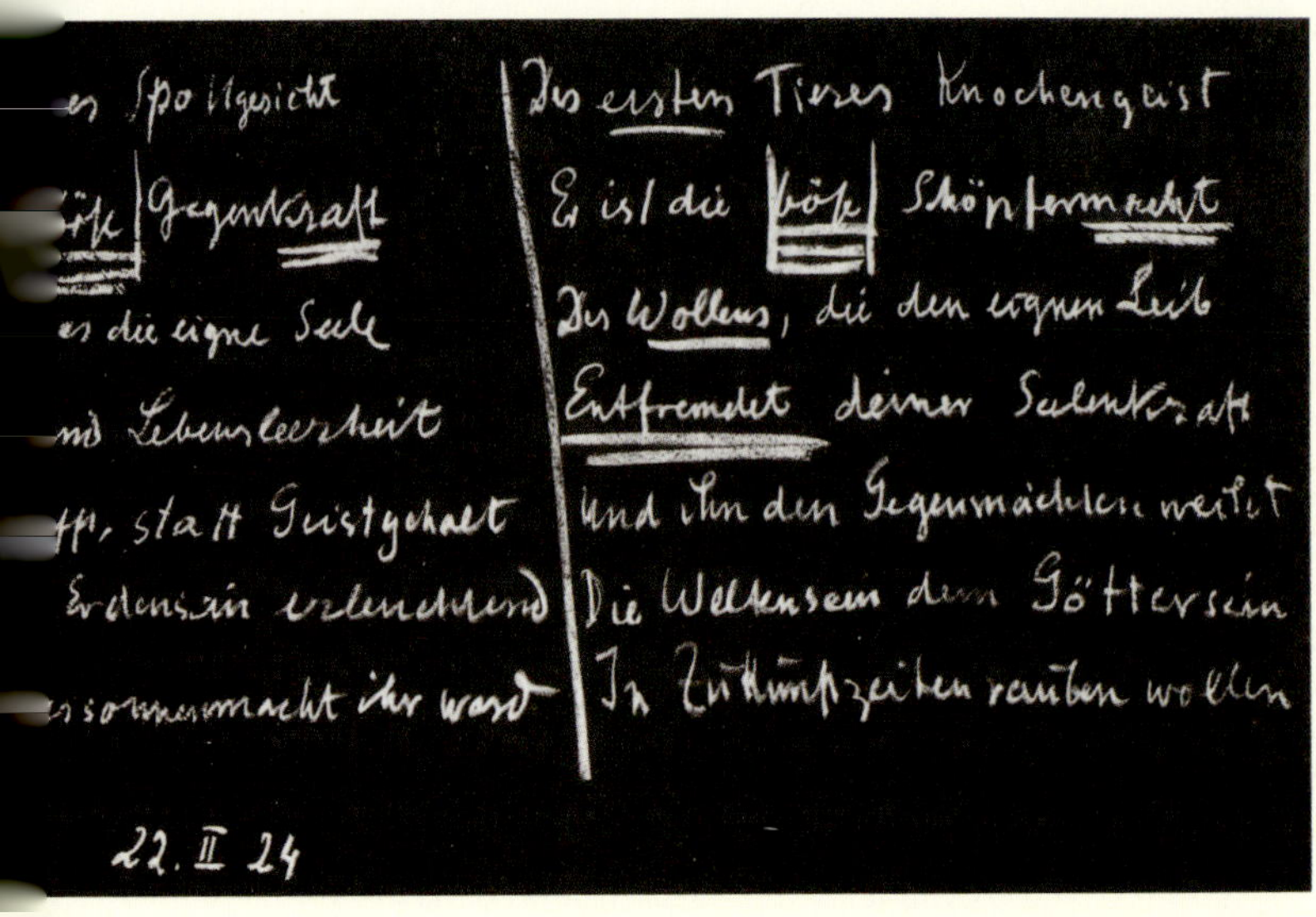
es Spottgesicht
ürfe Gegenkraft
es die eigne Seele
nd Lebensleerheit
tt, statt Geistgehalt
Erdensein erleuchtend
sonnenmacht ihr ward
22. II 24
Des ersten Tieres Knochengeist
Es ist die böse Schöpfermacht
Des Wollens, die den eignen Leib
Entfremdet deiner Seelenkraft
Und ihn den Gegenmächten weihet
Die Weltensein dem Göttersein
In Zukunftszeiten rauben wollen

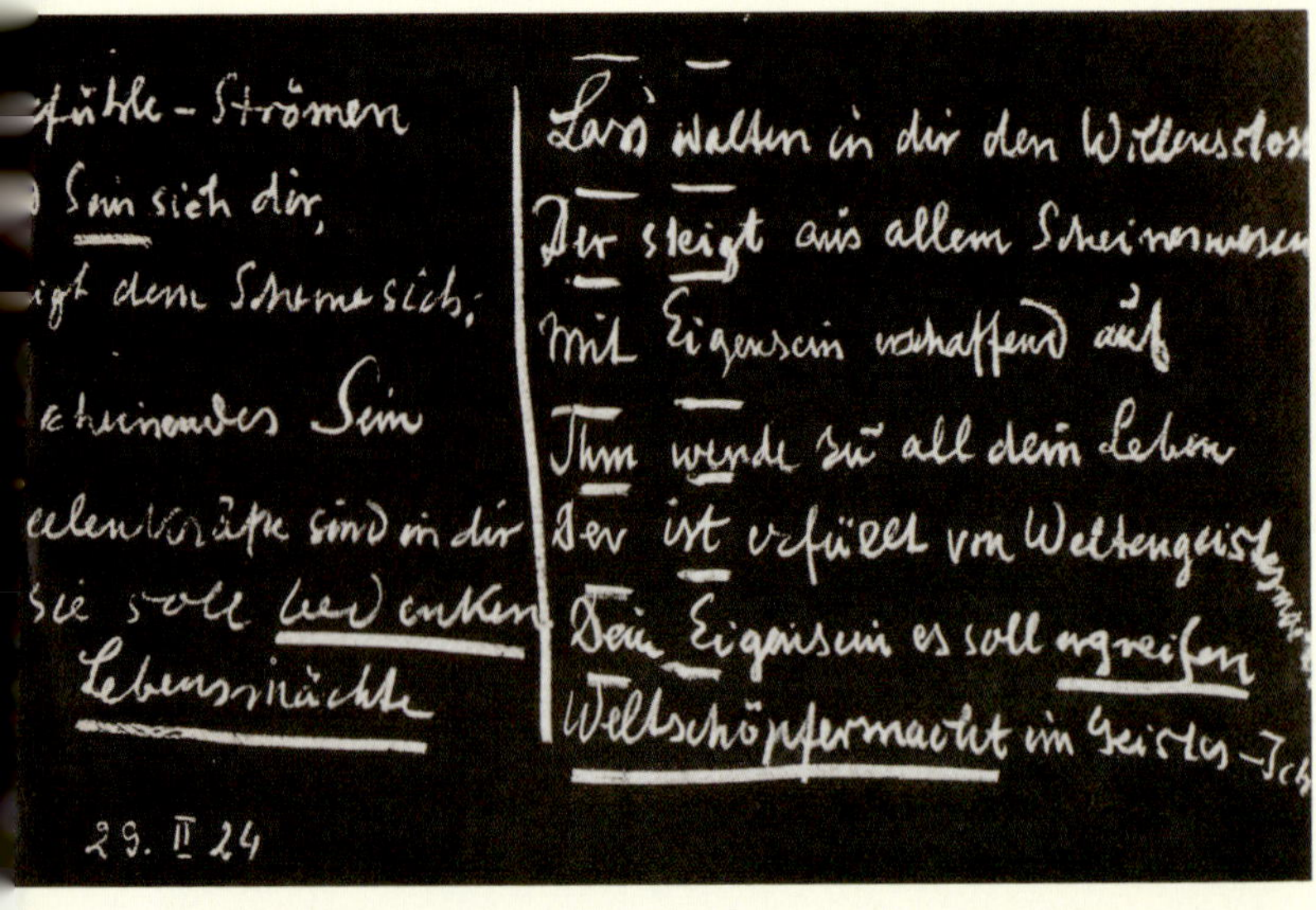
fühle-Strömen
Sein sich dir,
igt dem Sterne sich;
scheinendes Sein
eelenkräfte sind in dir
Sie soll überdenken
Lebensmächte
29. II 24
Lass walten in dir den Willensstoss
Der steigt aus allem Scheinwesen
Mit Eigensein erschaffend auf
Ihm wende zu all dein Leben
Der ist erfüllt vom Weltengeist
Dein Eigensein es soll ergreifen
Weltschöpfermacht im Geistes-Ich

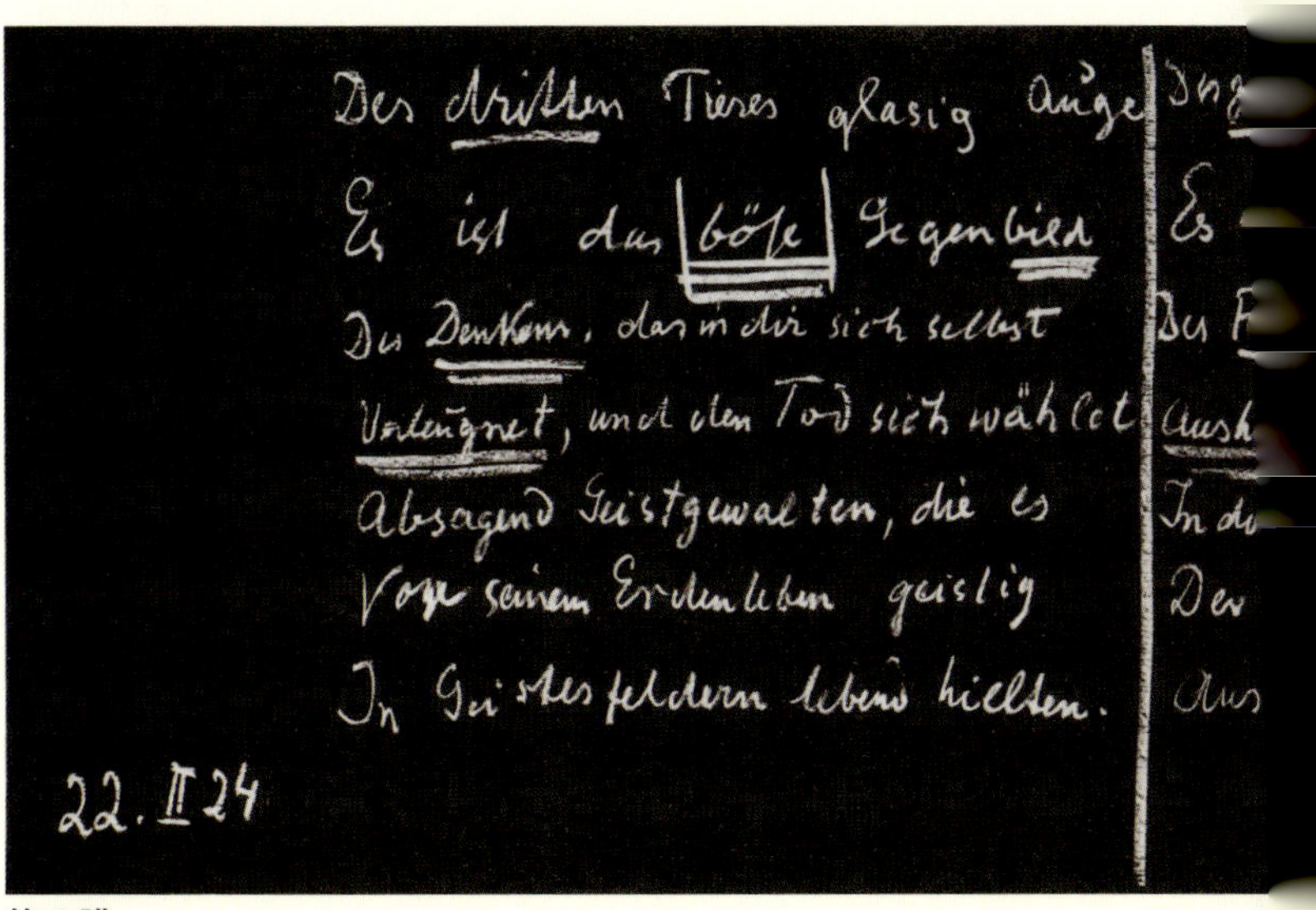
Des dritten Tieres glasig Auge
Es ist das böse Gegenbild
Des Denkens, das in dir sich selbst
Verleugnet, und den Tod sich wählet
Absagend Geistgewalten, die es
Vor seinem Erdenleben geistig
In Geistesfeldern lebend hielten.
22. II 24

第２講

第３講

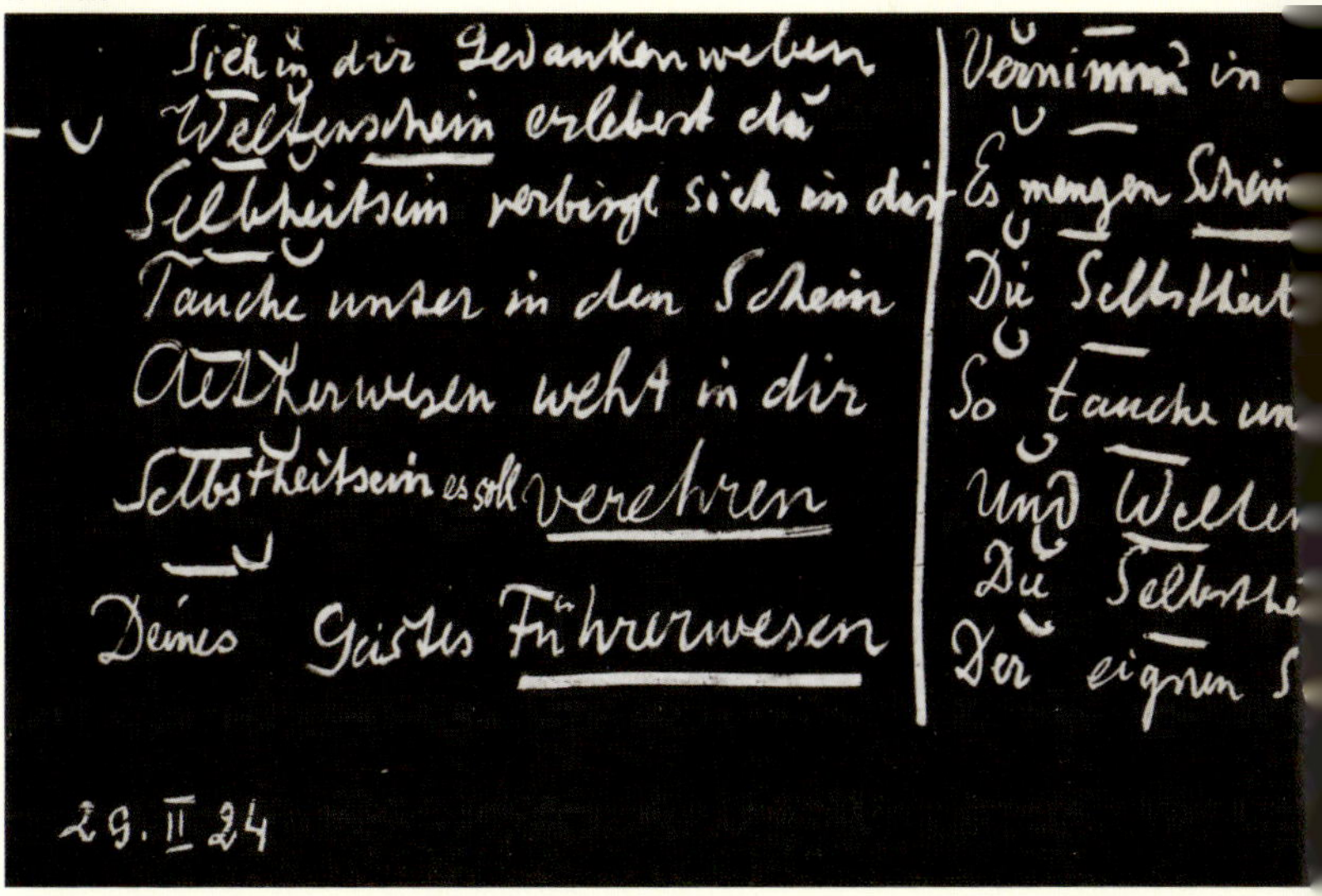
Sich in dir Gedanken weben
Weltenschein erlebest du
Selbstheitsein verbirgt sich in dir
Tauche unter in den Schein
Aetherwesen weht in dir
Selbstheitsein es soll verehren
Deines Geistes Führerwesen
29. II 24

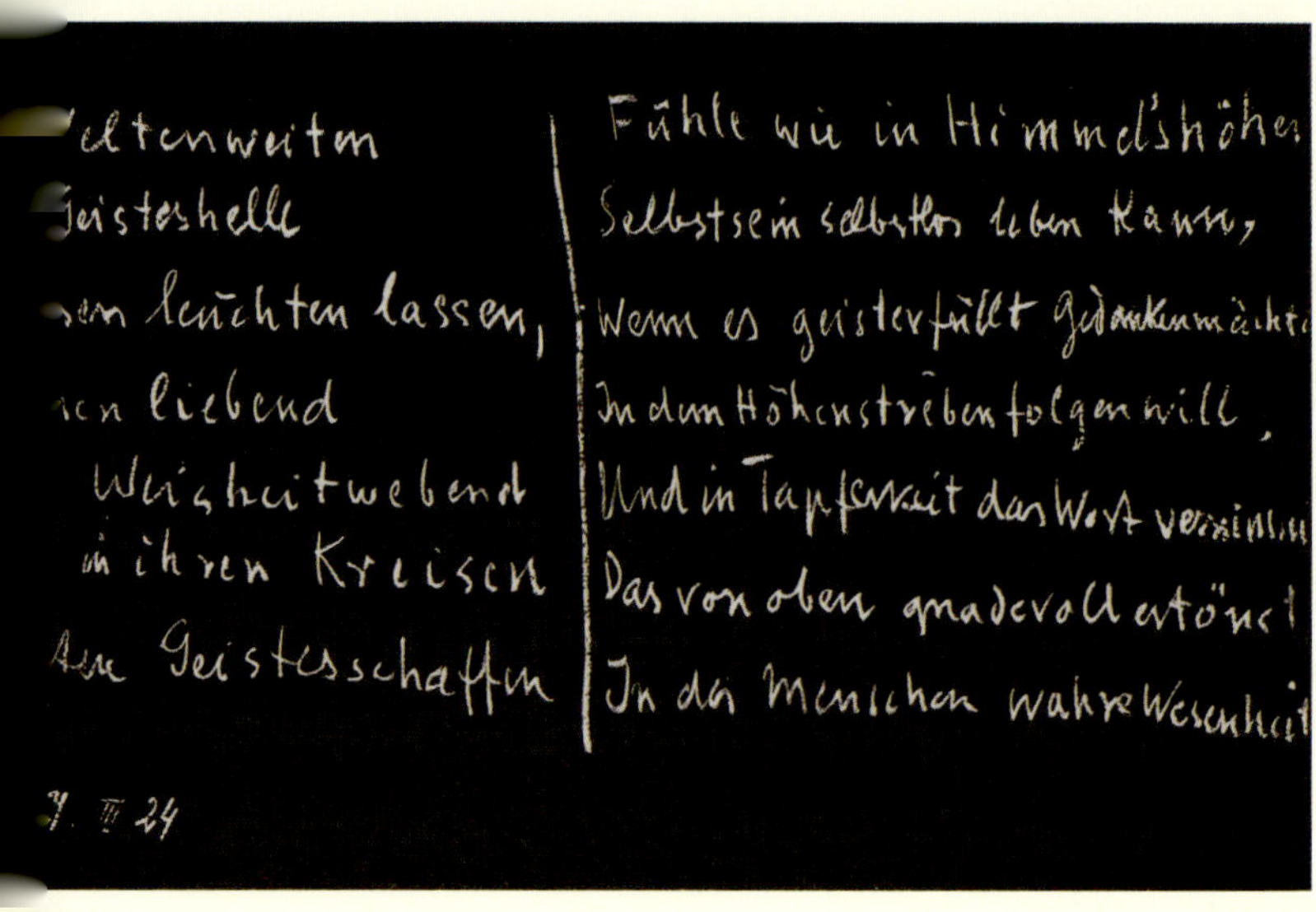

...eltenweiten
...eisteshelle
...en leuchten lassen,
...en liebend
    Weisheit webend
    in ihren Kreisen
    dem Geistesschaffen

7. III 24

Fühle wie in Himmelshöhen
Selbstsein selbstlos leben kann,
Wenn es geisterfüllt Gedankenmächten
In dem Höhenstreben folgen will,
Und in Tapferkeit das Wort vernimmt
Das von oben gnadevoll ertönet
In der Menschen wahre Wesenheit

...erme mit dem Kalten
... dein Fühlen
... leben möchte.
...ärme liebend
...Geisteslust erwehend
...em Kälte dich verhärtet,
... verstäuben

Es kämpft das Leben mit dem Tode
In jenem Reiche, wo dein Wollen
Im Geistesschaffen walten möchte.
Du findest Leben fassend
Dein Selbst in Geistesmacht verschwinden
Du kannst, wenn Todesmacht dich bändigt
Im Nichts das Selbst verkrampfen.

14. III 24

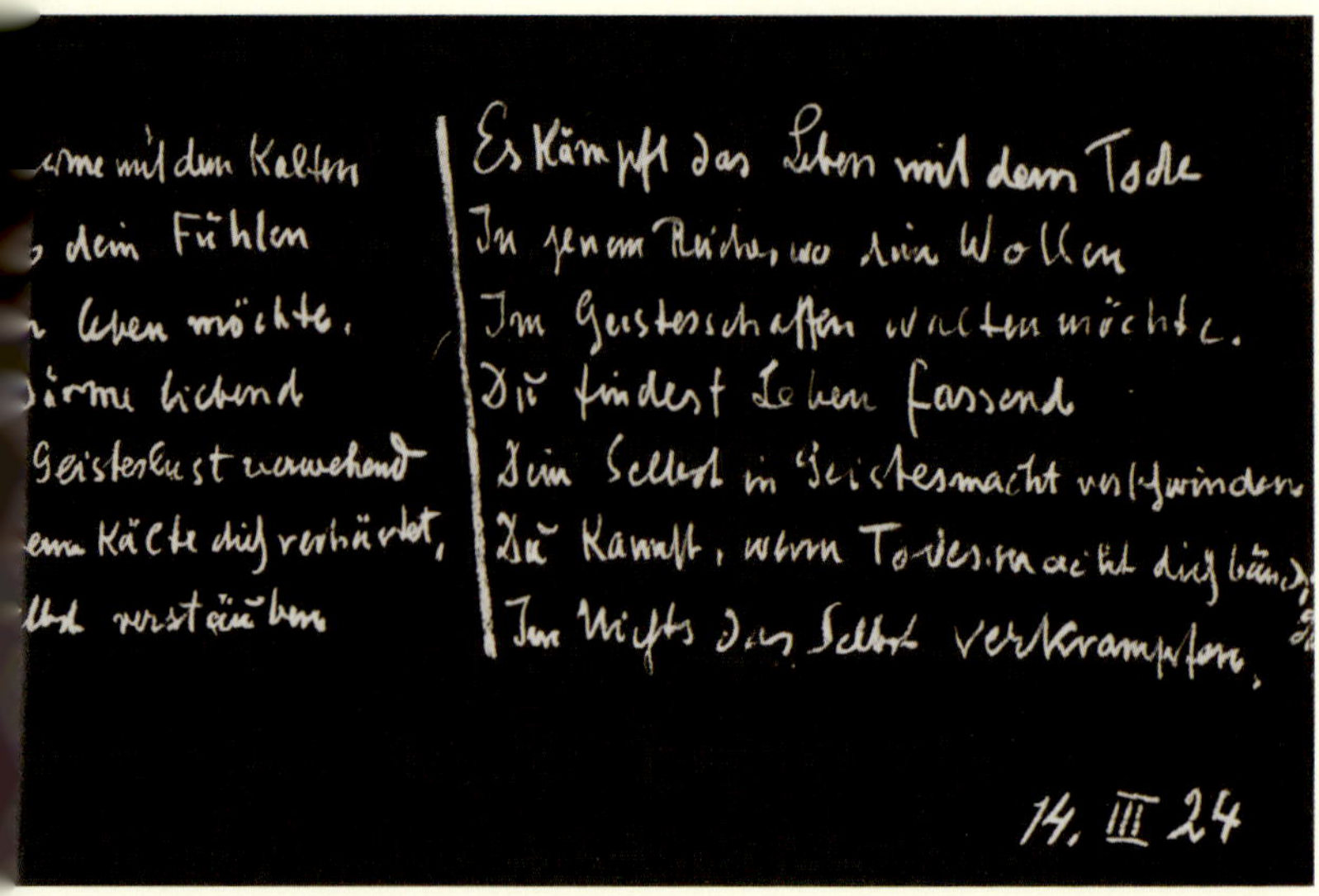

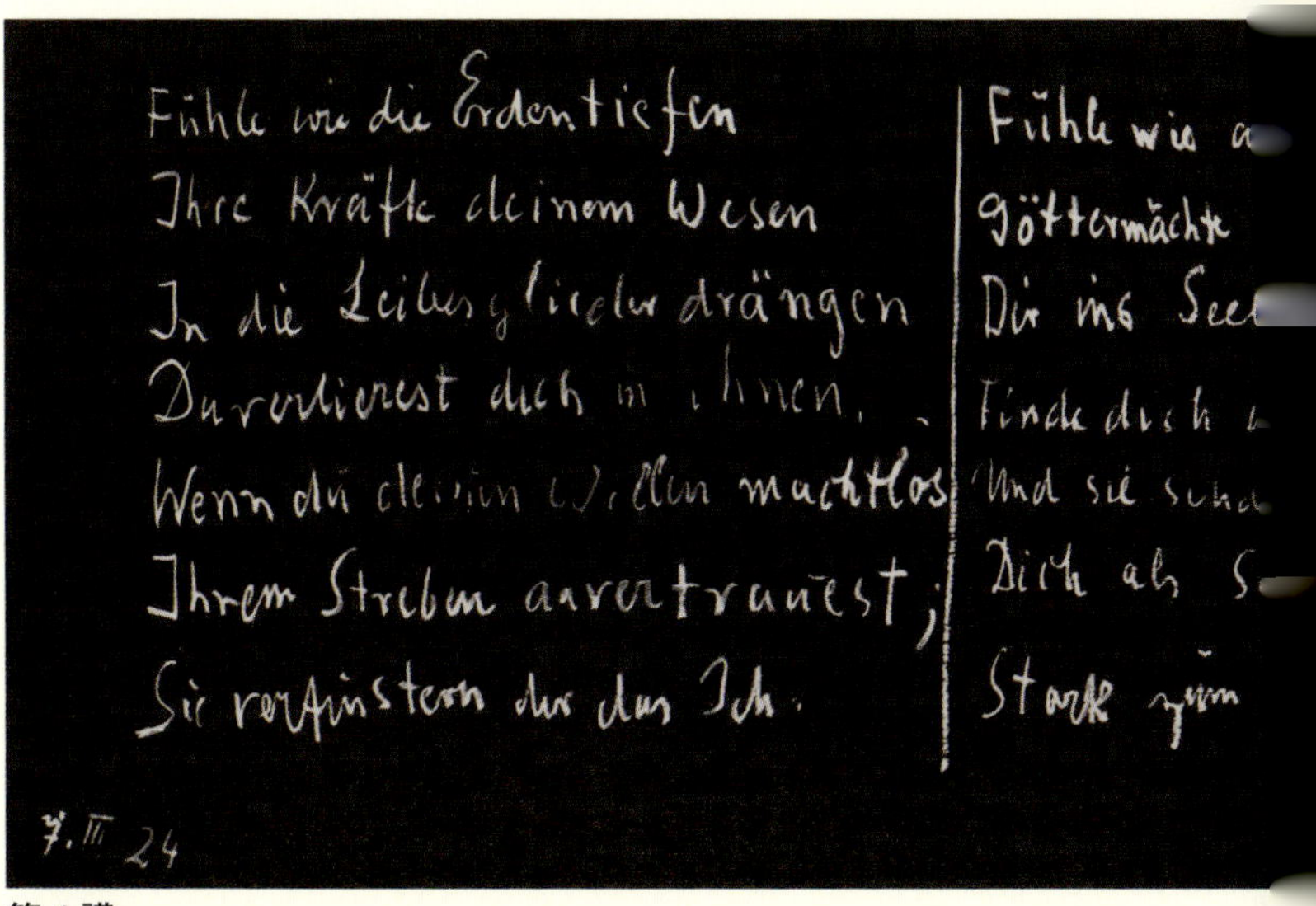
Fühle wie die Erdentiefen
Ihre Kräfte deinem Wesen
In die Leibesglieder drängen
Du verlierest dich in ihnen,
Wenn du deinen Willen machtlos
Ihrem Streben anvertrauest;
Sie verfinstern dir das Ich.
Fühle wie
Göttermächte
Dir ins
Finde dich
Und sie
Dich als
Stark zum
7. III 24
第 4 講

第 5 講

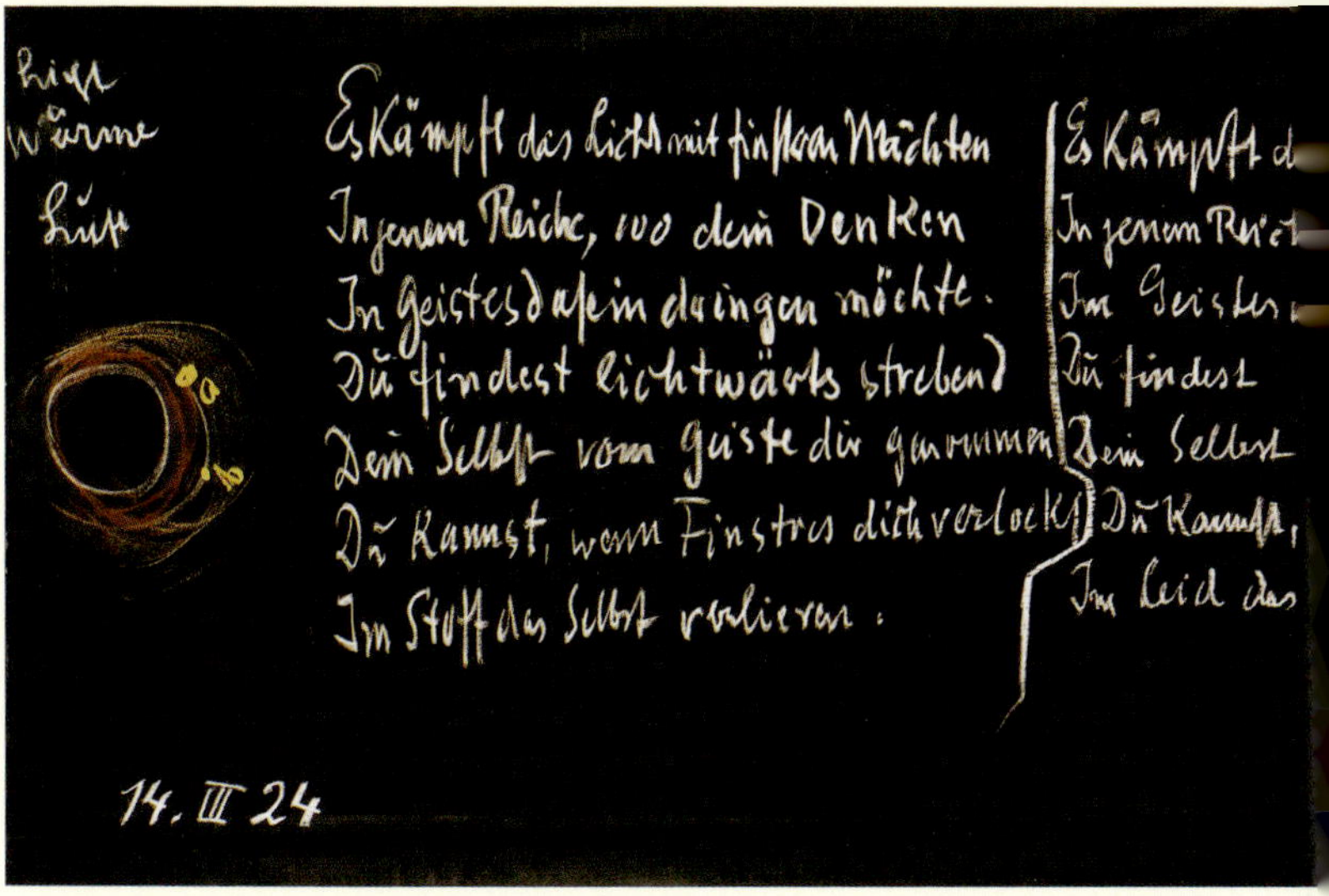
Licht
Wärme
Luft
a
b
Es kämpft das Licht mit finstern Mächten
In jenem Reiche, wo dein Denken
In Geistesdasein dringen möchte.
Du findest lichtwärts strebend
Dein Selbst vom Geiste dir genommen
Du kannst, wenn Finstres dich verlockt,
Im Stoff das Selbst verlieren.
Es kämpft
In jenem
Im Geistes
Du findest
Dein Selbst
Du kannst,
Im Leid das
14. III 24

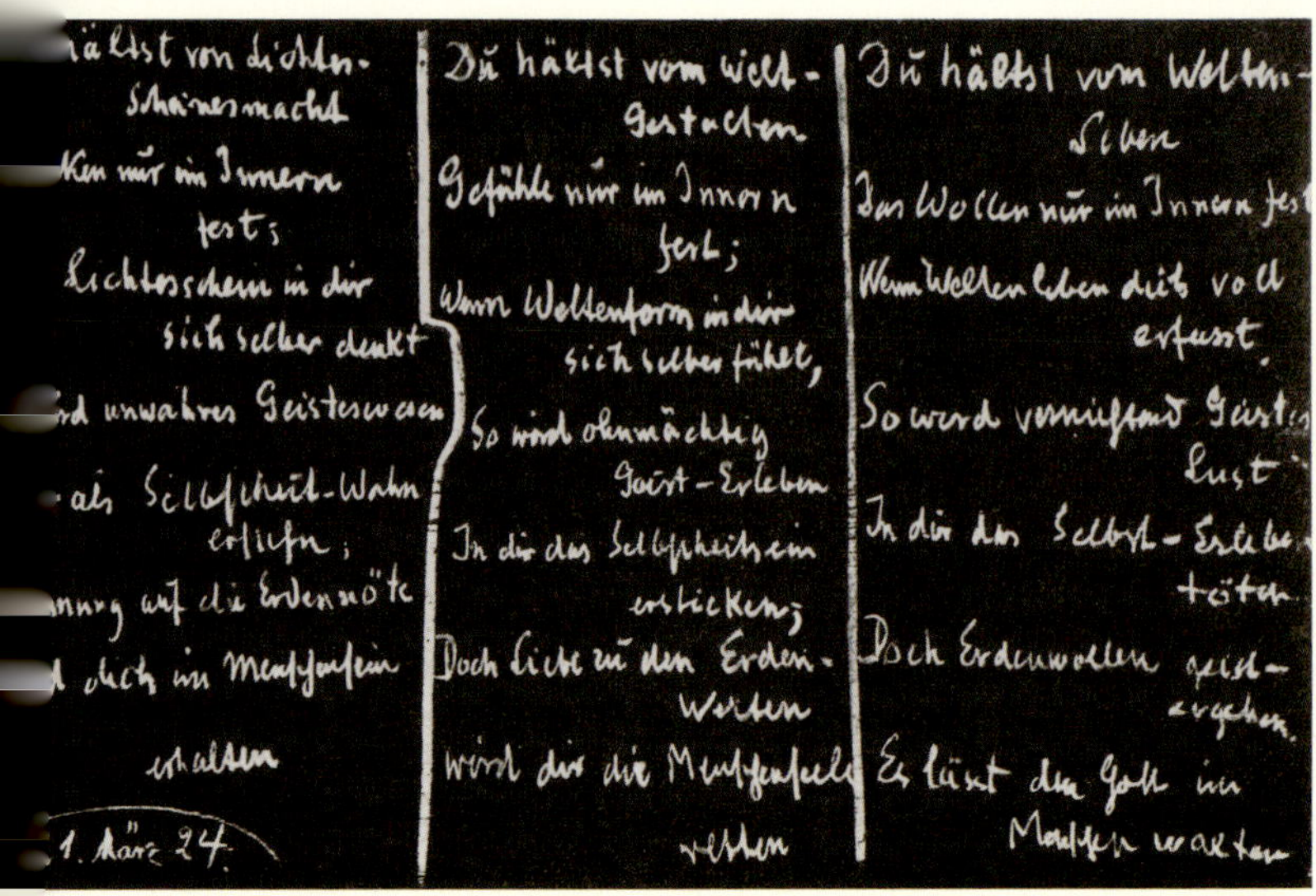
hältst von Lichtes-
Scheinesmacht
ken nur im Innern
fest;
Lichtesschein in dir
sich selber denkt
rd unwahres Geisteswesen
als Selbstheit-Wahn
ersticken;
nung auf die Erdennöte
d dich in Menschensein
erhalten
1. März 24.
Du hältst vom Welt-
Gestalten
Gefühle nur im Innern
fest;
Wenn Weltenform in dir
sich selber fühlet,
So wird ohnmächtig
Geist-Erleben
In dir das Selbstheitsein
ersticken;
Doch Liebe zu den Erden-
Werten
Wird dir die Menschenseele
retten
Du hältst vom Welten-
Leben
Das Wollen nur im Innern fest
Wenn Weltenleben dich voll
erfasst,
So wird vernichtend Geistes
Lust
In dir das Selbst-Erleben
töten.
Doch Erdenwollen geist-
ergeben
Es lässt den Gott im
Menschen walten

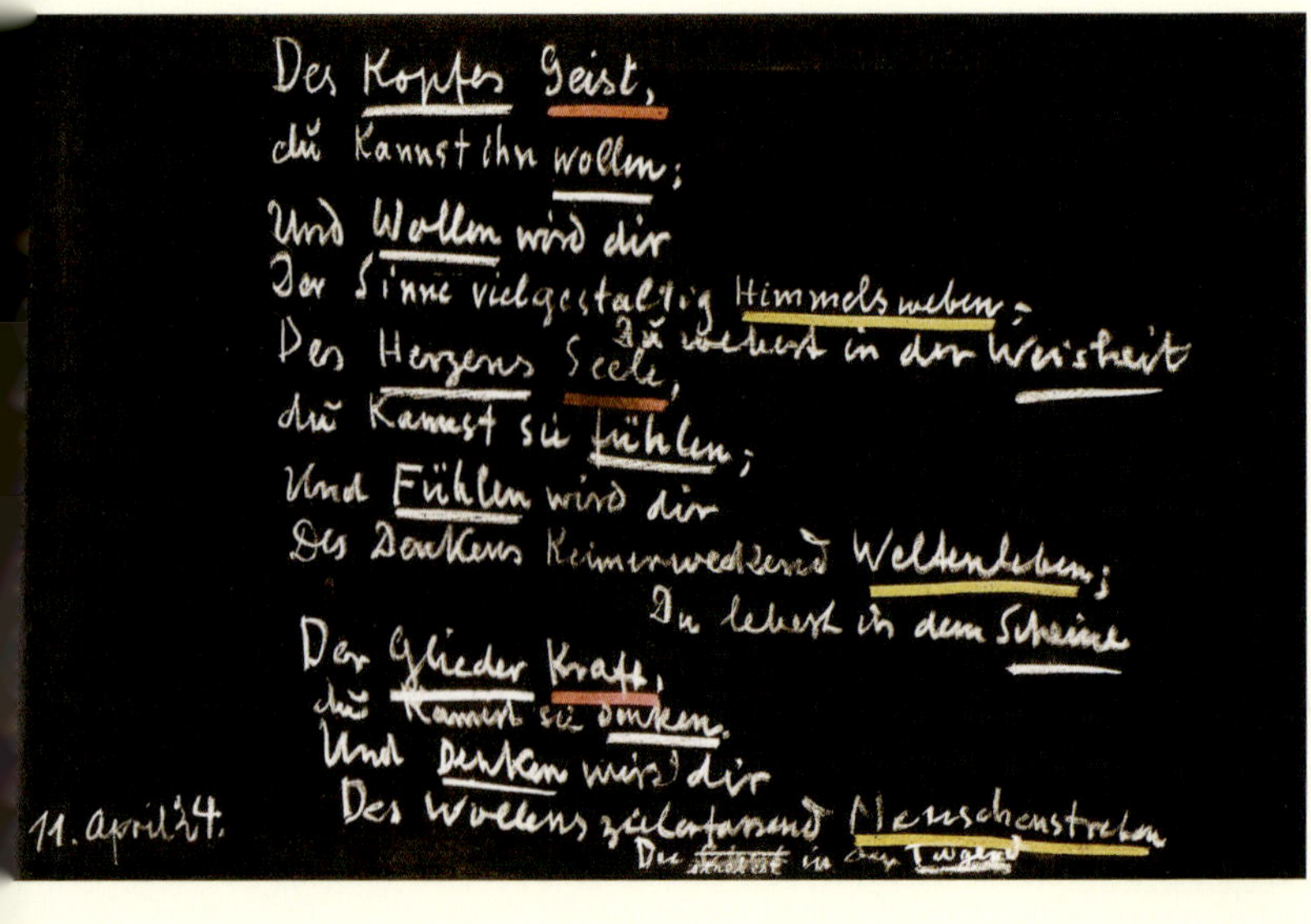
Des Kopfes Geist,
du kannst ihn wollen;
Und Wollen wird dir
Der Sinne vielgestaltig Himmelsweben;
Du webest in der Weisheit
Des Herzens Seele,
du kannst sie fühlen;
Und Fühlen wird dir
Des Denkens keimerweckend Weltenleben;
Du lebest in dem Scheine
Der Glieder Kraft,
du kannst sie denken;
Und Denken wird dir
Des Wollens zielerfassend Menschenstreben
Du strebest in der Tugend
11. April 24.

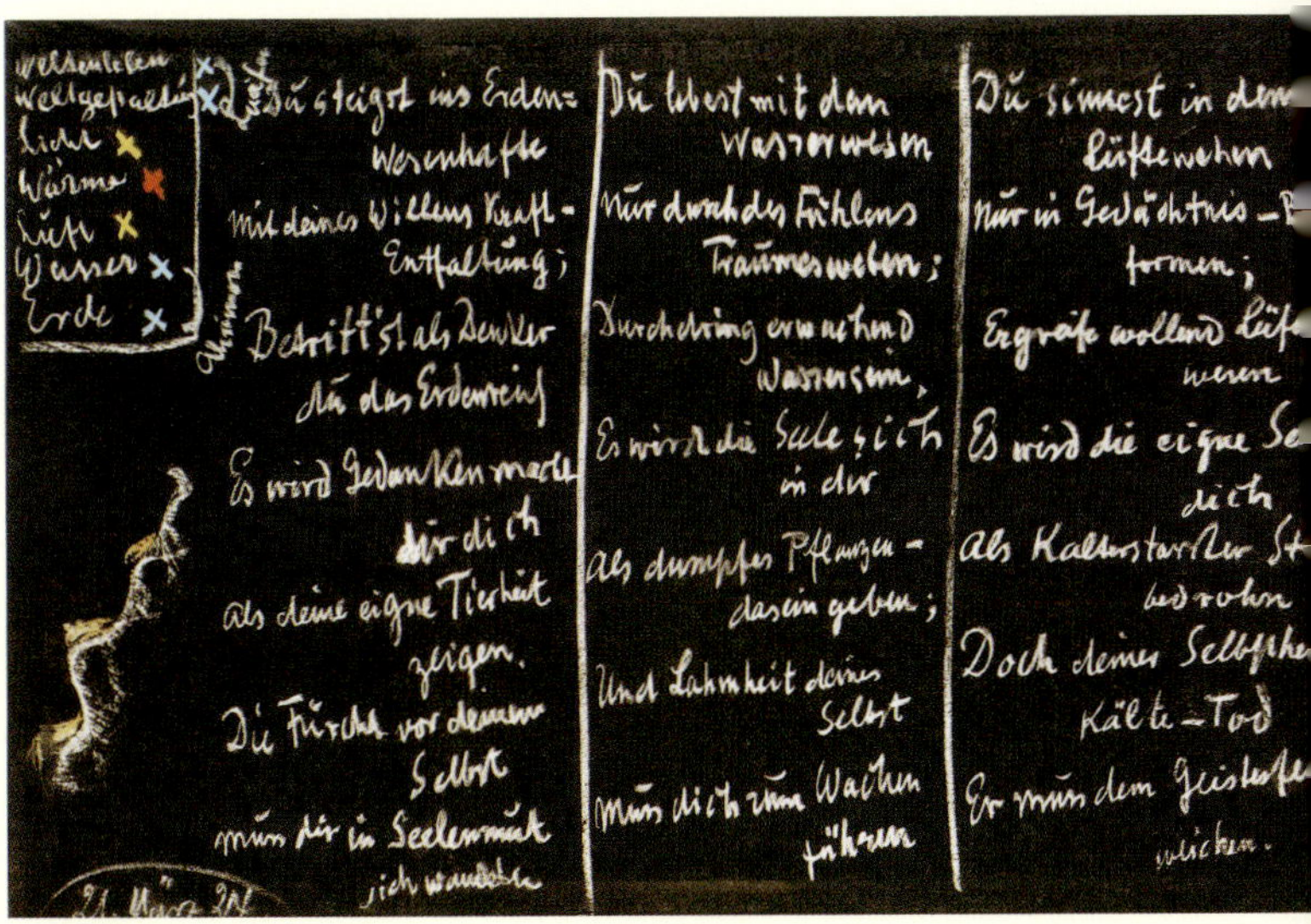
Licht
Wärme
Luft
Wasser
Erde
Du steigst ins Erden-
Wesenhafte
Mit deines Willens Kraft-
Entfaltung;
Betritt'st als Denker
Du das Erdenreich
Es wird Gedanken macht
dir dich
als deine eigne Tierheit
zeigen.
Die Furcht vor deinem
Selbst
muss dir in Seelenmut
sich wandeln
Du lebest mit dem
Wasserwesen
Nur durch des Fühlens
Träumeweben;
Durchdring erwachend
Wassersein,
Es wird die Seele sich
in dir
Als dumpfes Pflanzen-
dasein geben;
Und Lahmheit deines
Selbst
Muss dich zum Wachen
führen
Lüftewehen
formen;
Es wird die eigne
dich
Als Kaltes starrer
bedrohn
Kälte-Tod
Er muss dem
wirken.

第 6 講

第 7 講

O schau die Drei
Sie sind das Eins
Wenn du die Menschenprägung
Im Erdendasein trägst.—
Erlebe des Kopfes Weltgestalt
Erdenke der Glieder Weltenkraft
Sie sind die Drei,
Die Drei, die als das Eins
Im Erdendasein leben.—
Tritt ein
Das Tor ist geöffnet
Du wirst
Ein wahrer Mensch
werden.
11. April 24

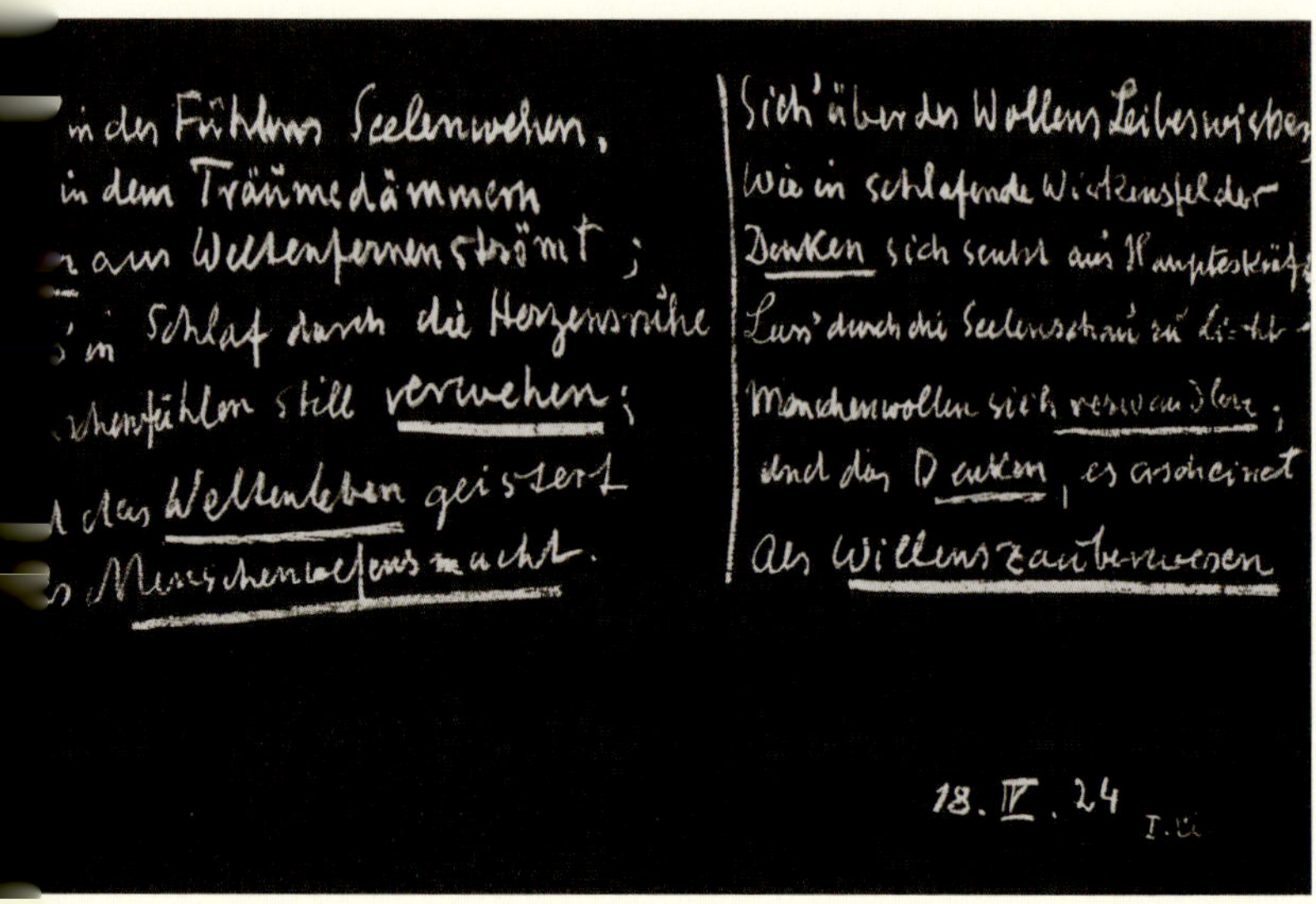
in der Fühlens Seelenweben,
in dem Träumedämmern
aus Weltenfernen strömt;
im Schlaf durch die Herzensruhe
fühlen still verwehen;
das Weltenleben geistert
Menschenwesens macht.
Sich über des Wollens Leibesweben
Wie in schlafende Wirkensfelder
Denken sich senkt aus Hauptes
Lass durch die Seelenschau zu Licht
Menschenwollen sich verwandeln;
und das Denken, es erscheinet
Als Willenszauberwesen
18. IV. 24

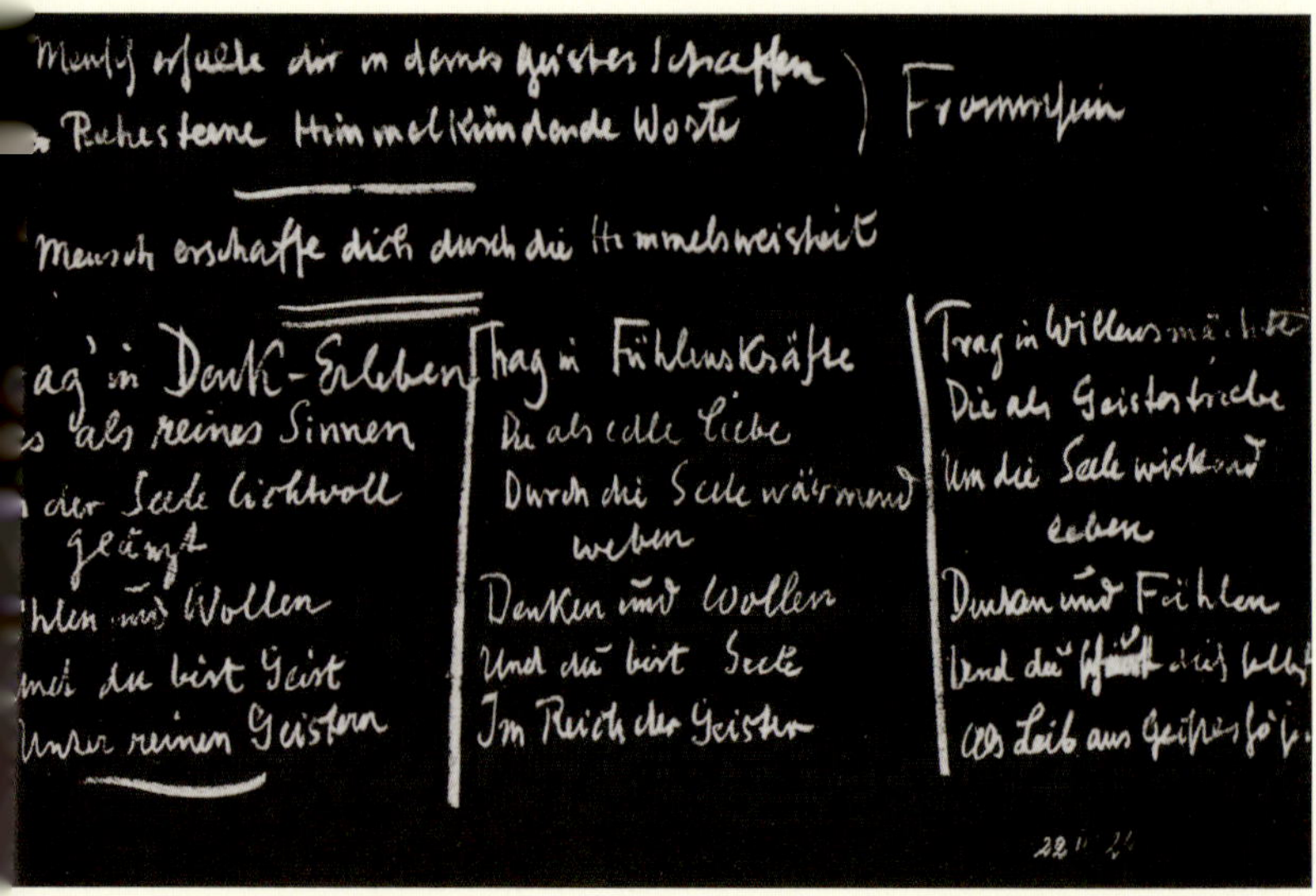
Mensch erfülle dir in deines Geistes Schaffen
Ruhesterne Himmelkündende Worte
Frommsein
Mensch erschaffe dich durch die Himmelsweisheit
ag' in Denk-Erleben
als reines Sinnen
der Seele lichtvoll
geäugt
hlen und Wollen
und du bist Geist
Unter reinen Geistern
Trag in Fühlenskräfte
Die als edle Liebe
Durch die Seele wärmend
weben
Denken und Wollen
Und du bist Seele
Im Reich der Geister
Trag in Willensmächte
Die als Geistestriebe
Um die Seele wirkend
leben
Denken und Fühlen
Als Leib aus Geistes

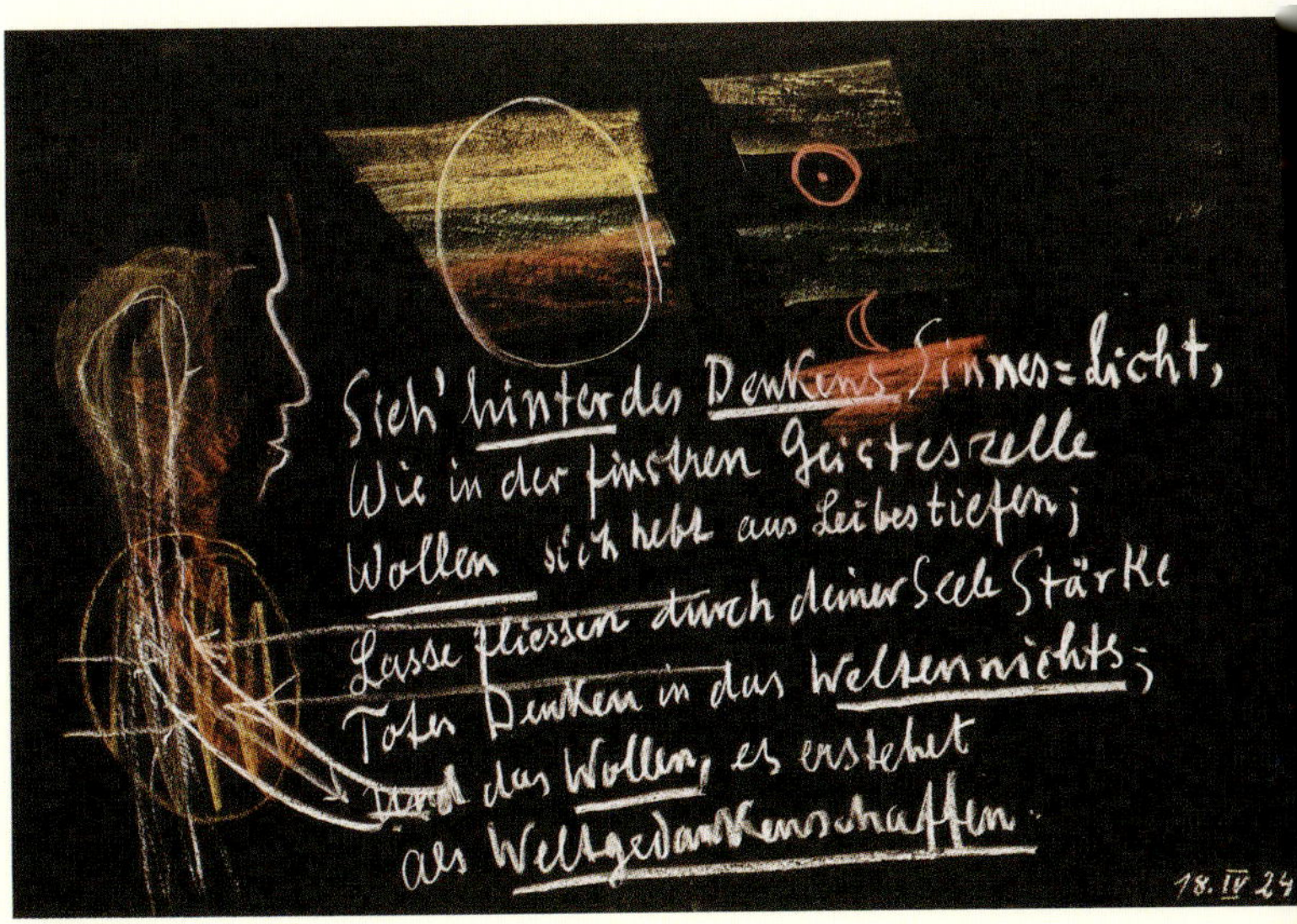
Sieh' hinter des Denkens Sinnes-Licht,
Wie in der finstren Geisteszelle
Wollen sich hebt aus Leibestiefen;
Lasse fliessen durch deiner Seele Stärke
Toten Denken in das Weltennichts;
Und das Wollen, es erstehet
als Weltgedankenschaffen.
18. IV 24

第8講

第9講

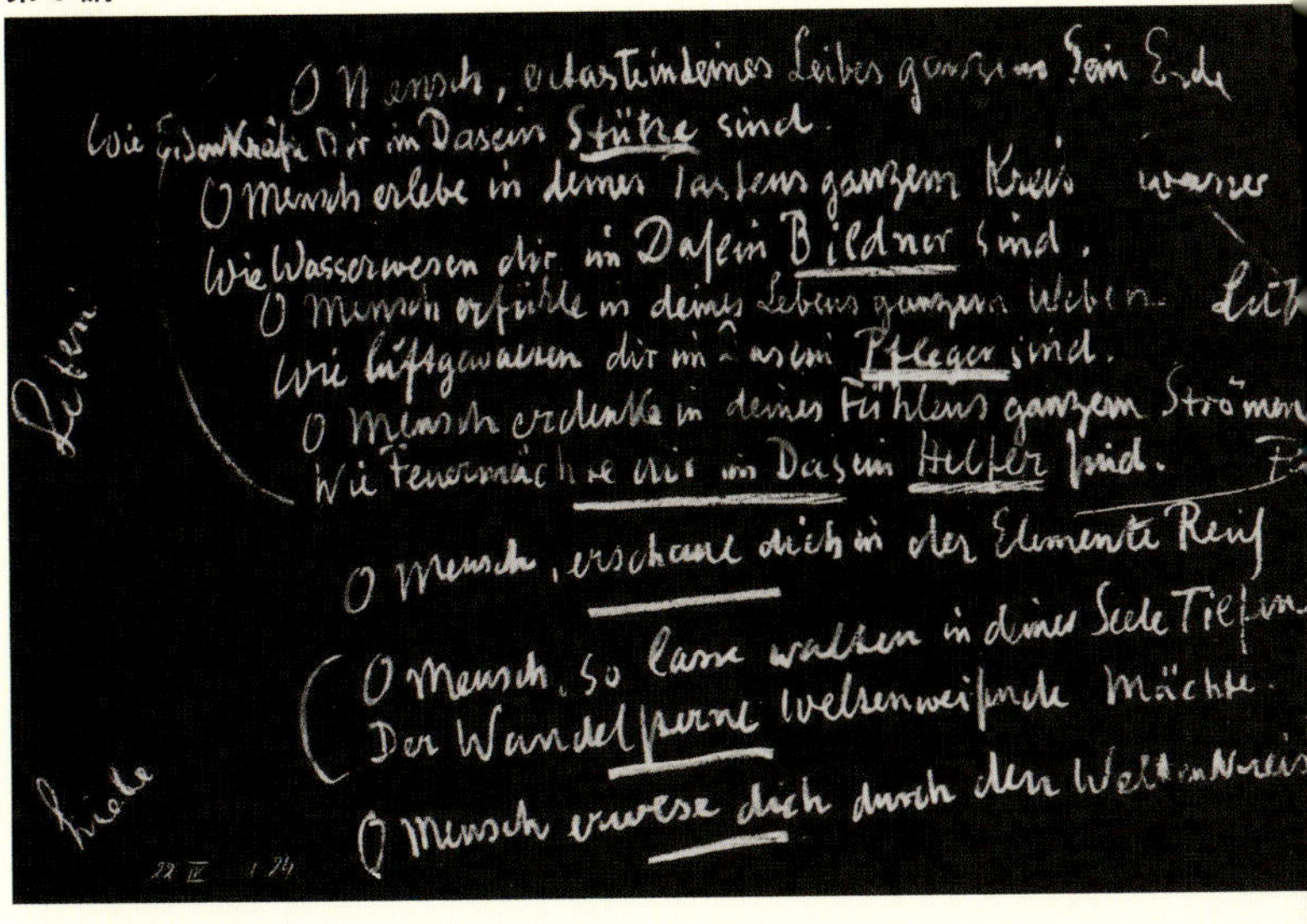
O Mensch, ertaste in deines Leibes ganzem Sein Erde
Wie Erdenkräfte Dir im Dasein Stütze sind.
O Mensch erlebe in deines Tastens ganzem Kreis Wasser
Wie Wasserwesen dir im Dasein Bildner sind.
O Mensch erfühle in deines Lebens ganzem Weben Luft
Wie Luftgewalten dir im Dasein Pfleger sind.
O Mensch erdenke in deines Fühlens ganzem Strömen
Wie Feuermächte dir im Dasein Helfer sind.
O Mensch, erschaue dich in der Elemente Reich
O Mensch, so lasse walten in deiner Seele Tiefen
Der Wandelsterne weltenweisende Mächte.
O Mensch erwese dich durch den Weltenkreis
Leben
Liebe
22 IV 24

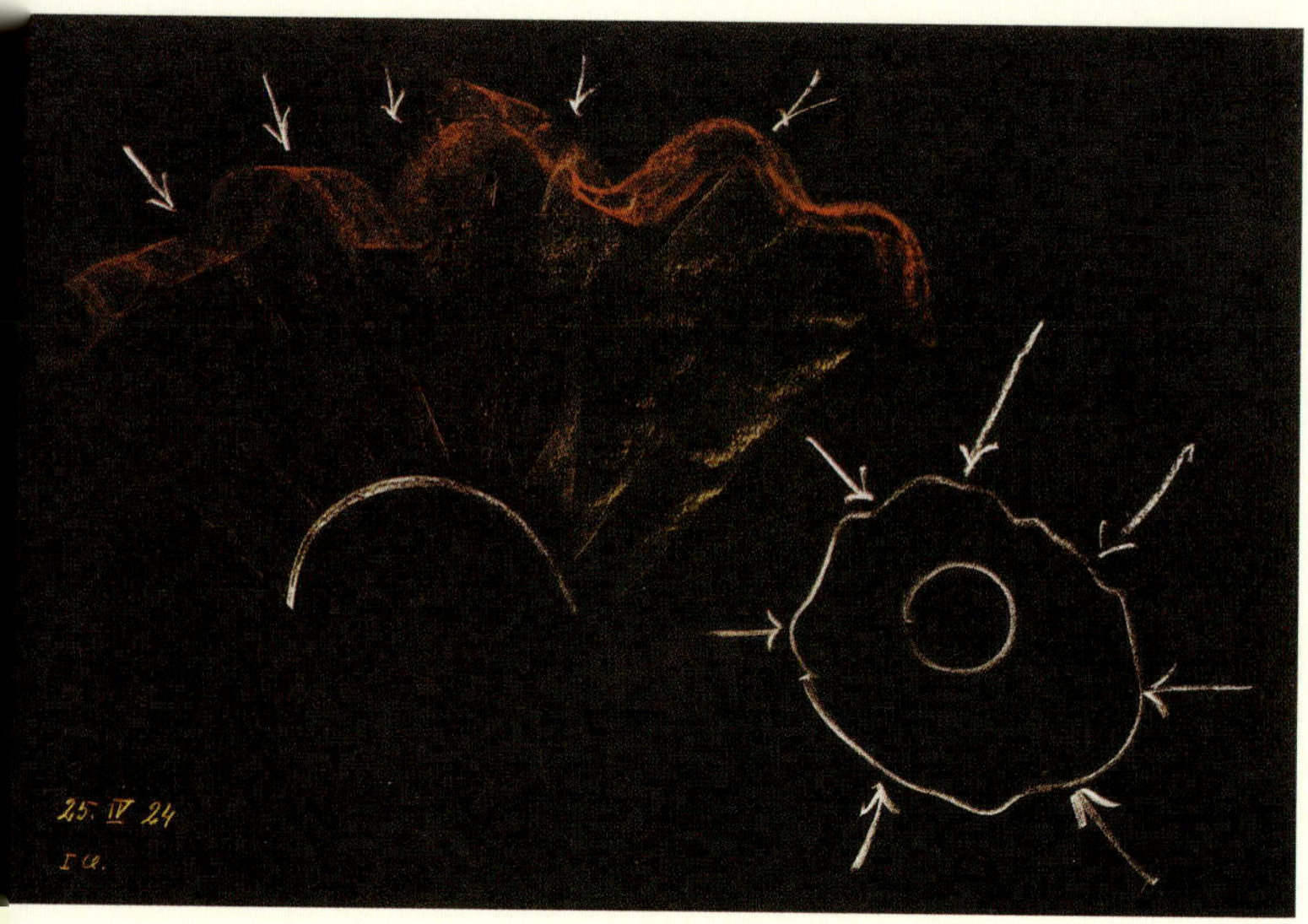
25. IV 24
I a.

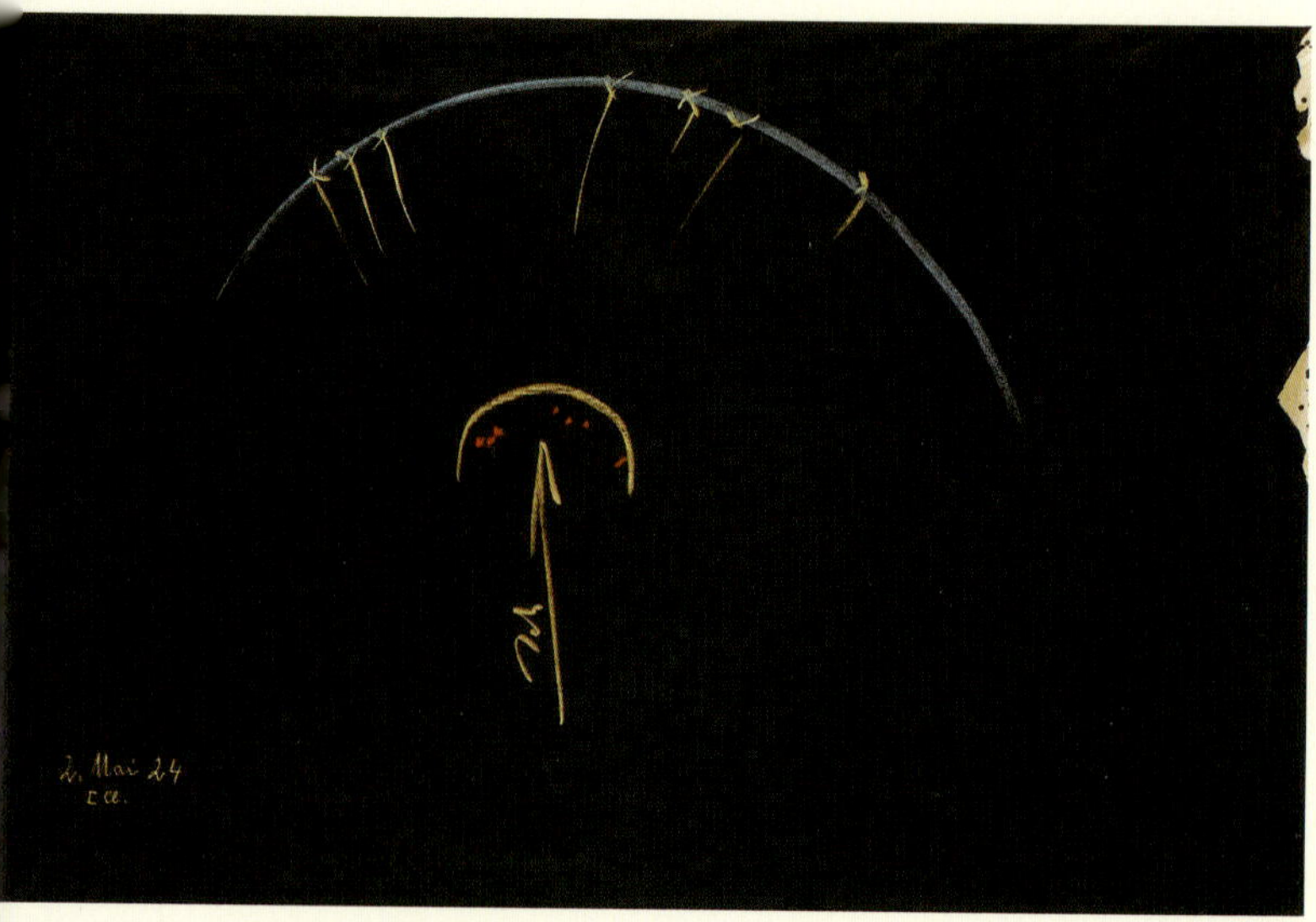
2. Mai 24
I a.

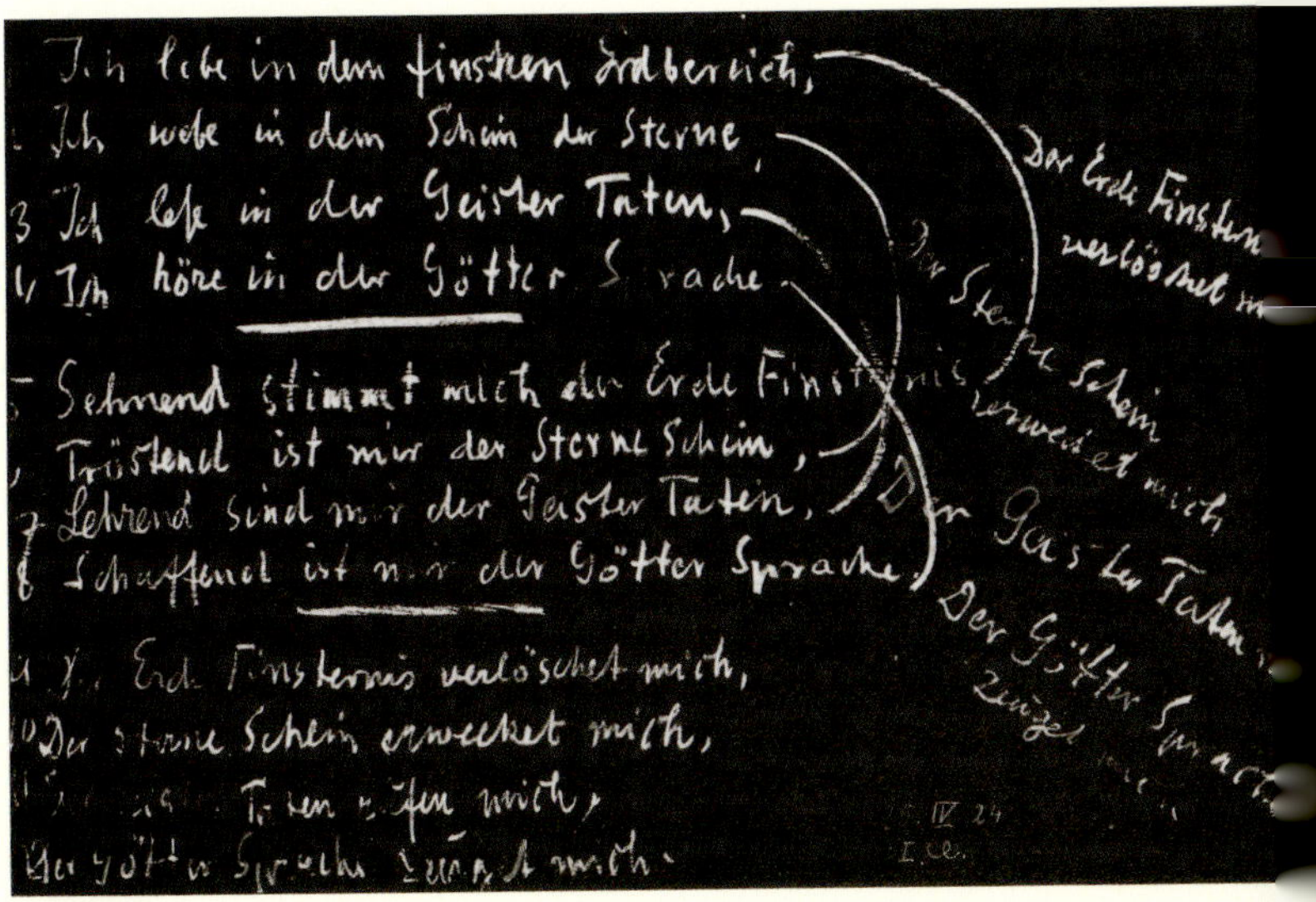
Ich lebe in dem finstern Erdbereich,
Ich webe in dem Schein der Sterne,
Ich lese in der Geister Taten,
Ich höre in der Götter Sprache
Sehnend stimmt mich der Erde Finsternis,
Tröstend ist mir der Sterne Schein,
Lehrend sind mir der Geister Taten,
Schaffend ist mir der Götter Sprache
Der Erde Finsternis verlöschet mich,
Der Sterne Schein erwecket mich,
Der Erde Finstern verlöschet mich
Der Sterne Schein erwecket mich
Der Geister Taten
Der Götter Sprache
第10講

第11講

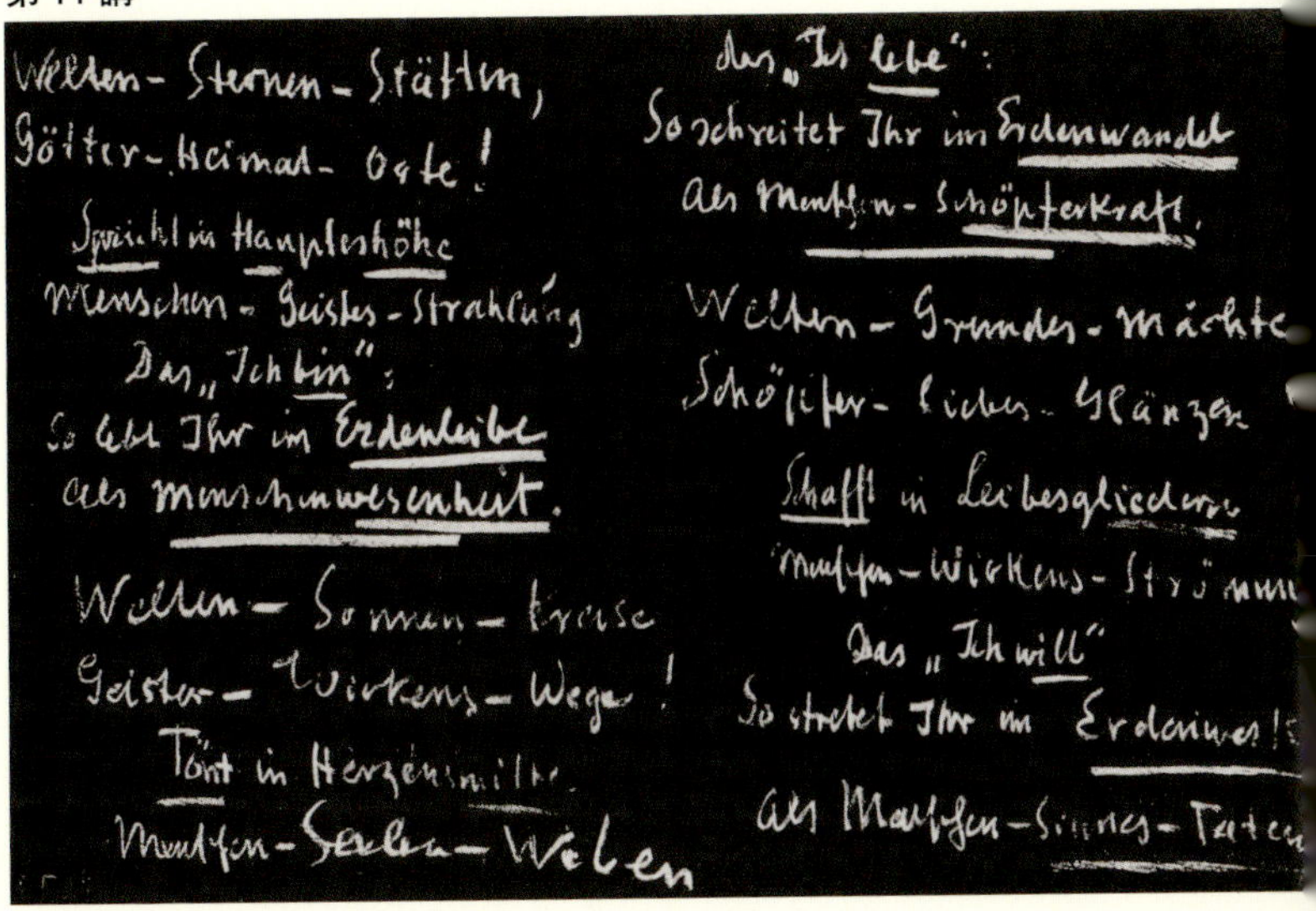
Welten-Sternen-Stätten,
Götter-Heimat-Orte!
Spricht in Hauptes-Höhe
Menschen-Geistes-Strahlung
Das „Ich bin":
So lebt Ihr im Erdenleibe
als Menschenwesenheit.
Welten-Sonnen-Kreise
Geister-Wirkens-Wege!
Tönt in Herzensmitte
Menschen-Seelen-Weben
Das „Ich lebe":
So schreitet Ihr im Erdenwandel
Als Menschen-Schöpferkraft.
Welten-Grundes-Mächte
Schöpferliches Glänzen
Schafft in Leibesgliedern
Menschen-Wirkens-Ströme
Das „Ich will"
Als Menschen-Sinnes-Taten

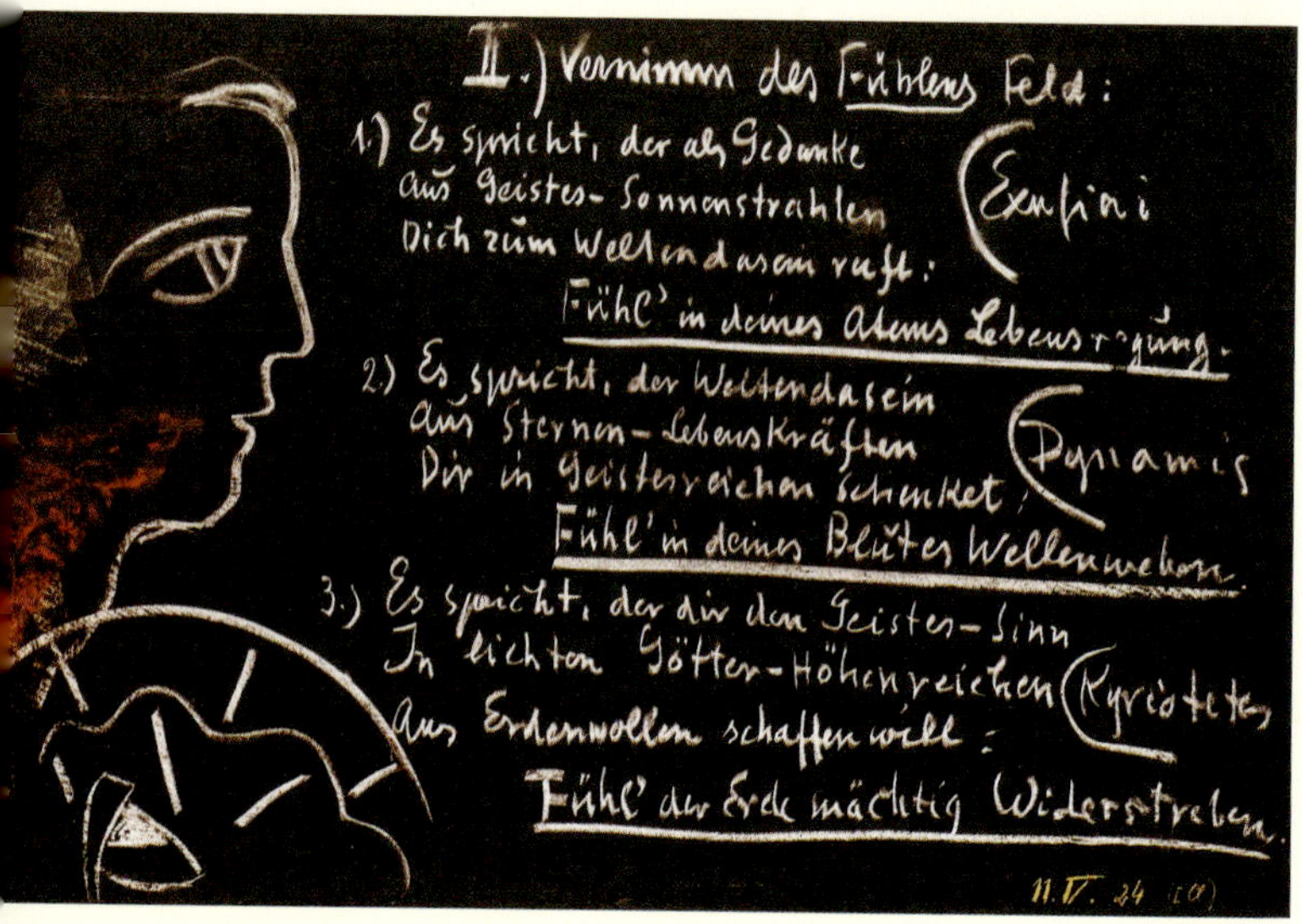
II.) Vernimm des Fühlens Feld:
1.) Es spricht, der als Gedanke
aus Geistes-Sonnenstrahlen
Dich zum Weltendasein ruft:
Fühl' in deines Atems Lebensregung.
Exusiai
2.) Es spricht, der Weltendasein
aus Sternen-Lebenskräften
Dir in Geistesreichen schenket;
Fühl' in deines Blutes Wellenweben.
Dynamis
3.) Es spricht, der dir den Geistes-Sinn
In lichten Götter-Höhenreichen
Aus Erdenwollen schaffen will:
Fühl' der Erde mächtig Widerstreben.
Kyriotetes
11. V. 24 (1. Cl.)

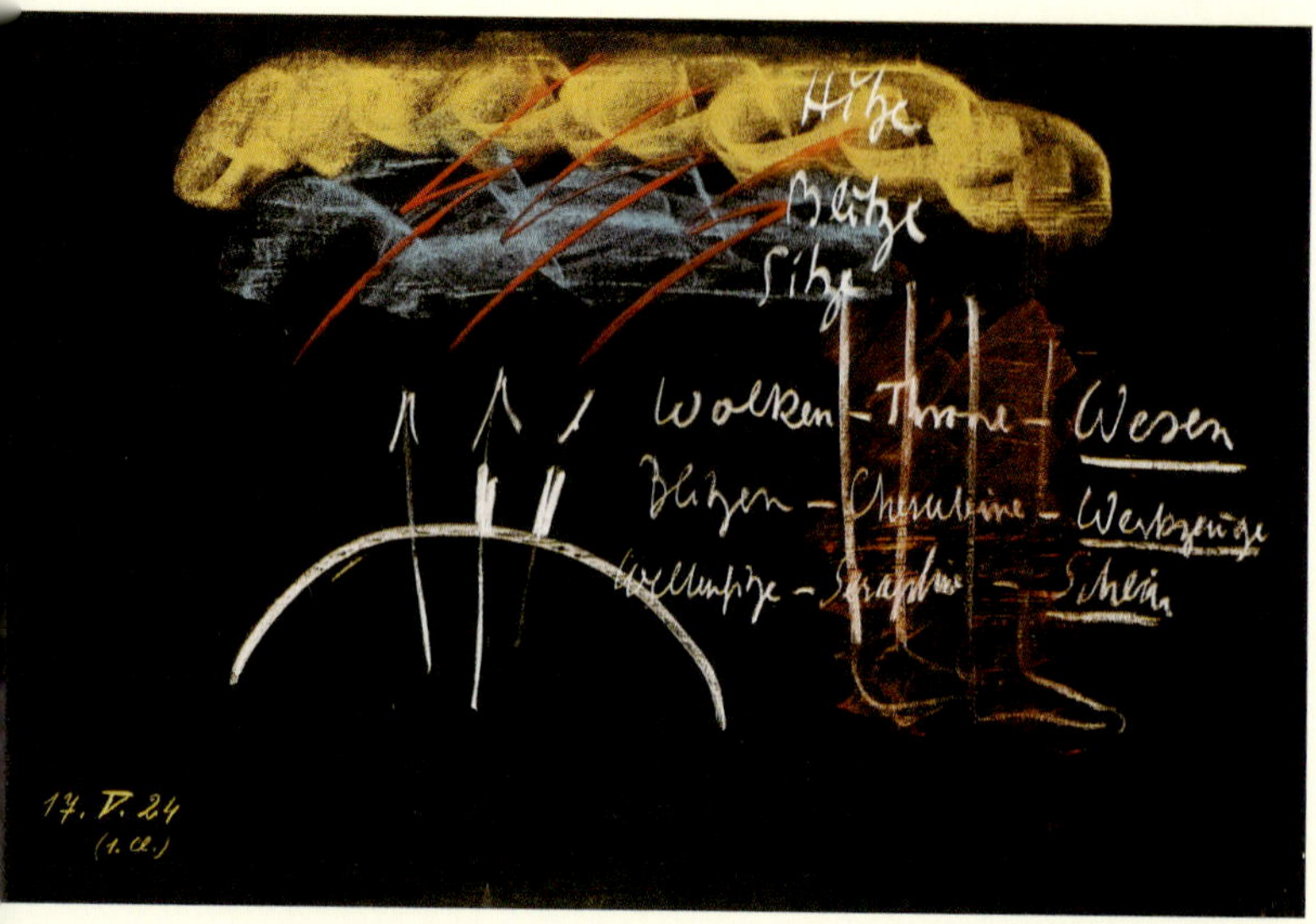
Hitze
Blitze
Sitze
Wolken – Throne – Wesen
Blitzen – Cherubine – Werkzeuge
Wellenspitze – Seraphine – Schein
17. V. 24
(1. Cl.)

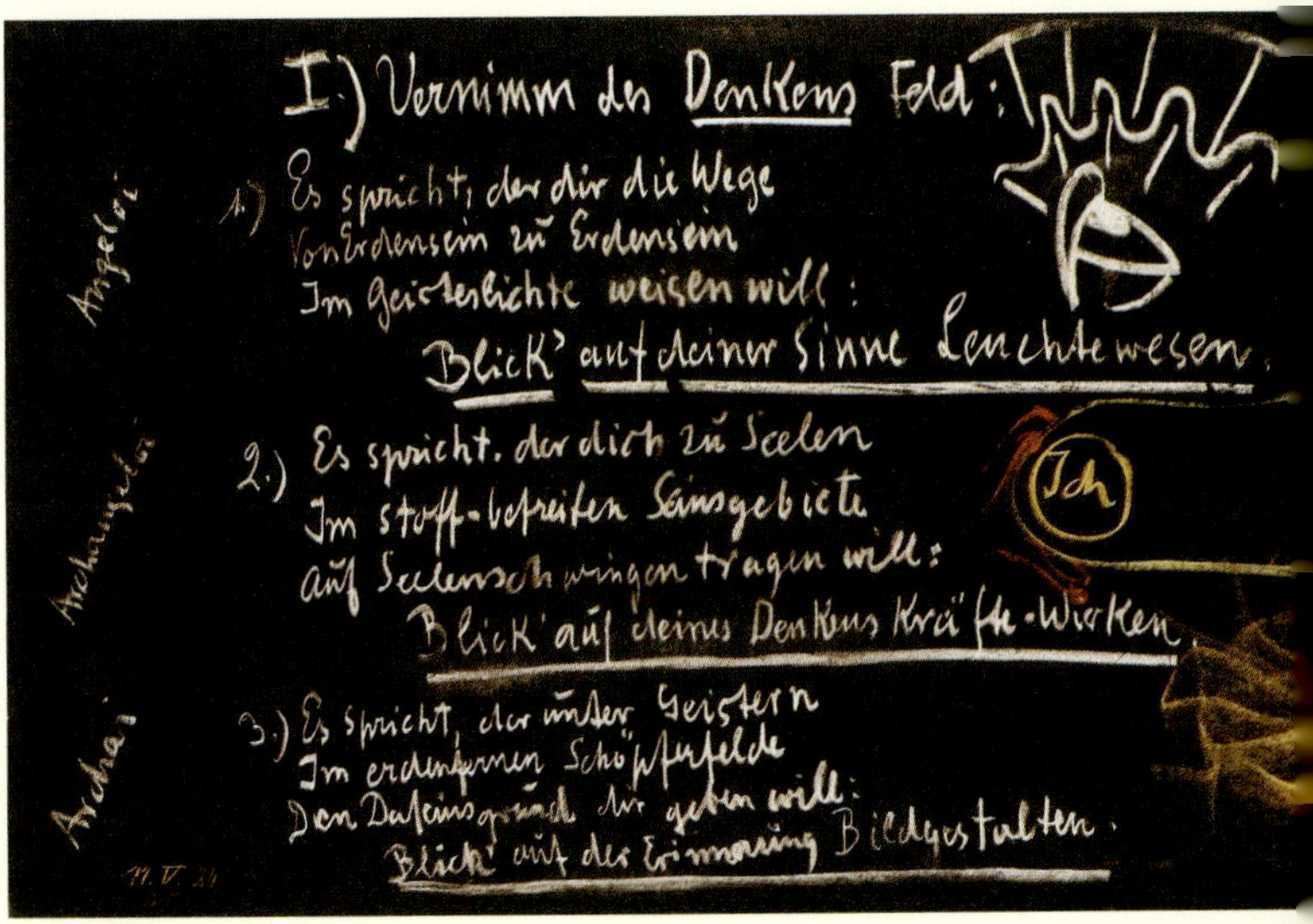
I.) Vernimm des Denkens Feld:
1.) Es spricht, der dir die Wege
Von Erdensein zu Erdensein
Im Geisteslichte weisen will:
Blick' auf deiner Sinne Leuchtewesen.
2.) Es spricht, der dich zu Seelen
Im stoff-befreiten Seinsgebiete
auf Seelenschwingen tragen will:
Blick' auf deines Denkens Kräfte-Wirken.
3.) Es spricht, der unter Geistern
Im erdenfernen Schöpferfelde
Den Daseinsgrund dir geben will:
Blick' auf der Erinnerung Bildgestalten.
Angeloi
Archangeloi
Archai
Ich

第 12 講

第 13 講

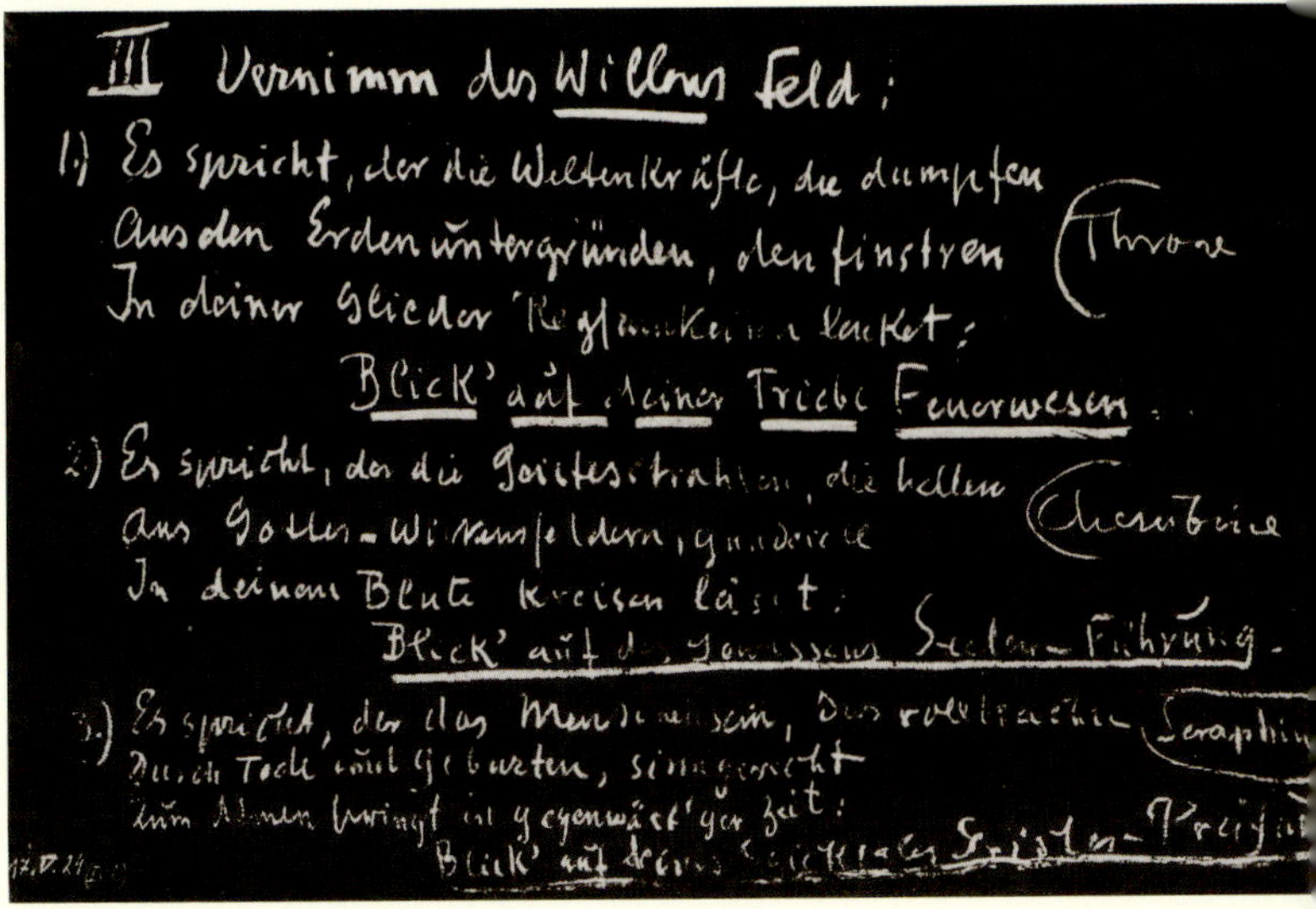
III Vernimm des Willens Feld:
1.) Es spricht, der die Weltenkräfte, die dumpfen
Aus den Erdenuntergründen, den finstren
In deiner Glieder Regsamkeiten lenket:
Blick' auf deiner Triebe Feuerwesen.
Throne
2.) Es spricht, der die Geistesstrahlen, die hellen
Aus Götter-Wirkensfeldern, gnadevoll
In deinem Blute kreisen lässt:
Blick' auf des Gewissens Seelen-Führung.
Cherubine
3.) Es spricht, der das Menschenwesen, das vollbrachte
Durch Tode und Geburten, sinngerecht
Zum Atmen bringt in gegenwärt'ger Zeit:
Blick' auf deines Schicksals Geister-Prüfung
Seraphim

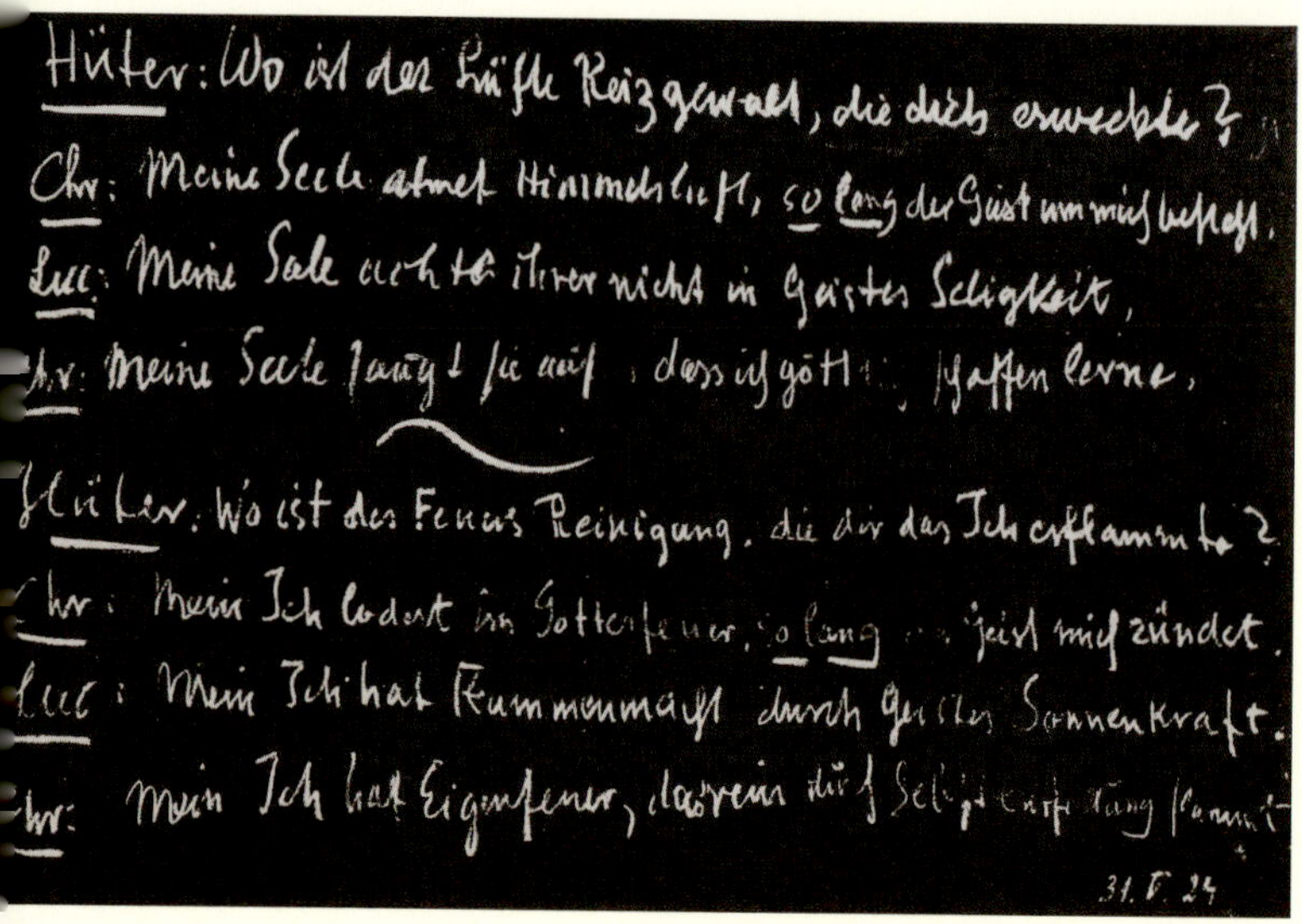
Hüter: Wo ist der Lüfte Reizgewalt, die dich erweckte?
Chr: Meine Seele atmet Himmelsluft, so lang der Geist um mich webt.
Luc: Meine Seele achtete ihrer nicht in Geistes Seligkeit,
hr: Meine Seele saugt sie auf, dass ich göttlich schaffen lerne.
Hüter: Wo ist des Feuers Reinigung, die dir das Ich erflammte?
Chr: Mein Ich lodert im Götterfeuer, so lang der Geist mich zündet.
Luc: Mein Ich hat Flammenmacht durch Geistes Sonnenkraft.
hr: Mein Ich hat Eigenfeuer, darein durch Selbsterschaffung flammt
31. V. 24

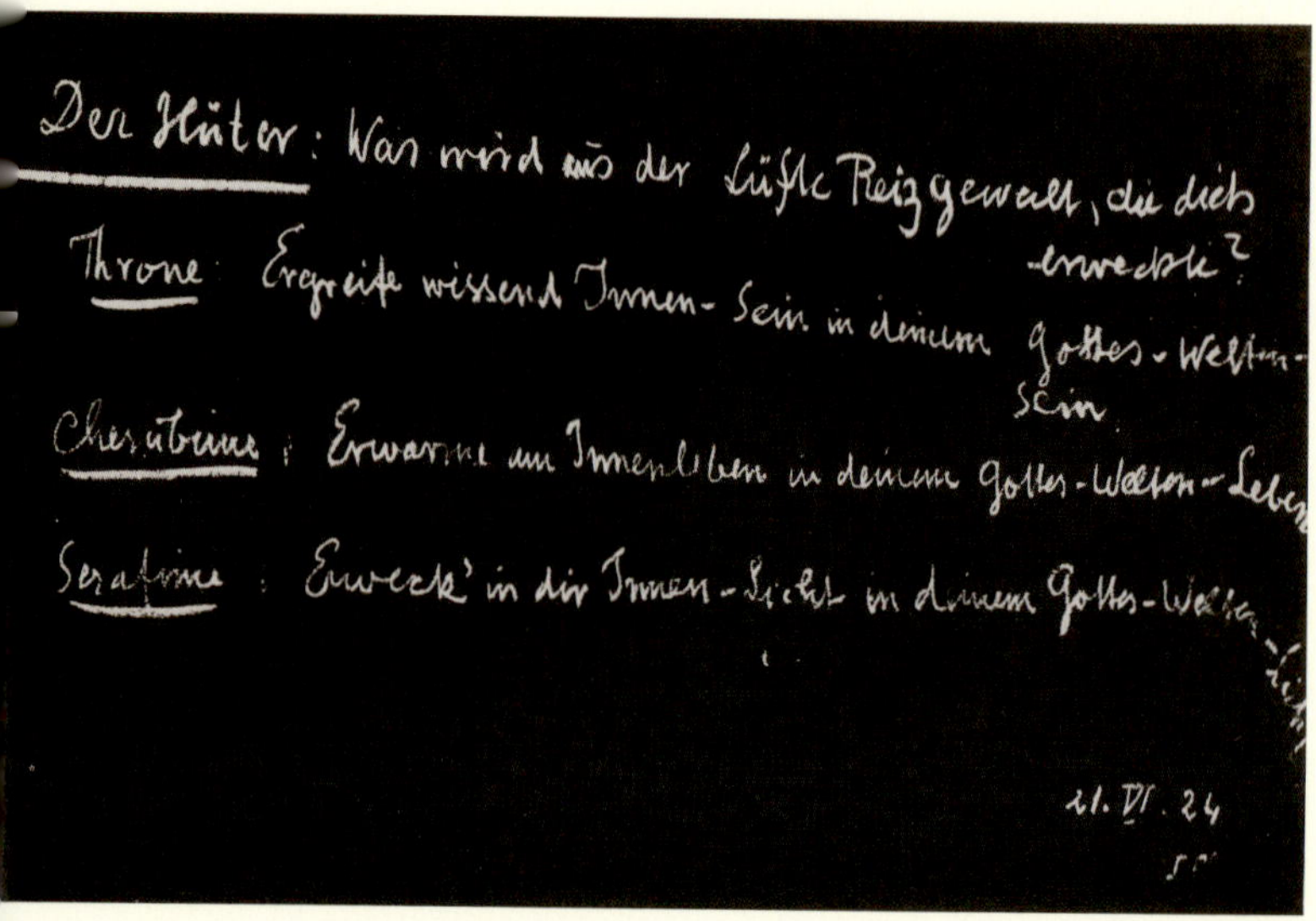
Der Hüter: Was wird aus der Lüfte Reizgewalt, die dich erweckte?
Throne: Ergreife wissend Innen-Sein in deinem Gottes-Welten-Sein
Cherubime: Erwarme am Innenleben in deinem Gottes-Welten-Leben
Serafime: Erweck' in dir Innen-Licht in deinem Gottes-Welten-Licht
21. VI. 24

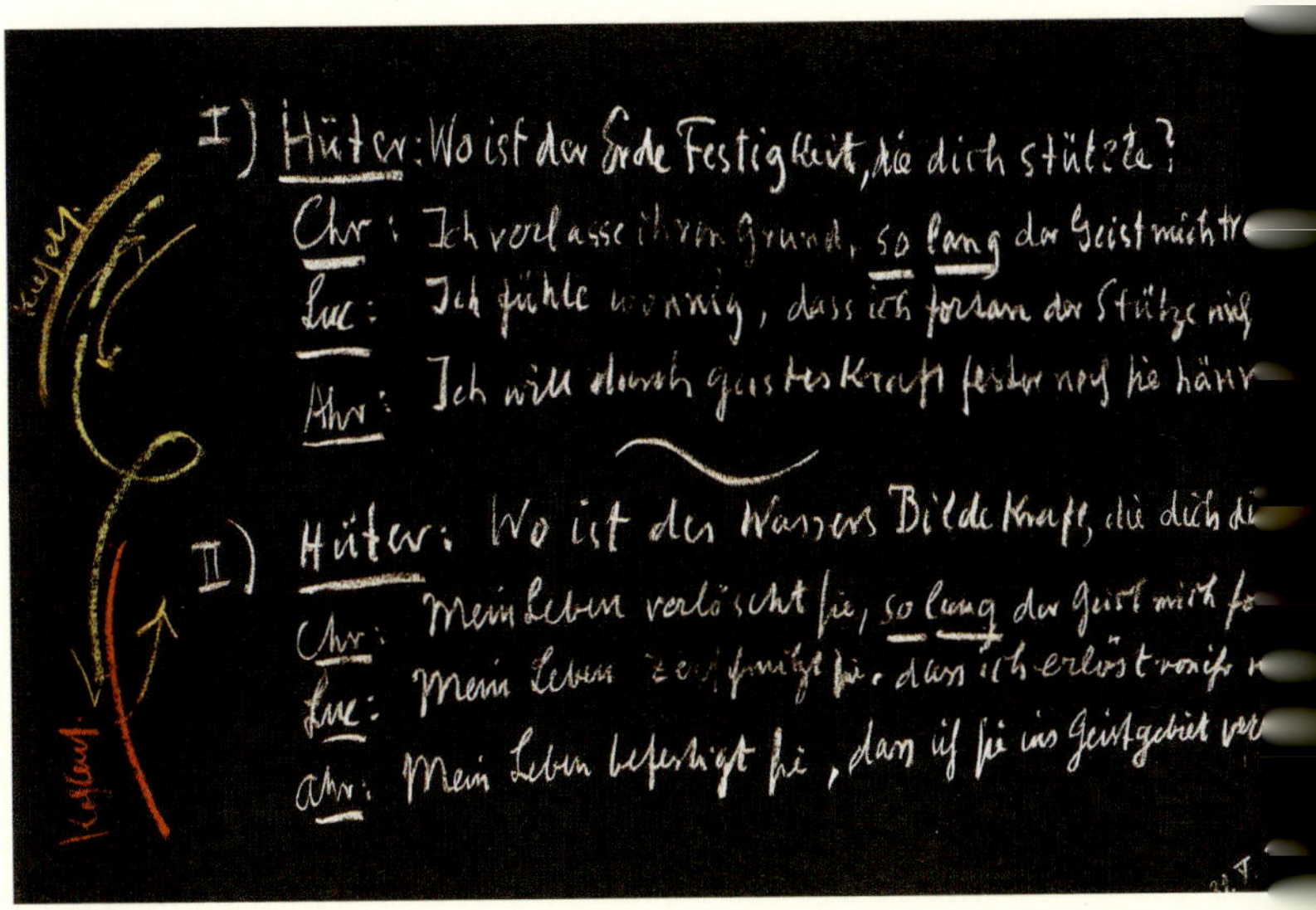
I) Hüter: Wo ist der Erde Festigkeit, die dich stützte?
II) Hüter: Wo ist des Wassers Bildekraft, die dich
Mein Leben verlöscht sie, so lang der Geist mich

第 14 講

第 15 講

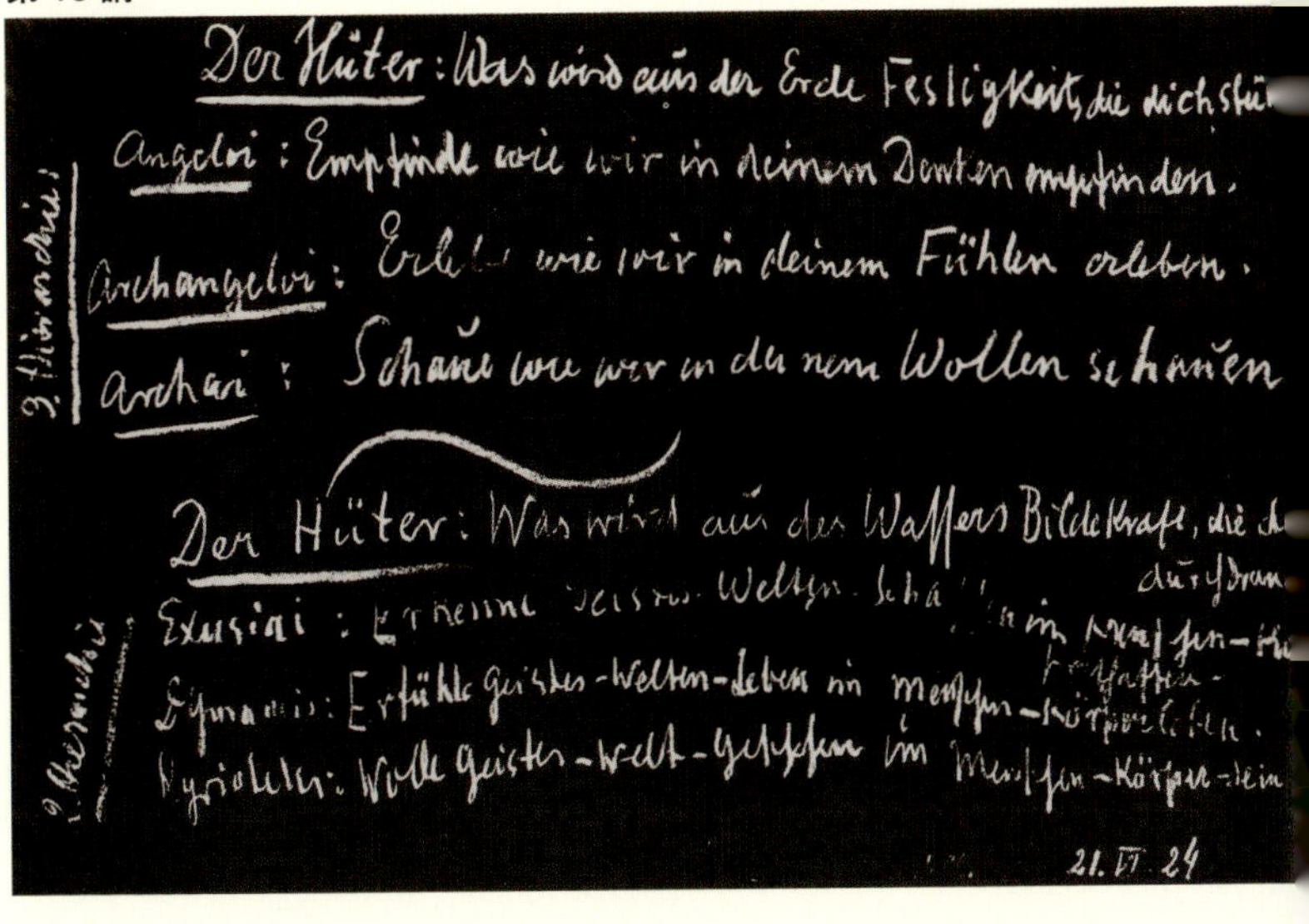
Der Hüter: Was wird aus der Erde Festigkeit, die dich
Angeloi: Empfinde wie wir in deinem Denken empfinden.
Archangeloi: Erlebe wie wir in deinem Fühlen erleben.
Archai: Schaue wie wir in deinem Wollen schauen
Der Hüter: Was wird aus des Wassers Bildekraft, die
21. VI. 24

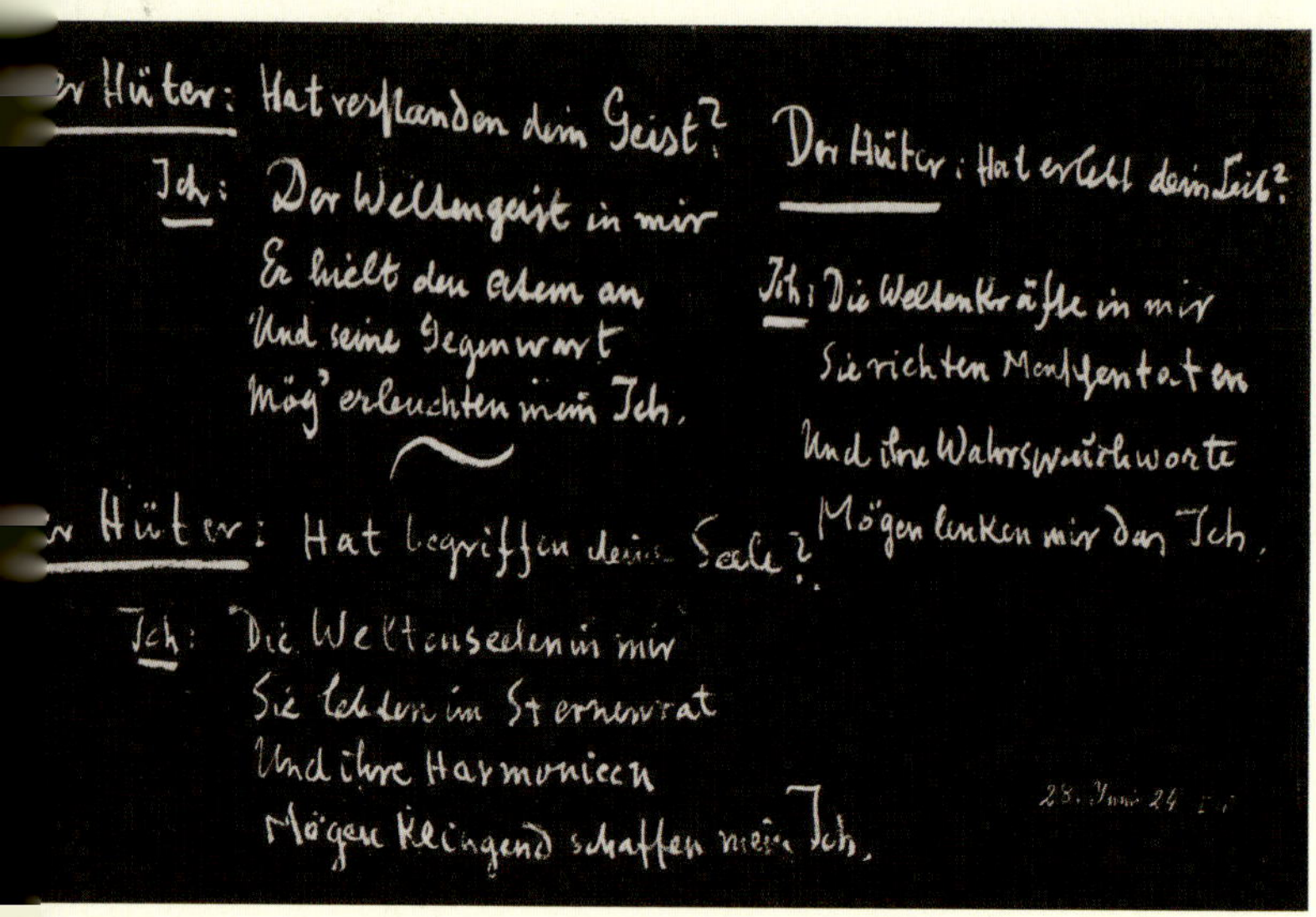
r Hüter: Hat verstanden dein Geist?
Ich: Der Weltengeist in mir
Er hielt den Atem an
Und seine Gegenwart
Mög' erleuchten mein Ich.
r Hüter: Hat begriffen deine Seele?
Ich: Die Weltenseelen in mir
Sie lebten im Sternenrat
Und ihre Harmonieen
Mögen klingend schaffen mein Ich.
Der Hüter: Hat erlebt dein Leib?
Ich: Die Weltenkräfte in mir
Sie richten Menschentaten
Und ihre Wahrspruchworte
Mögen lenken mir das Ich.
28. Juni 24

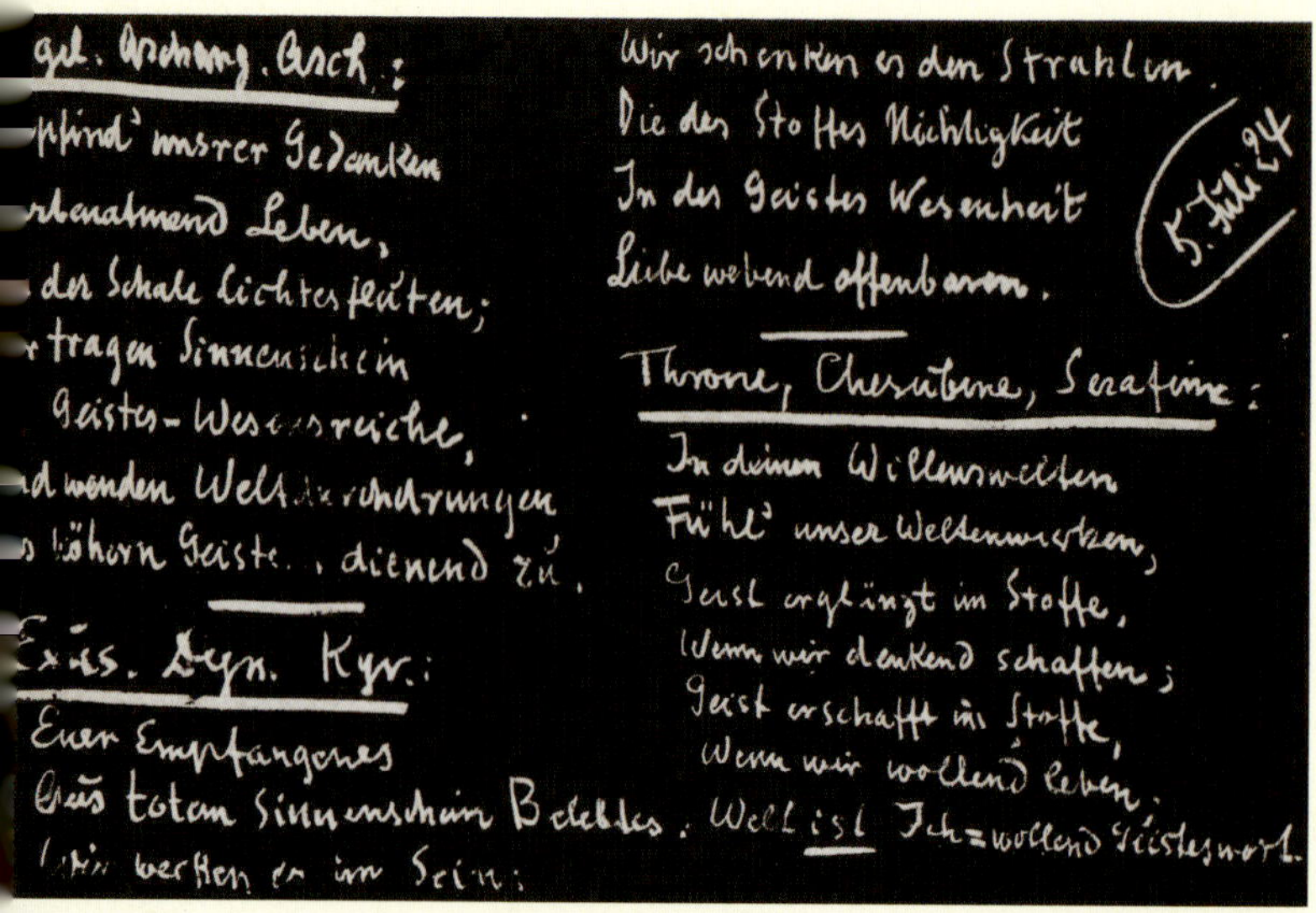
gel. Archang. Arch.:
pfind' unsrer Gedanken
rbenatmend Leben,
der Schale Lichtesfeuten;
tragen Sinnenschein
Geistes-Wesensreiche,
d wenden Weltdurchdringungen
höhern Geiste dienend zu.
Exus. Dyn. Kyr.:
Euer Empfangenes
Aus totem Sinnenschein Belebtes
werden es im Sein:
Wir schenken es den Strahlen
Die des Stoffes Nichtigkeit
In des Geistes Wesenheit
Liebe webend offenbaren.
5. Juli 24
Throne, Cherubine, Serafine:
In deinem Willenswelten
Fühl' unser Weltenwirken,
Geist ergänzt im Stoffe,
Wenn wir denkend schaffen;
Geist erschafft im Stoffe,
Wenn wir wollend leben.
Welt ist Ich=wollend Geisteswort.

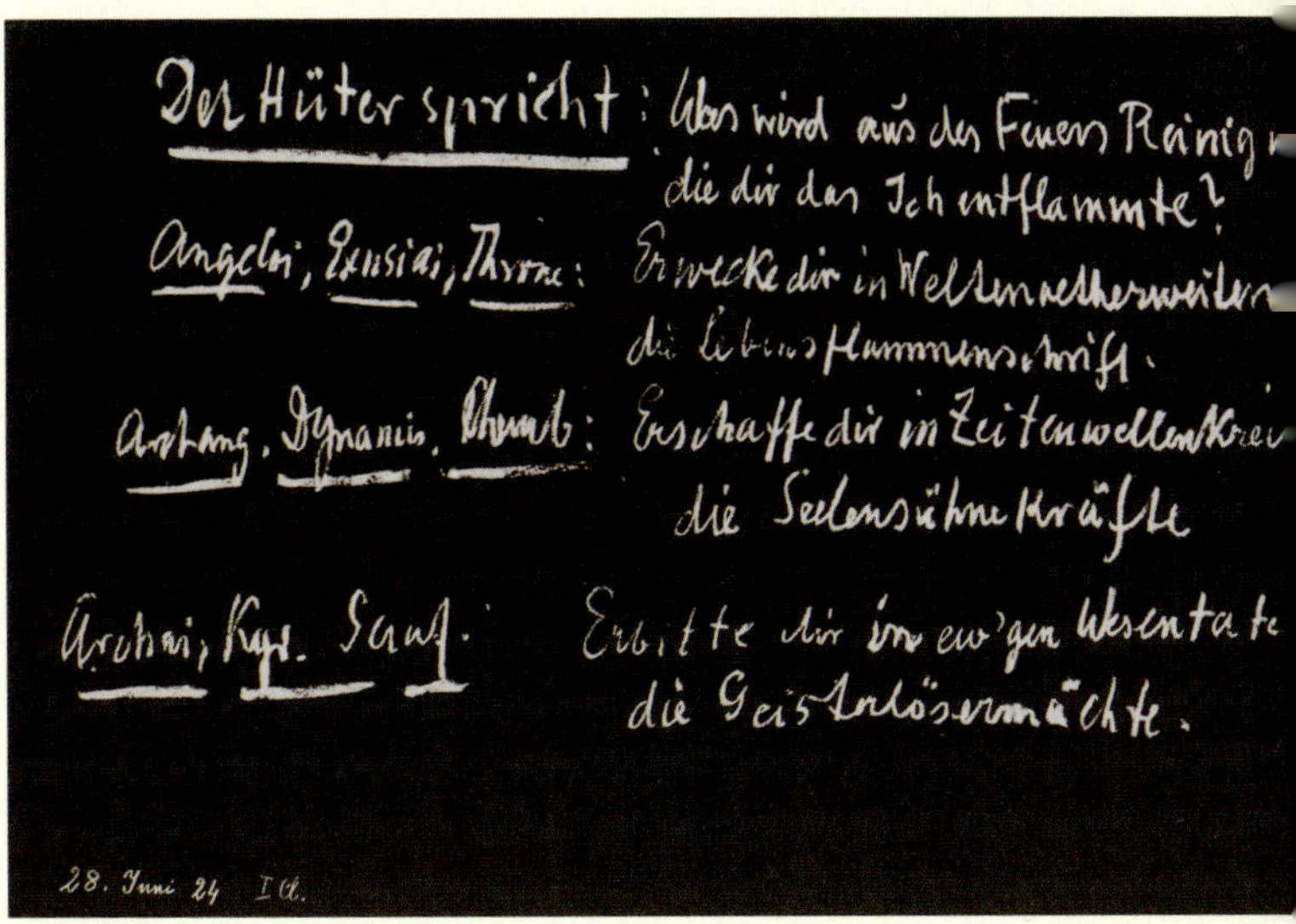
Der Hüter spricht: Was wird aus des Feuers Reinig
die dir das Ich entflammte?
Angeloi, Exusiai, Throne: Erwecke dir in Weltenaetherweiten
die Lebensflammenschrift.
Archang. Dynamis. Cherub: Erschaffe dir in Zeitenwellenkrei
die Seelensühnekräfte
Archai, Kyr. Seraf: Erbitte dir im ew'gen Wesentate
die Geisterlösermächte.
28. Juni 24 I Cl.

第 16 講

第 17 講

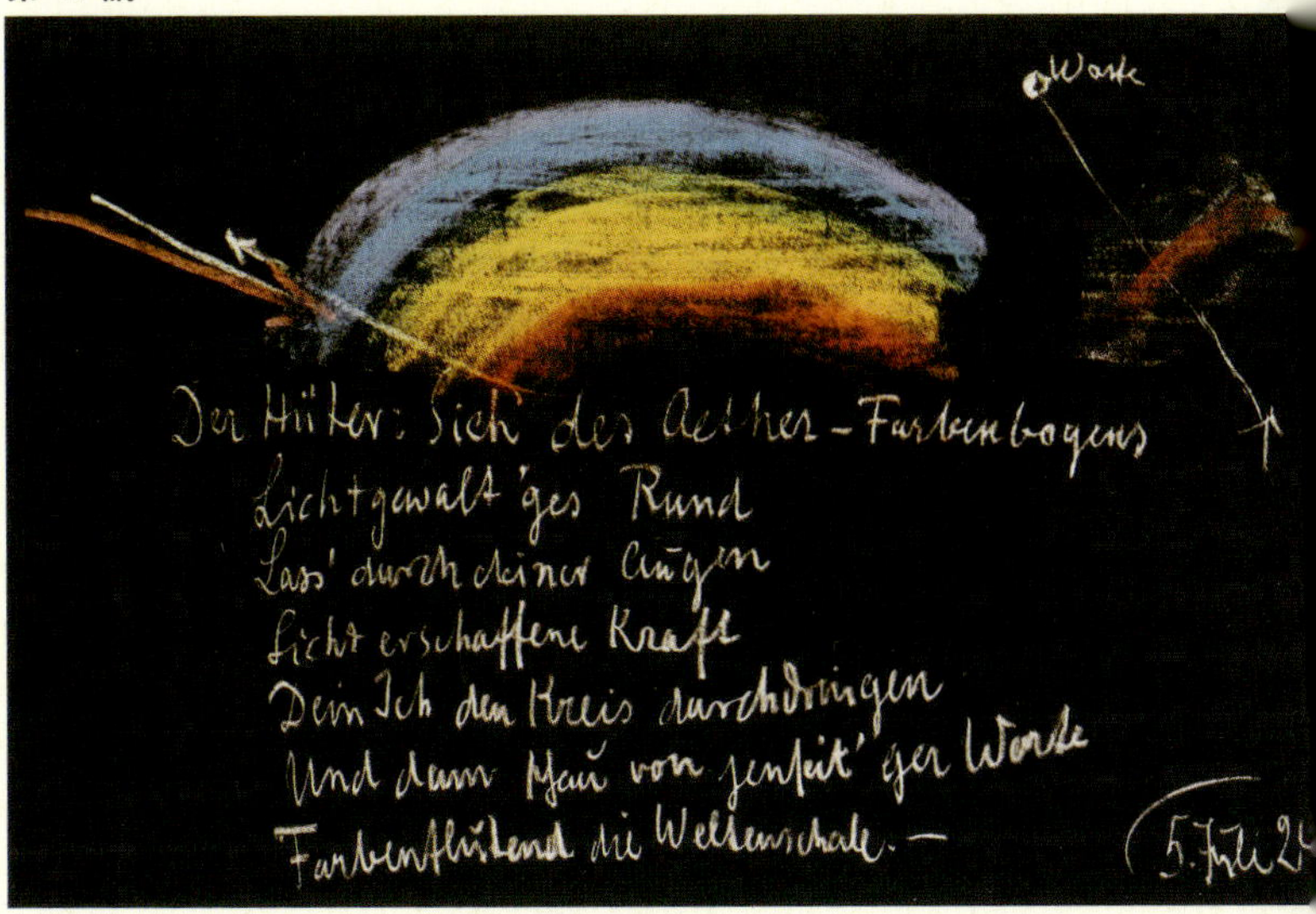
Worte
Der Hüter: Sich des Aether-Farbenbogens
Lichtgewalt'ges Rund
Lass' durch deiner Augen
Licht erschaffene Kraft
Dein Ich den Kreis durchdringen
Und dann schau von jenseit'ger Worte
Farbenflutend die Weltenschale. —
5. Juli 24

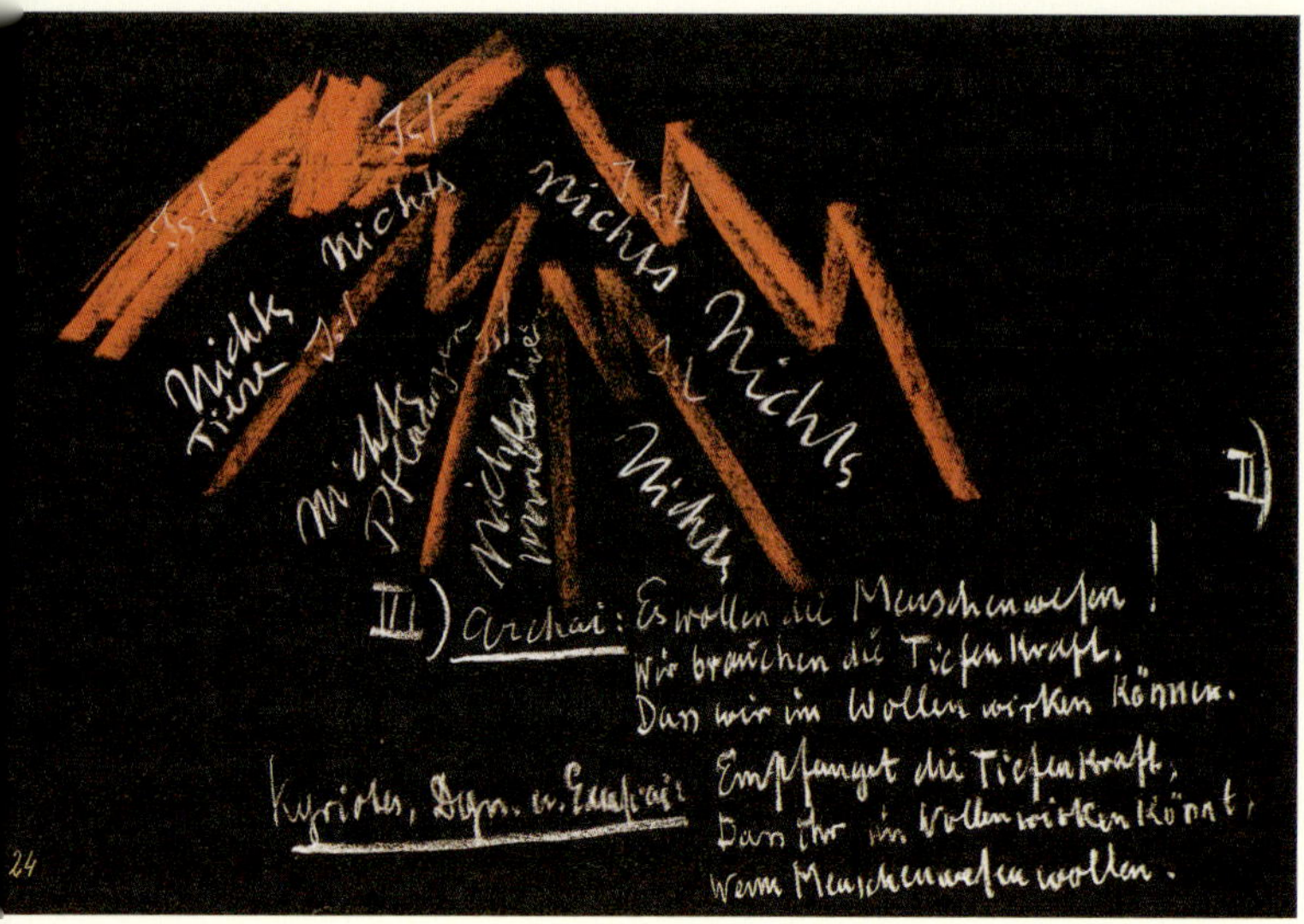
Ist
Ist
Nichts
Nichts
nichts
Ist
Nichts
Tiere
Ist
Nichts
Pflanzen
Nichts
Nichts
II
III) Archai: Es wollen die Menschenwesen!
Wir brauchen die Tiefenkraft,
Dass wir im Wollen wirken können.
Kyriotetes, Dynam. u. Exusiai: Empfanget die Tiefenkraft,
Dass ihr im Wollen wirken könnt,
Wenn Menschenwesen wollen.
24

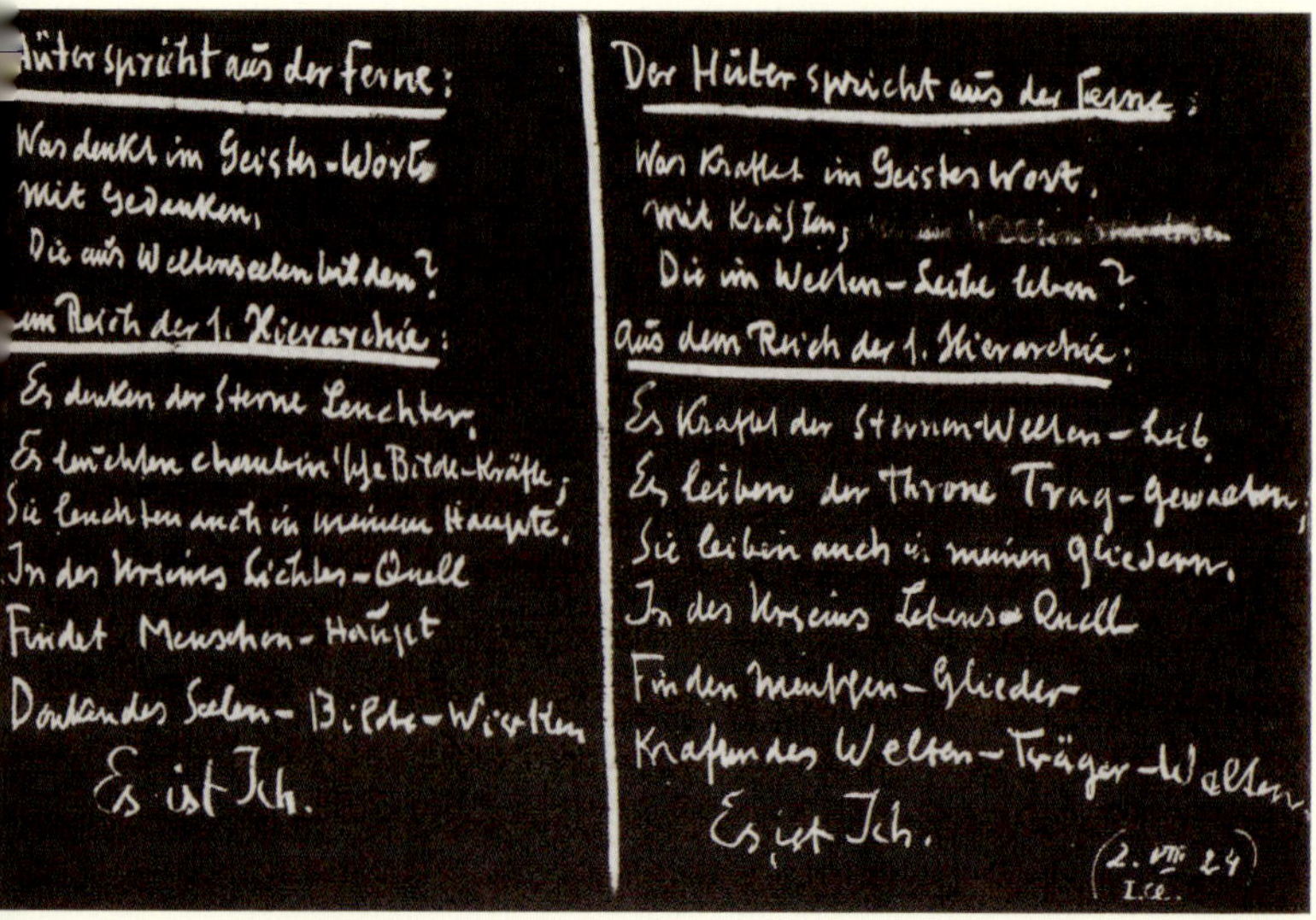
üter spricht aus der Ferne:
Was denkt im Geister-Worte
Mit Gedanken,
Die aus Weltenseelen bilden?
us Reich der 1. Hierarchie:
Es denken der Sterne Leuchten;
Es leuchten cherubin'sche Bilde-Kräfte;
Sie leuchten auch in meinem Haupte.
In des Urseins Lichtes-Quell
Findet Menschen-Haupt
Denkendes Seelen-Bilde-Wirken
Es ist Ich.
Der Hüter spricht aus der Ferne:
Was kraftet im Geister-Wort,
Mit Kräften,
Die im Welten-Leibe leben?
Aus dem Reich der 1. Hierarchie:
Es kraftet der Sternen-Welten-Leib,
Es leiben der Throne Trag-Gewalten;
Sie leiben auch in meinen Gliedern.
In des Urseins Lebens-Quell
Finden Menschen-Glieder
Kraftendes Welten-Träger-Walten.
Es ist Ich.
(2. VIII 24
I.Cl.)

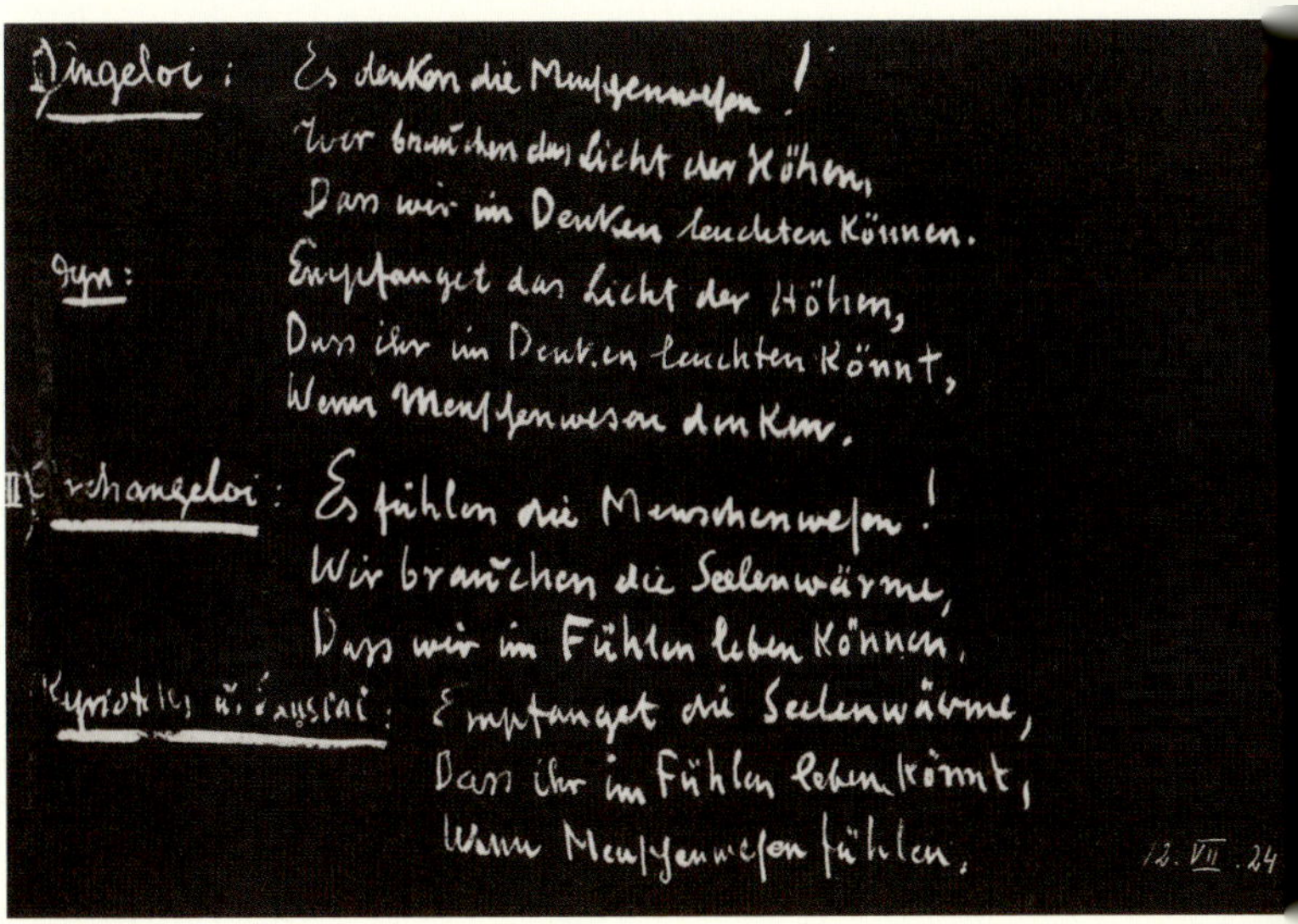
ngeloi:
Es denken die Menschenwesen!
Wir brauchen das Licht der Höhen,
Dass wir im Denken leuchten können.
Empfanget das Licht der Höhen,
Dass ihr im Denken leuchten könnt,
Wenn Menschenwesen denken.
rchangeloi:
Es fühlen die Menschenwesen!
Wir brauchen die Seelenwärme,
Dass wir im Fühlen leben können.
Empfanget die Seelenwärme,
Dass ihr im Fühlen leben könnt,
Wenn Menschenwesen fühlen.
12. VII. 24

第18講

第19講

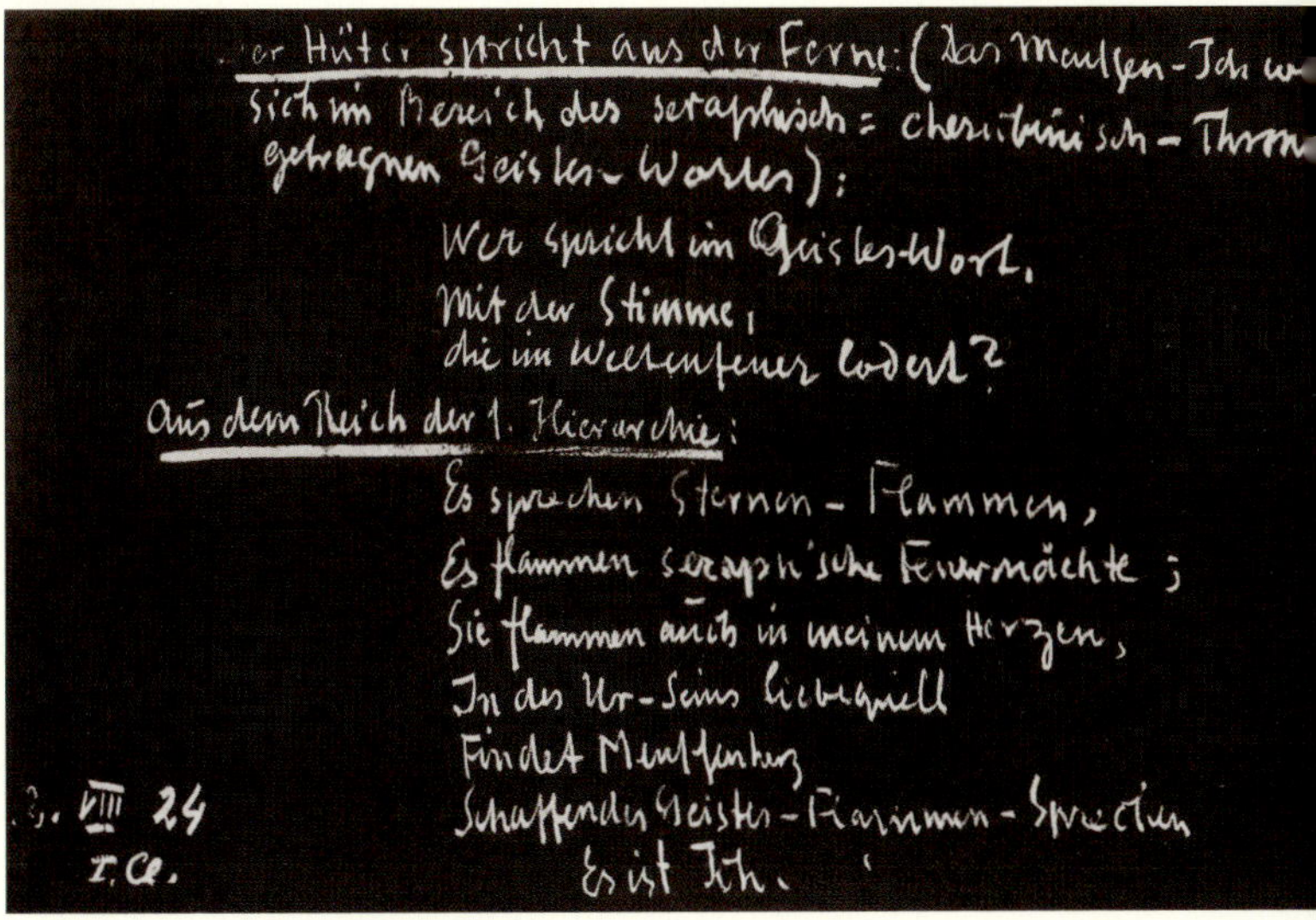
er Hüter spricht aus der Ferne: (Das Menschen-Ich w
sich im Bereich des seraphisch = cherubinisch - Thron
getragenen Geistes-Wortes):
Wer spricht im Geistes-Wort,
Mit der Stimme,
die im Weltenfeuer lodert?
Aus dem Reich der 1. Hierarchie:
Es sprechen Sternen - Flammen,
Es flammen seraphische Feuermächte;
Sie flammen auch in meinem Herzen,
In des Ur-Seins Liebequell
Findet Menschenherz
Schaffender Geister-Flammen-Sprechen
Es ist Ich.
3. VIII 24
I. Cl.

目次

霊学自由大学第一学級のための秘教講義

ドルナハ　一九二四年

第２巻目次

秘教講義　1

霊学自由大学第一学級のための

秘教講義

霊学自由大学第一学級のための秘教講義

第1講

ドルナハ

1924年2月15日

愛する皆さん、この時間と共に自由大学を秘教のための学堂にして、近年失われかけていた課題を、ふたたび取り戻したいと思います。今日は、導入と基礎づけの時間ですので、今述べた課題そのものを取り上げませんが、しかしこの課題にまず言及することで、この時間の大切な意味を意識していただきたいと思いました。

特に、始めに皆さんに申し上げたいのですが、今、私たちの運動自体が、日ごとに、ますます危険にさらされ、ますます土台を崩されつつあるのです。ですから、真剣であることが私たちの運動自体に不可欠なのです。そして何をおいても、この学堂においては、真剣でなければならないのです。こう申し上げるのは、決して不必要なことなのではありません。なぜなら、本当に真剣であろうとする努力が、どこにも認められているわけではないのですから。

皆さん、今日は導入のための準備を行ないます。そのために、特に強調しておきたいのは、この学堂では、霊的生活の真の意味を生かさなければならないことです。ですからこの学びの場で、ひとつの秘教システムを確立しなければならないのですが、そのシステムとは、霊界が開示してくれる霊的生活を現代のために提供できるシステムなのです。霊的な生活は、あらゆる分野において深化されることができますが、しかしこの深化のためには、ひとつのセンターが存在しなければなりません。この学堂のメンバーになろうとする人は、このセンターがドルナハのゲーテアヌムにあることを認めなければなりません。

ですから今日私は、これまでに私たちが認可証を交付することのできたメンバーたちと、この学堂を始めたいと思います。まず皆さんに意識していただきたいのは、この学堂で語られるどの言葉も、私たちの時代に開示される霊界に対して完全な責任を持っている、ということです。霊界はこの数千年間のどの時代にも、それぞれの仕方で人類に働きかけてきました。そしてまさに人間の霊性だけが、この働きかけを受けとることができます。

霊学のための学堂の中で、霊界の開示を受けるとき、決して感覚世界に由来するすべてに敵対しようとしているのではありません。このことは、始めから明らかでなければなりません。感覚世界は、人生に必要な壮大な展望を、そして、人生に必要な実際的観点を、与えてくれます。感覚世界に由来する一切の経験内容を少しでも軽視することは許されません。

しかし今ここで大切なのは、霊界からの啓示を真剣な態度で受けとろうとすることです。あらかじめ述べておけば、現在、この学堂のメンバーたちの心の中にも、多くの偏見、我意、頭の固さが深く根づいています。私たちはそれを克服しなければなりません。妨害となるこの我意や頭の固さを意識することで、この学堂が目指す方向に正しく眼を向けなければなりません。

なぜなら、この学堂について十分に真剣な考え方のできる人は、まだ少ないのですから。真剣に考えることができるようになるには、時が必要です。そして、次第に、この学堂で学ぶどんな細部をも、真剣に受けとめようとする人たちだけがいるようにならなければ、何事も可能にはなりません。

私たちの課題そのものが、そのことを求めています。そして別な面では、日毎にあらゆる方向からやって来る敵意や土台の切り崩しに抗して歩み続けなければならない私たちの困難な道が、このことを求めているのです。この学堂のメンバーたちも、このことに十分気づいていてはいません。ですから、皆さん、こういう事柄に十分に意識的でなければなりません。

この学堂において、まず私たちが注意を向けるべき事柄は、霊界が与えることのできる事柄を、ふさわしい態度で受けとるということです。しかし私たちにさらに求められるのは、妨害と切り崩しの中を通っていくあの困難な道を、共に歩むという覚悟です。

私はこの問題全体について、情報誌「人智学協会のできごと」の中で述べました。そして、一般人智学協会とこの学堂とをはっきりと区別しました。この違いを、この学堂のメンバーたちがはっきりと感じとり、この違いの意味において生きる、ということが必要なのです。ですから、人生のあらゆる問題において、自分を人智学の代表にしようと望む人たちだけが、そのメンバーになれるのです。私は、以上の点を、課題の深刻さを示すために、はじめに申し上げました。

＊

私たちの学堂の上に第一の青銅の板として掲げられるべきものを、ここで皆さんの心の前に差し出したいと思います。その際必要なのは、私たちが以下の言葉を、本当に自分自身とひとつにしようとすることです。以下の言葉は、霊的ないとなみの中から生み出され、学堂の内部で、私たちの魂の耳に向けて語られるのです。それは私たちの魂に受容されることを求めています。それは次の言葉で始まります――

大地の上に、色さまざまに
生命《いのち》の創造力が開示されるとき、
大地の素材から、さまざまな形で
生命なきものが創り出されるとき、
それを感得した魂が、意志の力で
おのれの生存の喜びを強めるとき、
おお、人間よ、お前が大地と風と光から

おのれのからだを受けとるとき、

そのとき お前は、自己存在の
深くて冷たい夜の闇に歩み入る。
そして、広大な闇の中で、
自分が誰なのか、誰だったのか、誰になるのかを、
決して問おうとはしない。
自己存在のままであれば、
昼は、魂の夜に、霊の闇に変わってしまう。
だから、お前の魂は、悩みながら、
光へ向かい、闇から脱却しようとする。

もう一度読んでみます――

大地の上に、色さまざまに
生命《いのち》の創造力が開示されるとき、

大地の素材から、さまざまな形で
生命なきものが創り出されるとき、
それを感得した魂が、意志の力で
おのれの生存の喜びを強めるとき、
おお、人間よ、お前が大地と風と光から
おのれのからだを受けとるとき、

そのときお前は、自己存在の
深くて冷たい夜の闇に歩み入る。
そして、広大な闇の中で、
自分が誰なのか、誰だったのか、誰になるのかを、
決して問おうとはしない。
自己存在のままであれば、
昼は、魂の夜に、霊の闇に変わってしまう。
だから、お前の魂は、悩みながら、
光へ向かい、闇から脱却しようとする。

ここで述べられているのは、世界が美しく、すばらしく、大きく、そして崇高であり、万象から啓示の限りない輝きが湧き出てくるということです。万象は、葉や花の生命《いのち》となって現れたり、多彩な色となって可視的世界からあふれ出たりするのです。

生命のない地上の素材から生じた数千、数万の結晶化した、または結晶しない形態をとって、私たちの足元で、水や空気の中で、雲や星々の中で現れるすべては、神性を開示しているのです。そのことに思いをいたさなければなりません。地上のいたるところに生きている動物たちが、自分の生命のいとなみを喜び、生きることに熱い思いを寄せているのも、神霊の開示なのです。そういう思いに親しむことが大切です。そして私たちのからだが、色とりどりに萌え出る植物たちや多様に結晶化する鉱物たちから取り出されていることをも想い起こさなければなりません。しかし、それにもかかわらず、美しく、崇高で、壮大で、神的な感覚世界の諸対象の中に、私たち自身の人間であることの意味を求めてもむなしいのです。

自然存在は、どんなに偉大に、どんなに圧倒的に、私たちに向かって輝き、響こうとも、どんなに私たちを力づけ、私たちに熱を与えようとも、私たち自身のことを何も教えてはくれないのです。たとえどんなに崇高な、壮大な、神的な感覚体験を与えてくれるとしてもです。

実際、私たちはどんなときにも、こう言うことができなければなりません。――「われわれは自分の内部に自己なる存在を感じとる。この自己は、外なる大自然の美しさ、壮麗さ、偉大さ、崇高さの所産ではない。その反対の力から成り立っている。」

ですから、私たちの魂は、次のように問わざるをえません。――「われわれの自己そのものを成り立たせている本質部分は、われわれの周囲では、なぜ暗闇であり続けるのか。なぜ沈黙を続けるのか。」

けれども、私たちはその暗闇と沈黙を恩寵のように体験しつつ、真剣に、決然と、次のように言わなければならないのです。――「われわれは、まず自分自身を、熱い魂を持ち、強い霊の力を働かせる人間にしなければならない。そして、自分の中の霊の働きの中に宇宙の中の霊の働きを見ることができなければならない。」

けれども、そうできるためには、感覚世界の境域にまで行って、そこで霊界の開示を体験できるようになることが必要です。しかし安易な態度でそうすることは許されません。そのために必要なのは、次のように言えることなのです。――「もしもわれわれが準備しないで、この境域にまで歩み入り、すぐにでも霊界の輝きに接しようとするならば、そのときのわれわれは、霊界に参入するのに必要な霊の力も魂の熱も持っていないのだから、霊界はわれわれを打ち砕いてしまうだろう。そして、われわれは、自分の無力さを思い知らされることだろう。」

だからこそ、感覚界と霊界との境域に、あの神々の使者が立っているのです。この使者のことは、次の時間から、もっと詳しく、この学びの場で知ることになるでしょう。私たちはこの使者のことを、もっともっと詳しく知りたいと思います。この霊界の使者は、そこに立って、私たちに警告を発します。正しい仕方で霊界の開示に立ち会うためには、どうあらねばならないか、何を捨てなければならないか、語るのです。

愛する皆さん、私たちは今、まず認識問題として、自然の一切の美しさ、偉大さ、崇高さの対極に、霊的な闇が存在することを理解しました。そして私たちが何者であり、何者であったか、そして何者になるのかを語る光は、この霊の闇から初めて生まれてくることを知りました。私たちは、私たちのために必要な警告を発してくれるあの霊界の使者が、この闇から現れる最初の存在であることを、はっきりと理解していなければなりません。ですから今、この霊界の使者の言葉を、私たちの魂の中に鳴り響かせながら、この使者の本質を魂の眼でよく見ようと思います。

境域の守護霊が人間に語りかけます――

そしてお前の似姿を示しながら、
お前の比喩となって現れながら、

厳しい霊の言葉を宇宙エーテルの中に響かせながら、
霊界の使者が闇の中から姿を現す。

その声をお前は聴く。
ただひとりお前の道を照らすことのできる
この使者の前には、感覚の原野が広がり、
その背後には、深淵が口を開いている。

暗い霊界の原野を前にして、
存在の深淵の縁《ふち》に立ちながら、
霊界の使者は力強い創造の言葉を発する。
「見よ、われこそは認識のただひとつの門である。」

どうぞ、正確に理解しようと試みて下さい。この霊界の使者の発する警告は、そのすべてを正しく受けとらなければなりません。先ほど言いましたように、この使者のことを、これからますます知るようになるでしょう。この警告のすべてを正しく受けとることなしには、感覚世界の深淵の彼方に存する霊界を探究することはできません。霊界は、人間の認識能力にとって、はじめは深い闇の中に沈んでいますが、あの霊界の使者の顔は、この闇の中から輝き出るのです。

霊界の使者は、はじめは人間に似た姿で現れますが、途方もなく強大な姿に変わります。しかしまだ人間によく似た姿をとり続け、人間の比喩であるかのように、影のような姿で現れます。そして口を開けた深淵の向こうの霊界には、ふさわしい真剣な態度なしには、決して参入しようとしてはならない、と警告します。霊界の最初の使者は、真剣であれ、と警告するのです。

その声の語る言葉をふさわしい真剣さで魂の中に受けとるとき、はじめはごく曖昧に、ただ方向を示すだけの抽象的な形ですが、深淵を越える道が見えてくるでしょう。この深淵は、私たちが不用意に先へ行くことがないように、私たちを引きとめているのです。霊界の使者の声は、こう響いてきます――

空間を生きるものは、
光の中で存在を体験する。
時の流れを歩むものは、

創造行為の中におのれの力を感じとる。
心情の深みの中にいるものは、
宇宙をみずからの中に見出そうとする。

空間の広がりの中から、
時間の歩みの中から、
心情の深みの中から、
魂が神霊の想いを語る――
「おお、人間よ、汝自身を知れ。」
それは、神の救済力の言葉であり、宇宙の形成力の言葉である。

もう一度繰り返します――

空間を生きるものは、
光の中で存在を体験する。
時の流れを歩むものは、

創造行為の中におのれの力を感じとる。
心情の深みの中にいるものは、
宇宙をみずからの中に見出そうとする。

空間の広がりの中から、
時間の歩みの中から、
心情の深みの中から、
魂が神霊の想いを語る――
「おお、人間よ、汝自身を知れ。」
それは、神の救済力の言葉であり、宇宙の形成力の言葉である。

以上の言葉が語っているように、生きることの秘密は、空間世界の中で究明されねばならず、時の歩みの働きの中で究明されねばならず、そして人間の心の深みの中で究明されねばならないのです。なぜなら、この秘密の究明こそが、人間認識のための基礎となりうるからです。

宇宙は、その秘密のすべてを、人間の自己の中に組み入れたのです。ですから、その秘密は、人間の自己認識を通して見出すことができるのです。生まれてから死ぬまでの人生の途上で、健康な日々にも、病気の日々にも、人間の必要とするすべてが、自己認識を通して見出されうるのです。そしてこのすべては、死から新しい生への、もうひとつの人生の途上においても、生かされなければならないのです。

けれども、この学堂のメンバーである皆さんは、この心構えからはずれた他の一切が、真の認識ではなく、単なる外的な仮象の認識にすぎず、また境域の守護霊の霊界認識に対する警告を知る以前に学んだすべての科学認識も、単なる仮象にすぎないことを、はっきりと理解していなければなりません。仮象の知識に留まり続ける必要はないのです。私たちは外的な仮象の知識を軽蔑するつもりはありませんが、しかし、よく理解しておいて下さい。人間は、仮象の知識の階段を乗り越えなければ、みずからの存在を浄化し、変容させることができないのです。そして、そうできるには、認識の深淵の縁に立った霊界の使者が、最上の霊的存在たちの委託を受けて、人間に呼びかけたときの言葉を理解できなければなりません。

地上で生まれてから死ぬまで生き続けるときの感覚の原野と霊界の原野との間には、深淵が大きく口を開けています。そのことにふさわしい意識を持つことができない人は、真の認識を獲得することができません。なぜなら、この意識だけが、真の認識を可能にしてくれるのだからです。たとえ霊界の認識が真の見霊能力に由来するとはいえ、人は見霊的になる必要はありません。しかし、空間の秘密、時間の秘密、人間の心の秘密をめぐっての、口を開けた深淵の傍らでの警告について意識を持つことができなければなりません。空間の拡がりの果てにも深淵が存在していますし、時の移り変わりの先にも、私たち自身の心の奥底にも深淵は存在するのです。

この三つの深淵は、三つ別々にあるのではなく、同じひとつの深淵なのです。なぜなら、空間の果てにまで行ったときにも、時の流れを遡ってひとつの周期のはじめに到ったときにも、人間の心の奥底に沈潜していったときにも、この三つの道は、同じひとつの目標に到るからです。三つの道が三つの違った場所に到ることはありません。いずれの道も、同じ神霊存在に到ります。その神霊存在は、宇宙の根源の泉から湧き出るのです。そして、宇宙の根源のこの泉から、すべての生あるものを生じさせ、養い、そしてまた、人間がすべての生きた存在を探究し、認識できるようにするのです。

私たちは今、こういう真剣な意識で、霊界の使者が語る場所に、私たち自身の思いを寄せなければなりません。そしてこの使者が、現代という特別な時代状況において、何が妨害であると認めるのかに耳を傾け、そして真の霊界認識に到るために、その妨害を排除しなければなりません。

愛する皆さん、霊界認識の妨害は、どんな時代にも存在しました。どんな時代にも人びとは、境域の守護霊の警告のもとに、あれこれを克服し、あれこれを排除しなければなりませんでした。

どんな時代もその時代に特有の妨害を持っていますが、物質文明から生じる事柄は、その大部分が、霊界参入のための促進手段ではなく、まさに妨害手段なのです。そしてどの時代の人も、物質文明の中に特別の妨害を見出さなければなりません。その妨害は、時代に応じて、人間本性の中に植え込まれます。そして人間は、人を呑み込もうとする深淵を飛び越えることのできる前に、この妨害を除き去らなければなりません。ですから、厳しい守護霊である神々の使者が、この妨害について語る言葉に耳を傾けようと思います――

しかしお前は、
深淵に注意を向けなければならない。
そうしないで、いそいで私のそばを通り抜けようとすれば、
深淵から獣たちが現れて、
お前を呑み込んでしまうだろう。
お前自身の宇宙時代が
この認識の敵たちを呼び出した。

第一の獣を見よ。
その曲がった背を、骨ばった顔を、乾からびたからだを。
「霊の創造力」へのお前の恐怖が、
お前の意志の中にこの怪物を生み出した。
それに打ち克つことができるのは、
お前の認識への勇気だけだ。

第二の獣を見よ。
顔をゆがめ、歯をむき出し、
嘘をついてあざ笑い、
薄汚い黄ばんだからだを見せている。
「霊界の開示」へのお前の憎しみが、
お前の感情の中にこの弱虫を生み出した。
お前の認識の火で、この獣を押さえ込まねばならない。

第三の獣を見よ。

その裂けた口を、ガラスのような眼《まなこ》を、
だらしない態度を、汚れた赤い姿を。
「霊の光の力」へのお前の懐疑が、
お前の思考の中にこの妖怪を生み出した。
認識の創造力でこの妖怪を
退けなければならない。

この三つの獣を克服したとき、
お前の魂は、
深淵を飛び越える翼を得る。
お前は心に憧れを抱き、
救済を求めて認識に身を捧げようとした。
しかし深淵が、これまでお前を認識の原野から隔ててきた。

もう一度読んでみます――

守護霊は語ります――

しかしお前は、
深淵に注意を向けなければならない。
そうしないで、いそいで私のそばを通り抜けようとすれば、
深淵から獣たちが現れて、
お前を呑み込んでしまうだろう。
お前自身の宇宙時代が
この認識の敵たちを呼び出した。

第一の獣を見よ。
その曲がった背を、骨ばった顔を、乾からびたからだを。
「霊の創造力」へのお前の恐怖が、
お前の意志の中にこの怪物を生み出した。
それに打ち克つことができるのは、
お前の認識への勇気だけだ。

第二の獣を見よ。
顔をゆがめ、歯をむき出し、
嘘をついてあざ笑い、
薄汚い黄ばんだからだを見せている。
「霊界の開示」へのお前の憎しみが、
お前の感情の中にこの弱虫を生み出した。
お前の認識の火で、この獣を押さえ込まねばならない。

第三の獣を見よ。
その裂けた口を、ガラスのような眼《まなこ》を、
だらしない態度を、汚れた赤い姿を。
「霊の光の力」へのお前の懐疑が、
お前の思考の中にこの妖怪を生み出した。
認識の創造力でこの妖怪を
退けなければならない。

この三つの獣を克服したとき、
お前の魂は、
深淵を飛び越える翼を得る。
お前は心に憧れを抱き、
救済を求めて認識に身を捧げようとした。
しかし深淵が、これまでお前を認識の原野から隔ててきた。

愛する皆さん。この三つの獣は、現代における、現代人にとっての最大の敵なのです。現代人は、霊の創造力に恐怖を抱いています。その恐怖が魂の奥深くに居すわっています。現代人はこの恐怖を見たくないので、霊の啓示を受け入れまいとするこの恐怖を、あらゆる一見論理的な理由で装うのです。

皆さんも、いろいろな所で、霊界認識に対する否定的な言葉を耳にすることでしょう。その非難は、時には賢く、時には巧妙に、時にはばかげた仕方で、論理を振りまわしています。しかし本来、論理的な判断では、霊界の認識を否定する根拠は提示できません。心の内部の奥深くで働いているのは、本当は恐怖なのです。その恐怖が頭にまで昇ってきて、論理的な理由づけに変身するのです。

私は恐怖など持っていない、と言うだけでは、不十分です。そういうことなら、誰にでもできます。大切なのは、この恐怖の所在と本質を究明することです。私たちが生まれ育ったこの現代は、アーリマンによって恐怖の霊たちを送り込まれています。ですから、私たちは恐怖の霊たちに取りつかれているのです。ただ無視するだけでは、私たちの中からそれを取り除くことができません。

怪物となって、私たちの意志の中に住み続けるこの恐怖の霊に対しては、認識の勇気を持って、対抗手段と方法を見つけ出さなければなりません。この学堂は、そのための手引きを与えてくれるでしょう。

実際、現代人の認識方向では、本当の認識を獲得できません。内なる魂の勇気だけが、光に満ちた霊界認識の道を歩む能力を与えてくれるのです。

そして、時代霊から人間の魂の中に忍び込む第二の獣は、どこへ行っても、私たちを待ち伏せています。この獣は現代のほとんどの文芸作品、画廊、彫刻その他の美術作品、あらゆる種類の音楽の中から現れてきます。学校の中で悪さをし、社会の中で悪事を働きます。この第二の獣は、心が霊界に対する恐怖を告白しないですむように、私たちが霊的な認識を嘲笑うように仕向けています。

この嘲笑は、いつでも現れるとは限りません。人は自分の内部にあるものを、常に意識してはいないからです。しかし、はっきり申し上げますと、心の中で霊界認識を嘲笑しようとする近代人の態度と頭の意識的な働きとは、紙一重で隔てられているにすぎないのです。嘲笑が表面に現れるときの現代人は、多かれ少なかれ、意識的または無意識的に、あつかましさが恐怖を押しのけようとしている結果にすぎません。今日では誰でも、内なる特別の力に促されて、霊の開示に反抗しようとしています。そして嘲笑は、そのことのもっとも目立った現れなのです。

そして第三の獣は、思考の無気力さです。それは思考の安易さでもあり、まるで世界中の出来事を映像化しようとするかのようです。なぜ映像なのかといえば、映画を見ているときは、思考を働かせなくてもすむからです。すべてがおのずと展開していき、思考はただその展開の後を追っていけばいいのです。現代では、そのような仕方で、科学でさえも外的な事実を受身な態度で思考し、ただその事実の後について行こうとするだけなのです。思考を積極的に働かせるためには、あまりにも安易であり怠惰なのです。

現代人の思考を喩えてみれば、床に置いてあるものを前にして、ただ突っ立って、両手をズボンのポケットに入れたまま、それを持ち上げることができると信じているようなものです。そんな態度では、ものを持ち上げることができません。同様に、両手をポケットに突っ込んだままの思考では、存在に働きかけることができません。ものを両手で持ち上げなければなりません。霊的なものを持ち上げようとするときも、同じように私たちの思考でそのものに働きかけなければならないのです。

境域の守護霊は、第一の獣について、特徴的な語り方をしています。この獣は、私たちの意志の中に恐怖となってひそんでいます。背をまるめ、骨ばった、ゆがんだ顔をして、からだはかさかさです。この獣は表面が汚い青色で、乾ききっています。あなたの中にそういう獣がいるのです。そして認識の原野のすぐ前にある、ぽっかりと口を開けた深淵から、この獣が昇ってきて、鏡に映すように、あなた自身の内部の認識の敵、意志の中に隠れている認識の敵を映し出すのです。

第二の獣は、霊界に対する現代の嘲笑癖と結びついています。境域の守護霊は、第二の獣に対しても、似た性格づけを与えています。この獣は、第一の獣の隣に昇ってきますが、その態度全体は、弱さをあらわしています。無気力な態度を示す、くすんだ黄色のからだで、顔をしかめ、歯をむき出しにしています。歯をむき出して笑っていますが、その笑いは嘘っぽいのです。なぜなら、嘲笑していますが、本当は第二の獣の鏡像なのですから。自分の感情の中に生きて、私たちの認識を妨げ、私たちの認識の敵となっている獣の鏡像となって、私たちに目くばせしているだけなのです。

そして第三の獣は、霊界において、世界内容に関わろうとはしません。境域の守護霊によれば、第三の獣は、裂けた口を大きく開き、ガラスのような眼をしています。眼差しがうつろなのは、思考を活発に働かせようとしていないからです。汚れた赤い姿で、その態度は、すべてがだらしないのです。裂けた口が語る偽りの懐疑、汚れた赤い姿が表わしている偽りの懐疑は、霊の光の力に対する懐疑です。これが私たちの中にひそむ認識の第三の敵なのです。これらの獣たちは、私たちを大地にしばりつけるのです。

今私たちが、境域の守護霊の警告を無視して、獣たちを伴って霊界に参入しようとしますと、ぽっかり口を開けた深淵があらわれます。私たちは重力の重みで深淵を飛び越えることができません。恐怖と嘲笑と懐疑が飛ぶことを許さないのです。深淵を飛び越えることができるのは、思考が存在の霊性を把握したときであり、感情が存在の魂を体験したときであり、意志が存在の働きを強めたときなのです。そのとき、存在の霊と魂と作用力とが、私たちに翼を与え、私たちを地球の重力から解放してくれるのです。そのとき、深淵を飛び越えることができるのです。

私たちが認識の勇気、認識の火、認識の創造力を手に入れない限り、三重の偏見の歩みが私たちを深淵に突き落とします。しかし、私たちが思考の中で創造する認識をつかみとり、思考を活発に働かせ、投げやりな態度で霊界に向かうのでなく、内なる心の火で霊界を受けとめ、勇気を持って霊的なものを霊的なものとして受けとり、霊的なものを物質の反映であるという考えをやめれば、深淵を飛び越える翼が与えられるのです。真剣に自分自身に向き合って生きていく人の心は皆、この翼を得ようと、今望んでいるはずなのです。

愛する皆さん、以上が霊学のためのこの学堂を始めるにあたって、最初の時間の導入として、今日、私たちの魂の前に提示したい事柄です。

最後に、守護霊による思考体験の初めと中間と終わりを、もう一度心に思い浮かべてみましょう――

大地の上に、色さまざまに
生命《いのち》の創造力が開示されるとき、
大地の素材から、さまざまな形で
生命なきものが創り出されるとき、
それを感得した魂が、意志の力で
おのれの生存の喜びを強めるとき、
おお、人間よ、お前が大地と風と光から
おのれのからだを受けとるとき、

そのときお前は、自己存在の
深くて冷たい夜の闇に歩み入る。
そして、広大な闇の中で、
自分が誰なのか、誰だったのか、誰になるのかを、
決して問おうとはしない。
自己存在のままであれば、
昼は、魂の夜に、霊の闇に変わってしまう。
だから、お前の魂は、悩みながら、
光へ向かい、闇から脱却しようとする。

そしてお前の似姿を示しながら、
お前の比喩となって現れながら、
厳しい霊の言葉を宇宙エーテルの中に響かせながら、
霊界の使者が闇の中から姿を現す。

その声をお前は聴く。
ただひとりお前の道を照らすことのできる
この使者の前には、感覚の原野が広がり、
その背後には、深淵が口を開いている。

暗い霊界の原野を前にして、
存在の深淵の縁《ふち》に立ちながら、
霊界の使者は力強い創造の言葉を発する。
「見よ、われこそは認識のただひとつの門である。」

守護霊は語ります――

空間を生きるものは、
光の中で存在を体験する。
時の流れを歩むものは、
創造行為の中におのれの力を感じとる。

心情の深みの中にいるものは、
宇宙をみずからの中に見出そうとする。

空間の広がりの中から、
時間の歩みの中から、
心情の深みの中から、
魂が神霊の想いを語る――
「おお、人間よ、汝自身を知れ。」
それは、神の救済力の言葉であり、宇宙の形成力の言葉である。

そして、守護霊はさらに語ります――

しかしお前は、
深淵に注意を向けなければならない。
そうしないで、いそいで私のそばを通り抜けようとすれば、
深淵から獣たちが現れて、

お前を呑み込んでしまうだろう。
お前自身の宇宙時代が
この認識の敵たちを呼び出した。

第一の獣を見よ。
その曲がった背を、骨ばった顔を、乾からびたからだを。
「霊の創造力」へのお前の恐怖が、
お前の意志の中にこの怪物を生み出した。
それに打ち克つことができるのは、
お前の認識への勇気だけだ。

第二の獣を見よ。
顔をゆがめ、歯をむき出し、
嘘をついてあざ笑い、
薄汚い黄ばんだからだを見せている。
「霊界の開示」へのお前の憎しみが、

お前の感情の中にこの弱虫を生み出した。
お前の認識の火で、この獣を押さえ込まねばならない。

第三の獣を見よ。
その裂けた口を、ガラスのような眼《まなこ》を、
だらしない態度を、汚れた赤い姿を。
「霊の光の力」へのお前の懐疑が、
お前の思考の中にこの妖怪を生み出した。
認識の創造力でこの妖怪を
退けなければならない。

この三つの獣を克服したとき、
お前の魂は、
深淵を飛び越える翼を得る。
お前は心に憧れを抱き、
救済を求めて認識に身を捧げようとした。

しかし深淵が、これまでお前を認識の原野から隔ててきた。

境域の守護霊の前を通るときには、守護霊の光との出会いを感じ、欲し、考えながら体験するときには、光がそこからあふれ出るあの暗闇の中に入っていかなければなりません。しかも私たちは、その光の中に自分自身の光を再認識しなければならないのです。そして「おお、人間よ、汝自身を知れ」に到らなければならないのです。愛する皆さん、霊的なものによって照らし出される暗闇の開示する事柄については、次の金曜日の第一学級の時間にお話しいたします。

霊学自由大学第一学級のための秘教講義

第2講

ドルナハ

1924年2月22日

愛する皆さん。今日は先回述べたことに関連した話をいたしますが、その理由は、先回の話を続けるのに必要なだけでなく、先回、ここにおられなかった協会員や新たに参加する協会員たちも、今日はここに集まっておられるからです。ですから始めに、先回私たちの魂の前に提出した事柄を要約しておこうと思います。

先回は、思考作業を通して、ひとつの境地に、気分に到ろうと努めました。通常の生活環境の中で、通常の意識を持って生きているときの私たちは、周囲に感覚の世界を持ち、知性でそれを理解していますが、その境地においては、自分自身の本質に通じる超感覚的なものを気分として感じとることができます。次の時間から、私たちは霊的生活の秘儀に向かっていきたいのですが、そうする前に、あらかじめこういう気分を生み出す必要があるのです。

私たちが意識しておくべき最初の気分は、通常の私たちの魂を取り巻く感覚世界が人間の本質と同質なものを何ひとつ人間に与えない、と知ることでした。あらゆる時代に、高貴な活動に向かうように人びとを促してきた「汝自身を知れ」という言葉も、この言葉の印象のもとに、周囲の感覚世界に眼を向けるだけなら、その感覚内容は、人間に何も満足を与えてくれません。

この言葉に従おうとする人間は、感覚世界、人間にとっての外の世界とは異なるものに眼を向けざるをえないのです。

私たちが自己認識を求めて遥かなる宇宙存在に眼を向け、感覚世界へのこの違和感を抱いて内なる人間本性と同じ超感覚的存在に歩み寄ろうとするときの気分は、先回述べた言葉によって再現することができます――

大地の上に、色さまざまに
生命《いのち》の創造力が開示されるとき、
大地の素材から、さまざまな形で
生命なきものが創りだされるとき、
それを感得した魂が、意志の力で
おのれの生存の喜びを強めるとき、
おお、人間よ、お前が大地と風と光から
おのれのからだを受けとるとき、

そのときお前は、自己存在の

深くて冷たい夜の闇に歩み入る。
そして、広大な闇の中で、
自分が誰なのか、誰だったのか、誰になるのかを、
決して問おうとはしない。
自己存在のままであれば、
昼は、魂の夜に、霊の闇に変わってしまう。
だから、お前の魂は、悩みながら、
光へ向かい、闇から脱却しようとする。

先回、私たちは、人間以外の世界の美しさ、偉大さ、崇高さを心に思い浮かべるだけでは、その偉大さ、崇高さ、美しさの中に私たち自身の本質を見出すことが決してできない、と感じとりました。

霊界を求める人は、この気分を繰り返して心に抱くことが必要なのです。なぜなら、この気分を体験し、人間以外の世界は、われわれ自身の本質を何も示してはくれない、と感じとることこそが、霊界を求める力強い衝動を魂に生じさせてくれるからです。この気分の下に霊界へ

導かれようと思うなら、通常の意識で通常の生活を送る人間が、どれほど準備不足であるか、どれほど人間自身の本質世界に近づく準備ができていないかを、強く実感できなければならないのです。

ですから、感覚世界と霊界の境域に立つあの守護霊は、不用意に霊界参入を志す人に対して、真剣に警告を発するのです。

愛する皆さん、守護霊は、準備しない人たちを守るために、霊界の前に立っています。この事実、この気分を、私たちは折に触れて思い出さなければなりません。境域の守護霊のことは、これからもっともっと知るようになるでしょう。真の認識、真の洞察を獲得するためには、この守護霊の前に立つことが必要なのです。

現代という唯物的な時代に、もしも霊界のことがいわば街頭で伝えられたとしたら、ひどいことになってしまうでしょう。なぜなら、準備しないでいる人びとに伝えることになり、その人びとは必要な認識の気分なしに霊的内容を受けとることになるのですから。ですから、内的な仕方でもうひとつの気分をも魂に生じさせなければなりません。この気分は、私たちがどのように守護霊の前に立たねばならないか、繰り返して私たちに語りかけてくるのです——

そしてお前の似姿を示しながら、

お前の比喩となって現れながら、
厳しい霊の言葉を宇宙エーテルの中に響かせながら、
霊界の使者が闇の中から姿を現す。

その声をお前は聴く。
ただひとりお前の道を照らすことのできる
この使者の前には、感覚の原野が広がり、
その背後には、深淵が口を開いている。

暗い霊界の原野を前にして、
存在の深淵の縁《ふち》に立ちながら、
霊界の使者は力強い創造の言葉を発する。
「見よ、われこそは認識のただひとつの門である。」

次いで守護霊は、感覚の原野に立つ私たちを見通し難い闇の支配している領域に向かわせるために語ります。守護霊自身がそこから輝き出たのですが、この闇が霊の認識を通して明るく輝くことができるように、この見せかけの闇、このマーヤーの闇についてこう語るのです――

空間を生きるものは、
光の中で存在を体験する。
時の流れを歩むものは、
創造行為の中におのれの力を感じとる。
心情の深みの中にいるものは、
宇宙をみずからの中に見出そうとする。

空間の広がりの中から、
時間の歩みの中から、
心情の深みの中から、
魂が神霊の想いを語る――
「おお、人間よ、汝自身を知れ。」
それは、神の救済力の言葉であり、宇宙の形成力の言葉である。

守護霊の口から響いてくるこの言葉を心に深く受けとめる人は、自分自身を振り返ります。そしてこの内省こそが、最初の自己認識であり、この自己認識が私たち自身の本性を霊的に認識させてくれる真の自己認識への準備となる、と知るようになります。そのとき、境域のこちら側でも獲得できる認識が立ち現れます。その認識は私たち自身の思考と感情と意志の不純さを、恐ろしいほど生まなましく示してくれるのです。すなわち、感覚世界と霊界の間でぽっかり口を開けている深淵から、三つの獣が立ち昇ってくるのです。
仮象の世界と真実の世界の間に横たわる深淵の傍らで、私たちは第二の気分を体験します。

しかしお前は、
深淵に注意を向けなければならない。
そうしないで、いそいで私のそばを通り抜けようとすれば、
深淵から獣たちが現れて、
お前を呑み込んでしまうだろう。
お前自身の宇宙時代が

この認識の敵たちを呼び出した。

第一の獣を見よ。
その曲がった背を、骨ばった顔を、乾からびたからだを。
「霊の創造力」へのお前の恐怖が、
お前の意志の中にこの怪物を生み出した。
それに打ち克つことができるのは、
お前の認識への勇気だけだ。

愛する皆さん、大切なのは、初めに認識の勇気が魂を支配することではないのです。認識のいたるところで怯懦《きょうだ》が支配している、と悟ることなのです。この怯懦が、大抵の現代人の霊界認識を妨げているのです。

第二の獣を見よ。
顔をゆがめ、歯をむき出し、
嘘をついてあざ笑い、

薄汚い黄ばんだからだを見せている。
「霊界の開示」へのお前の憎しみが、
お前の感情の中にこの弱虫を生み出した。
お前の認識の火で、この獣を押さえ込まねばならない。

この第二の獣は、私たちの中にいて、あらゆる種類の疑いを魂の中に呼び起こします。霊界に対するあらゆる種類の不確かな感情を私たちの魂に生じさせるのです。肯定的な感情に乏しく、魂が熱狂に高まることができないのは、この獣が感情の中にひそんでいるからです。たしかに真の認識は、外的な生活に絡みつく、低次元な熱狂を越えていかなければなりません。低次元な熱狂なら、安っぽく絡みついてきますが、内なる熱狂、内なる火は、認識の火となって、第二の獣を克服しなければならないのです。

第三の獣を見よ。
その裂けた口を、ガラスのような眼《まなこ》を、
だらしない態度を、汚れた赤い姿を。
「霊の光の力」へのお前の懐疑が、

お前の思考の中にこの妖怪を生み出した。
認識の創造力でこの妖怪を
退けなければならない。

私たちは、思考を活性化させる勇気と熱意を持たねばなりません。通常の意識が創り出すのは恣意だけです。真実は創り出せないのです。しかし、私たちがふさわしい仕方で創造的な思考を用意できたなら、その思考の中に、霊界が流れ込んできます。私たちは、認識の勇気と認識の火と、認識の創造とによって、真の霊界参入を達成するのです。

この三つの獣を克服したとき、
お前の魂は、
深淵を飛び越える翼を得る。
お前は心に憧れを抱き、
救済を求めて認識に身を捧げようとした。
しかし深淵が、これまでお前を認識の原野から隔ててきた。

正しい人、真実の人として、本当に生命《いのち》がけで霊界に参入するためには、何を私たちの内部で活性化しなければならないのか、これらの気分は正しい仕方でそれを感じとれるようにしてくれるのです。日常生活の中でも、人生は厳粛なものであって、決して遊びごとではない、と感じる人は多いのですが、認識へ導く事柄は、外的な生活ほどに私たちの生活を強制しはしません。魂を活発にさせるだけです。ですから、遊びの対象にすることも容易にできます。けれども、霊的な努力を遊びごとにしてしまい、絶対的に真剣な態度で霊と向き合わないならば、自分をも他の人をも、非常に傷つけてしまうでしょう。

真剣であるからといって、感傷的になる必要はありません。状況次第では、真剣さがユーモアと結びつくことさえあります。しかし、そのときのユーモアは、まさに真剣なものでなければなりません。真剣であるというのは、感傷的になることでもなければ、偽りの敬虔さでも、わざとらしく遊びを非難することでもなく、霊的な努力に打ち込むことであり、持続して霊的な努力を行うことなのです。

以上の言葉を重く感じとって下さい。そして、ここにおられるすべての友人たち、特に長いあいだ人智学協会におられた友人たちは、次のようにみずからに問いかけてみて下さい。

「人智学を生きるためのあれこれの課題を、これまでどんなにしばしばやってみようとしたことだろう。そうして、どんなにしばしば、あっという間にそのことを考えなくなってしまったことだろう。たぶん考えていたら、やっただろうが、夢が消えてしまうように生活の中でその考えが消えてしまった。」

こういう自問自答は、決して無意味なものではありません。大事なことなのです。皆さんの中の多くがそれを大事だと思えたなら、たぶんそこから新たな可能性がひらけてくるのではないでしょうか。

クリスマス会議を始めたのは、人智学協会が担う人智学的な世界観の流れ全体の中に真のエソテリズムを注ぎ込むためでした。しかし実にしばしば、多くの協会員は、クリスマス会議のときの感動をあとになって忘れてしまい、クリスマス以前の人智学協会がそのまま今も続いているかのように思っています。もしも私はそう思っていない、と言う人がいるとしたら、その人こそ、「私はそう思っていない」と錯覚しているのではないかと自問自答してみる必要があるのです。自分は人智学協会の新段階がクリスマスから始まっている、と本当に考えているだろうか。この問いを認識の問いとして立てるのは、特に今は大切なのです。必要な真剣さを魂の中に生じさせるために大切なのです。

人智学協会の中枢神経に関わる事柄、特に第一クラスに入ることを願い出た協会員各自の中枢神経に関わる事柄を、生活の中に流し込むことが必要なのです。ですから、クラスのメンバー一人ひとりは次のように考えてみる必要があるのです。——「人智学協会が新たに設立された。今、これまでとは違う実践が可能になったのだろうか。人智学徒としての私は、自分の生活の中に何か新しいことを導入し、そうすることで、これまでのやり方を変えることができるのだろうか。」

クラスのメンバーが真剣にこう考えることは、非常に大きな意味があると思います。なぜなら、その結果、このクラスは、重荷を背負うことなく、働き続けていけるようになるでしょうから。事実、古い生活習慣を持ち続ける人は、クラスのふさわしい発展にブレーキをかけてしまいます。このことに気がつく人はいませんが、真実なのです。

エソテリックな生活では、嘘を本当であると言いくるめるという、世間に通用しているやり方は通用しません。エソテリックな生活においてそうするときには、そのやり方ではなく、真実だけが意味を持ちます。エソテリックな生活においては、真実以外には何も意味をもちません。皆さんが虚栄心から何かに脚色を加えたとしても、その手を加えた部分は霊界に何の印象も与えません。手つかずの真実、脚色されていない事実だけが霊界では有効に作用するのです。

このことからも分かるように、今、日常の水面下で働いている霊的現実は、数えきれぬほどの虚偽から成り立っている外的現実とはまったく違っているのです。こんにち、人と人との間には、恐ろしいほどに真実でない関係が生じています。そして、繰り返してこのことに注意を向けることは、このクラスでの実践のはじまりのひとつです。実際、私たちは霊界への道を見出すために、このクラスで一時間一時間体験を深めていこうとしています。その体験を共有するためには、この真実が作り出す魂の気分によって、内的な力を持つことがどうしても必要なのです。

そのとき初めて、思考と感情と意志をどう深めていったらいいのか、分かってくるでしょう。それは思考が思考の亡霊に、感情が嘲笑者に、意志が骨の霊に、言い換えれば、三つの獣に打ち勝つための実践なのです。三つの獣は、私たち自身の認識の敵となって、鏡の中で、しかし現実として、口を開いた存在の深淵から立ち現れてくるのです。

真の認識のための思考を妨害するすべては、私たちの人間本性の中に深く根を下ろしています。通常、人間の思考は、第三の獣の思考の幽霊の中に映し出されています。この第三の獣の姿は、はっきりと次のように述べられています――

第三の獣を見よ。
その裂けた口を、ガラスのような眼《まなこ》を、
だらしない態度を、汚れた赤い姿を。

これは人間の通常の思考の模像です。この人間の思考が外界の事物について思考するときの私たちは、外界の事物についてのその思考内容が死体であるとは思っていません。では、死んでいる通常の思考内容が生きていたのは、どこなのでしょうか。

愛する皆さん、私たちは今、現代文明を生じさせた私たちの宇宙時代、私たちの宇宙期の中で、朝、目が覚めてから夜、眠るまで、思考活動を続けていますが、その思考は、学校や生活の場で与えられる現代文明の指針に従って死体である思考内容をもとにして考えています。思考は死の世界の中にいるのです。思考はいつ生の世界にいたのでしょうか。どこで生きていたのでしょうか。

私たちが生まれてくる以前の思考は、生きていました。私たちの魂が霊界での生活をしていたときは生きていました。愛する皆さん、地上を生きる人間は、肉体の中で魂を働かせ、肉体をまとって歩きまわり、死に到るまで魂を活発に働かせています。そして死後は、外から見ると、その活発な魂の本性を見ることができなくなります。そして、死体だけが見えるものとして残るのです。

このように、思考はかつては生きていました。思考は、生きた、有機的な存在であり、成長し、働き、生きる存在だったのです。しかしその後、人間が地上を生きるようになったとき、思考は死体しか扱えなくなりました。そして、頭脳という墓場に埋められました。死体が墓の中で、自分は人間である、と主張しているかのように、私たちの思考は、頭脳に埋葬されたまま、世界の外的事物について思考をめぐらしているのです。
思考活動そのものが死んでいる。これは、私たちの心を重くする言葉ですが、真実なのです。そしてエソテリックな認識は、真実には従わなければならないのです。
そしてこのことが、境域の守護霊の言葉の中にはっきりと語られています。三つの獣について私たちの魂に警告を発したあと、守護霊は語り続けます。私たちの心に響くその言葉は、以下の通りです――

第三の獣のガラスの眼《まなこ》は
思考の悪しき姿である。
その姿はお前の中で
みずからを否定し、死を選び、
地上生活に入る前の
霊界の原野に生きていたときの
霊の力を拒否している。

もう一度読んでみます――

第三の獣のガラスの眼《まなこ》は
思考の悪しき姿である。
その姿はお前の中で
みずからを否定し、死を選び、
地上生活に入る前の
霊界の原野に生きていたときの
霊の力を拒否している。

感覚の原野で多くの成果を上げる思考は、宇宙の神々の前では、私たちの魂の本性の死体にすぎないのです。私たちは、地上に生まれ、思考において死んだのです。思考の死は、西暦三三三年以降、次第に用意されました。ＢＣ七四七年に始まる第四後アトランティス期の中間点であるこの三三三年から、思考は次第に死んでいきました。それ以前は、生まれる前の生活の遺産が、思考の中に生命《いのち》を流し込んでいました。古代のギリシア人も東洋人も、思考のいとなみの中で、霊の働きを、神々の働きを生きいきと感じとっていました。東洋人もギリシア人も、思考しつつ、「どんな思考内容の中にも神が生きている」のを知っていました。この体験は失われ、思考が死んでしまいました。そして今、私たちは守護霊の発する時代への警告に耳を傾けなければならないのです——

しかしお前は、
深淵に注意を向けなければならない。
そうしないで、いそいで私のそばを通り抜けようとすれば、
深淵から獣たちが現れて、
お前を呑み込んでしまうだろう。
お前自身の宇宙時代が
この認識の敵たちを呼び出した。

この宇宙時代は、西暦三三三年に始まりました。そして今は、明らかに思考が——宇宙思考に由来するすべての中で——生の力ではなく、死の力に支配されています。そして一九世紀の死んだ思考は、生命を失った唯物主義を人間文明の表層に送り込んだのです。

感情の場合は、事情が違います。人類の大敵アーリマンは、思考を殺したときと同じやり方では、感情を殺すことがまだできずにいます。感情は、現在の宇宙時代においても、人間存在

の中で生きています。しかし人間は、この感情の大部分を、十全なる意識から半無意識の中へ沈めてしまいました。感情は魂の内奥から浮かび上がってきます。誰が感情の力を左右しているのでしょう。誰が思考の力を左右しているのでしょう。感情の働きを誰が知っているのでしょう。思考の働きを誰が知っているのでしょう。

愛する皆さん、私たちの時代の、霊的にもっとも悲しむべき現象のひとつを取り上げてみて下さい。明瞭に思考する人間は、宇宙の市民です。なぜならその人は、たとえ今の宇宙時代の思考が死んでいるとしても、思考こそが人間を人間たらしめていることをよく理解しているからです。

けれども、感情を働かせる人間は、民族ごとに分かれています。まさに現在、人間はこの無意識的な感情を最悪の仕方で働かせ、そして、いたるところで、不確かな感情に促されて、争い合っているのです。人は感情を通して特定の集団から離れられずにいるのです。

もちろん、私たちを特定の集団に組み入れるのは、宇宙のカルマです。そして、あれこれの種族、階級、民族に組み込まれている私たちの感情は、宇宙カルマのために道具となって働いています。思考は私たちをそのような集団に組み入れません。感情と意志に色づけされていない思考は、どんなときにも、同じ思考であり続けます。

感情は、世界の諸地域に応じて違った色合いを示します。感情はなかば無意識です。生きてはいますが、無意識の中で生きているのです。ですからアーリマンの霊は、無意識をひっかき廻すために、感情を利用するのです。感情の生命《いのち》には影響できないので、無意識の中で真実と虚偽の区別をできなくさせているのです。感情にもとづく私たちの偏見はすべて、私たちの内なるアーリマンの影響であり、アーリマン衝動によって色づけされているのです。

霊界に参入しようとするとき、感情が私たちの魂の前に立ちのぼってきます。私たちは、この感情に即して自己認識を深めなければなりません。自分の本質を絶えずふり返りながら、感情を働かせている自分がどんな種類の自分なのかを認識できなければなりません。しかし、そうするのは容易なことではありません。

思考に関して言えば、自己を認識するのは比較的容易です。いつも思考に即して自己認識を行っているのではないとしても、「お前は天才ではない。お前が明瞭な思考をするには、あれこれのことが欠けている」と、自分で認めることができます。自分の思考をはっきり認識できないとしたら、それは虚栄心か、こだわりの結果にすぎません。

けれども、自分の感情をそのまま魂の前に差し出すことはまったくできないのです。自分の感じ方は正しい、と私たちはいつでも確信しているのですから。ですから自分の感情を正確に特徴づけるためには、魂の内密な部分にまで深く入っていかなければならないのです。どうしても、そうしなければなりません。私たちが自分を高めるためには、折りにふれ、自分の感情を、良心に従って、みずからの前に差し出す必要があるのです。そうすることによってのみ、霊界への途上で、第二の獣が私たちの前に置く、あの柵を乗り越えることができるのです。

感情のこの自己認識を行わないと、私たち自身が霊界に対して嘲笑的な顔を見せることになってしまいます。私たちが自分の病的な感情に気づかないでいると、自分が霊界を嘲笑していることにも気づかないのです。私たちは、嘲笑にあらゆる種類の衣装をまとわせて、霊界を嘲り笑っています。前にお話しした真剣ではない人たちが、嘲笑する人たちです。その人たちは時折、心の中でひそかに嘲笑的に語ることを恥じていますが、しかし実際に霊界を嘲笑しています。なぜなら、霊界を嘲笑しないと言うのでしたら、いったいどうして霊界に対して不真面目な、遊び半分の態度がとれるのでしょうか。そういう人たちに対して、境域の守護霊は語ります――

第二の獣の嘲笑的な顔は、
感情の悪しき敵の力だ。
その顔はみずからの魂をうつろにし、
魂のいとなみを空虚なものにする。
地上に存在する以前に

霊の太陽の威力から受けた
霊の内実を輝かそうとはしない。

第一の獣は、私たちの意志の鏡像です。この鏡像は、意志の働きを映し出しています。しかし意志は、半ば無意識的に夢見るだけでなく、まったき無意識の中に存在しています。

愛する皆さん、意志の本質は無意識の奥深くに存在しています。このことは、これまでもたびたび申し上げてきました。通常の意識生活を送っている人は、無意識の奥深くで、カルマの示す道を歩もうとしています。カルマによって歩む人生の一歩一歩は、予め決められているのですが、人間はそのことを知らずにいます。無意識の中で、前世の生活が力強くカルマに働きかけているのです。カルマは私たちの人生を決断させ、または逡巡させます。そのとき、一人ひとりが道に迷い、自分自身の生きざまを求め、さまよい歩きます。

思考の場合は、すべての人と同じ道を求めます。感情の場合は、自分の属する集団と同じ道を求めます。感情によって、ある人の出身地がヨーロッパの北部か西部か南部か東部か、それとも中部か、知ることができます。人間を一般の人間としてでも、集団の一員としてでもなく、個々別々の個性として知るためには、意志の無意識的な衝動を問題にしなければなりません。そこには意志が働いています。しかし意志は、無意識の奥深くにおいて働いています。そしてその意志の迷いを、第一の獣が示しているのです。
そこで守護霊が警告を発するのです――

第一の獣の骨の霊は、
意志の悪しき創造者の権力だ。
その意志の権力は
お前の魂の力からからだを遠ざけ、
そのからだを敵の権力に捧げ、
そして未来において宇宙存在を
神々の存在から奪いとろうとする。

地上を生きる私たちの意志の中では、霊的な権力が私たちのからだを私たちの魂から引き離そうとしています。そしてそれだけでなく、私たちの魂の一部分をも引き離そうとして働いています。そうすることでこの霊の権力は、木星紀にも、金星紀にも、ヴルカン星紀にも更なる発展を遂げることのない地上存在を打ち立てようとするのです。そうなったら、この地上存在は、地球紀に対する神的な意図から切り離され、その結果、未来のいつか、地球から遠ざけられてしまいます。人間は意志の中で、カルマ的に働く権力のままに、神々の手から離れた地球と結びつけられてしまうのです。

第一の獣は、意志の働きを鏡像として見事に映し出しています。骨ばった頭、肉のない身体《からだ》、皮膚は青ざめて、つやを失い、背は曲がっています。これはアーリマンの霊なのです。この霊は、カルマを通して、意志の中で働いています。それに打ち勝つことができるのは、認識の勇気だけです。そして今述べたように、境域の守護霊は、この第一の獣について、こう語るのです。その部分をもう一度読んでみます――

第一の獣の骨の霊は、
意志の悪しき創造者の権力だ。
その意志の権力は
お前の魂の力からからだを遠ざけ、
そのからだを敵の権力に捧げ、
そして未来において宇宙存在を
神々の存在から奪いとろうとする。

境域の守護霊の語るこれらの言葉の中には、洞察と認識を求める人間精神に向かって呼びかける警告が響き続けます。

愛する皆さん、この言葉を本当に、本当に集中して心の中に生かすようにして下さい。そして、何度も、守護霊の語る、次の言葉に耳を傾けて下さい——

第三の獣のガラスの眼《まなこ》は
思考の悪しき姿である。
その姿はお前の中で
みずからを否定し、死を選び、
地上生活に入る前の
霊界の原野に生きていたときの
霊の力を拒否している。

これらのマントラに見られる対応関係にも注意して下さい。

［第一段落のマントラが板書される］

第三の獣のガラスの眼《まなこ》は
思考の悪しき姿である。
その姿はお前の中で
みずからを否定し、死を選び、
地上生活に入る前の
霊界の原野に生きていたときの
霊の力を拒否している。

各行にこめられているものを、まず感じとって下さい。
感情に働きかけるべき第二段落は次の通りです――
［第二段落のマントラが板書される］

第二の獣の嘲笑的な顔は、
感情の悪しき敵の力だ。

「敵の力」とありますね。もはや「姿」と「力」になっています――
[この二つの言葉に二重の下線が引かれ、さらに残りの語句が書かれる]

その顔はみずからの魂をうつろにし、
魂のいとなみを空虚なものにする。
地上に存在する以前に
霊の太陽の威力から受けた
霊の内実を輝かそうとはしない。

次に、こう感じてみて下さい。ここ（第一段落）では「否定し」とあり、ここ（第二段落）では「うつろにし」とあります［二つの言葉に二重の下線が引かれる］。そしてどうぞ、「否定する」と「うつろにする」という二つの言葉の示すニュアンスの相違をよく感じとって下さい。

意志に向けられた守護霊の言葉は、次の通りです――

第一の獣の骨の霊は、
意志の悪しき創造者の権力だ。
その意志の権力は
お前の魂の力からからだを遠ざけ、
そのからだを敵の権力に捧げ、
そして未来において宇宙存在を
神々の存在から奪いとろうとする。

［第三段落が板書される］

第一の獣の骨の霊は、
意志の悪しき創造者の権力だ。

ここでは「姿」でも、「力」でもなく、「権力」です［「権力」に二重の下線が引かれる］。この高まりを感じとって下さい。

その意志の権力は
お前の魂の力からからだを遠ざけ、

ここにも高まりがあります。「否定する」はまだ、どこか知的ですが、「うつろにする」は内部を掘り出す作業です。そして内部を直接除き去るのが「遠ざける」です［「遠ざけ」に二重の下線が引かれる。そして残りの語句が書かれる］。

そのからだを敵の権力に捧げ、
そして未来において宇宙存在を
神々の存在から奪い取ろうとする。

以上の三つの段落すべてを通して、「悪」が響いていることを感じて下さい［どの段落でも「悪」という言葉が縦線で区切られ、さらに三重の下線で強調される］。

そして、この三つの段落の中で、高まりとして、思考と感情と意志の相違として述べられているあの基準点をよく感じとり、「悪」によってすべての段落が結びついていることに気づいて下さるなら、愛する皆さん、皆さんにとって、これらの語句が内的な意味でマントラになり、三段落のどの段落においても霊界への案内人になってくれるはずです。第三の獣のマントラ、第二の獣のマントラ、第一の獣のマントラのどのマントラもです［「第三」、「第二」、「第一」の言葉に下線が引かれる］。どうぞ、これらの対応なしには、三つのマントラを関連づけないで、「悪」という決定的な言葉を内なる魂の生命《いのち》のために感じとって下さい。必ずこの関連づけを忘れないで、これらのマントラを瞑想して下さい。そうすれば、これらのマントラは霊界参入の道案内人になってくれるでしょう。皆さんは境域の守護霊の傍らを通って先へ進んでいけるでしょう。

次の時間には、この守護霊に一層近づくことができるようにしたいと思います。

次回は、今度の金曜日です。

霊学自由大学第一学級のための秘教講義

第３講

ドルナハ

1924年2月29日

愛する皆さん、私たちのすでによく知っている言葉から始めましょう。守護霊のこの言葉は、霊界への方向を暗示しつつ、霊界の境域で守護霊の傍らを通る人間の心情をも特徴づけています——

空間を生きるものは、
光の中で存在を体験する。
時の流れを歩むものは、
創造行為の中におのれの力を感じとる。
心情の深みの中にいるものは、
宇宙をみずからの中に見出そうとする。

空間の広がりの中から、
時間の歩みの中から、

心情の深みの中から、
魂が神霊の想いを語る――
「おお、人間よ、汝自身を知れ。」
それは、神の救済力の言葉であり、宇宙の形成力の言葉である。

霊界参入を志す人の歩む道を、心の中で辿ってみることが、まず問題になります。すでに参入を果たした人の体験を、心の中で追体験するのです。誠実で真剣な態度をとる限り、たとえ観念の残照の中でしかないとしても、霊界参入者の魂に開示された事柄が共有できないわけはありません。

物質的現実を感覚で受けとめる人のように、霊的現実を魂で受けとめようと求める人がいるとしても、霊界に参入できるのはそういう人だけだ、と言ってはなりません。言うべきなのは次のことなのです。――「霊界への道、霊界への通路、霊界での出会いは、心の中で、思考だけでも追体験することができる。その思考が表面的でさえなければ、これまで知性を働かせてきた仮象世界、感覚世界の中でも、霊界に参入したときの体験を十分に実感し、十分に追体験することができる。」

愛する皆さん、ですから今日皆さんにお話する事柄は、霊界参入に必要な、あの内的変化を心から求めている人のためだけでなく、この内的変化をはじめは思考だけで体験しようとする人のためにも語られるのです。皆さんは誰でもこの体験を望んでいますね。そうでなければ、ここに来ていらっしゃるはずがありません。

ですから、次のことがまず言われなければなりません。――「感覚世界を観察する人――人生はそのような観察を基本にしています――、感覚世界で意志を働かせる人、観察を行動に移す人、観察と思索と行動の結果を心情に作用させる人、つまり誕生から死に到る地上の人生を生きている人は、確かな地盤の上に立っている。そのような地盤がないなら、それを得ようと努めている。信じられるものが見つからないときには、信じられる何かをいたるところに探し求める。どんな経験が生きる上での支えになるかと考える。外的な経験では確かめられないような問題は、通常はあまり歓迎されない。眼で見たものなら真実だし、手で触れたものなら現実にそこにあると実感できる。だから、そう実感できるような、確かな地盤の上に立とうとする。確かさは、世界そのものが、世界の秩序が与えてくれる。その確かさをもとにして、生まれてから死ぬまでの通常の生活が必要とする限りで、人は現実と幻想、真と偽、真実と夢想を区別する。この世の人生が真実であると保証してくれないなら、まやかしでしかない。日常生活の中で真と偽、現実と非現実が区別できるときにのみ、人生は確かなものとなる。」

愛する皆さん、どうぞ考えてみて下さい、生まれてから死ぬまでの地上の人生を歩むとき、眼の前の何かが現実なのか幻想なのかを区別できなかったら、どうなるでしょうか。眼の前にいる人が本当の人なのか、単なる幻影なのか、はっきり見分けることができなかったとしたら、どうなるでしょうか。出来事に遭遇しても、自分がただ夢を見ているだけなのか、現実の出来事を経験しているのか、分からなくなったとしたら、どれほど恐ろしい不安に襲われるか、考えてみてください。

しかし、皆さんが夢を見ているのか、現実に向きあっているのか、確かめることができなくなったときと同じ状態で、修行者は霊界の境域に立つのです。これは、霊界の境域に立って、この境域の向こうが霊界であることに気づくときの、最初の重要な体験なのです。

すでに見たように、始めは闇だけがこの霊界から流れてきます。しかし、そこここで波立ちながら輝きを発するものが現れます。その最初の経験の中で――先回述べたように――、境域の守護霊が言葉を響かせるのですが、その最初の霊的経験に際しては、これまでの物質界で感覚により、知性によって獲得できた認識力では、そこに本当の霊的な存在が現れているのか、本当の霊的な現実なのか、それとも単なる夢の体験なのかを区別することができないのです。

幻想と現実が入り混じっていて、はっきり区別できないというのが、霊界での最初の経験なのです。規則的な修行の過程を通るのではなく、いろいろ思いがけぬ状態に陥ることによって、心を震憾させられ、時には重い病気になり、ぎりぎりの状況の中であれこれの霊的な印象を体験する人は、このことをよく顧慮しておくべきなのです。

そういうときに、自分が今、霊界にいる、とすぐに思い込んではなりません。なぜなら、心の中のそここに霊界から輝くように現れてくるものが、単なる幻想であるかも知れないからです。ですから、正しい仕方で霊界に参入するためには、最初に、物質界での一切の経験から離れたところで真と偽、現実と幻想を識別する能力を獲得しなければならないのです。現実と幻想とを、まったく新しい観点に立って区別する能力がなければならないのです。

現代人は、霊界から輝いてくるものに関心を寄せず、手でさわれるもの、肉眼で見ることのできるものにしか信をおこうとはしません。現代文明の中で生きる人は、生まれてから死ぬまでの間に経験する外的な確かさを好みます。ですから、霊的な意味での真と偽、現実と幻想を識別する能力を獲得するのは、現代においてはまったく困難なのです。ですから、このことに関しては、どんなに真剣であろうと、真剣すぎることはないのです。

では、どうしてそれが特別に困難なのでしょうか。皆さんは、身体を持った人間として、はじめから外界に向き合っています。そしてこの外界について、いろいろな思考内容を作ります。しかし、それと同時に、物質界のいろいろな印象が向こうから皆さんのところへやってきます。物質界の諸印象は、思考内容を通過して、心の中に入ってくるのですから、皆さんが地上の現実を生きるときには、わざわざ努力しなくても、物質的な現実の方が、現実の方から皆さんを受けとめてくれるのです。

霊界における事情はまったく違います。皆さんはまず、霊界の中に入っていかなければなりません。霊界に対しては、まず、その固有の現実を正しく感じとり、そのあとで、次第に真と偽、現実と幻想を識別するように努めなければなりません。

私たちは床に尻もちをつくことなく、ちゃんと椅子にすわることができるのですから、その椅子が単にイメージされているだけでなく、物質界に本当に存在していることを当然と思っています。椅子が現実の椅子であることを、椅子そのものが教えてくれているのですが、そういうことは、霊界においてはありえません。なぜなら、一体どうして物質界においてはこうなのかというと、私たちの肉体が物質界における私たちの思考、感情、意志を、統一したものとして担っているからなのです。私たちは三重の人間として思考し、感情を持ち、意志を働かせていますが、そのすべてが、肉体によって互いに結合されているのです。

しかし霊界に参入するや否や、私たちはたちまち三つに別れた存在に変わります。思考は独自の道を歩み出し、感情も意志もまた独自の道を歩み出します。私たちは、霊界に参入するや否や、たちまちこういう三つの存在に分かれてしまうのです。霊界においては、意志とはまったく無関係に思考することができます。しかしそのときの思考内容は、幻想と変わりありません。私たちは、意志とはまったく無関係に感情を持つことができます。しかしそのときの感情は、私たちを促す感情なのではなく、私たちを破滅させる感情なのです。

霊界の境域に歩み入る瞬間に、人はまるで自分の思考が宇宙の果ての方へ飛んで行き、自分の感情が思い出の背後に退いていくかのような体験を持ちます。これが本質的なことなのです。

今、最後に言いましたことを、よく考えてみて下さい。思い出は事実、霊界の境域のすぐそばにまで到ることができます。皆さんが十年前に何かを体験したとします、その思い出がふたたび甦ってくるとき、その体験が眼の前に立っています。物質界でしたら、思い出が生きいきと甦ってくれば、それだけで十分なのですが、霊界に参入する人は、自分が思い出を突き抜けて、まるで思い出す時点よりももっと先まで行ってしまうような体験を持つのです。特に、地上生活での思い出せる時点よりももっと先まで、誕生時よりももっと以前にまで遡るのです。

霊界に歩み入る人は、感情がすぐに、自分の許から離れていくのを感じます。少なくとも思考なら現在の世界の中へ出ていって、いわば現在の宇宙空間内に四散して行きますが、感情は現在の宇宙から離れてしまうので、その感情のあとを追っていく人は、こう言わざるをえないのです。――「一体お前は今、どこにいるのか。今五〇歳のお前が五〇年よりもさらに先まで過去を遡って、七〇年、九〇年、一〇〇年、一五〇年も過去に遡っていく。」感情は幼児のときから体験してきた時間から私たちを抜け出させるのです。

そして意志は本当に、私たちをもっと遥かな過去にまで遡らせて、前世にまで導くのです。

愛する皆さん、これは私たちが霊界の境域に本当に足を踏み入れるとき、ただちに生じることなのです。肉体の結束は失われ、私たちはもはや皮膚の中に閉じ込められることなく、ばらばらになってしまうのです。

それまで感情と結びついていた思考は、宇宙の彼方にまで拡がり、宇宙思想に変わってしまったかのように感じられます。感情は時間を遡って、以前の死から今世の誕生までに通ってきた霊界の中に戻っている、と感じられます。そして意志は前世の中にいる、と感じられます。

このことを私は『いかにして超感覚的世界の認識を獲得するか』の中で述べましたが、人間存在のこの分裂こそが、霊界参入に際して、困難を生じさせるのです。なぜなら、思考内容が拡散して、互いを結びつける働きをしていた思考内容が、宇宙全体に移ってしまうからです。ですから、今思考がどこにいるのか、ほとんど分かりません。霊界参入者は、そのように宇宙の彼方へ去っていく思考内容を見つけ出す能力を獲得しなければならないのです。

感情は、もはや思考内容に浸透されていません。思考内容はすでに離れ去っているからです。感情は、私たちが地上に生を受ける以前の生活の仲間だった存在たちに、敬意と帰依と祈りを捧げることができるだけなのです。しかし、霊界で畏敬の感情を育てたときの感情は、もっと先へ進みます。

しかし、意志が前世の中に身をおこうと願う瞬間、人は大きな困難に直面します。魂が自分の中の低級な部分にものすごい力で引き寄せられるのです、そのとき、私の言いました、現実と幻想を識別することの難しさを烈しく思い知らされます。それほど幻想に耽りたいという思いが強くなるのです。そのことを次のように、お話してみましょう。

瞑想を始めた人が、帰依の心をもって瞑想対象に集中するとき、この瞑想をできる限り心を乱されずに、やり遂げたいと願います。瞑想で生活の快適さを奪われたいとは思いません。ところが、できる限り静かでいたい、生活の快適さを奪われたくないというその思いは、実は幻想の強力な生み手なのです。なぜなら、休みなく熱心に瞑想に励みますと、魂の深みから「なぜこういう行為が悪への素質になるのか」という思いを抑えることができなくなります。瞑想という内的な沈潜に集中するとき、「お前ならきっとこういうことは、すべてやれるはずだ」、という思いに駆られるのを妨げることができなくなるのです。けれども、その一方で、自分が幻想に耽っているとは、どうしても認めたくないので、自分はもともと心の清い、善い人間なのだ、という思い込みから離れられないのです。

瞑想を本当に続けていけば、そういう結果にはいたりません、自分がありとあらゆる虚栄心にとらわれており、自己の過大評価と他者の過小評価とにとらわれてしまっていることを気づかせてくれます。自分が人の評価を受け入れるときは、その人を評価するのにふさわしい人だと思うからではなく、その人の評価の中で自分が輝いていたいからだ、と気づかせてくれます。

しかし、これはまだ些細な問題です。本当に熱心に瞑想していくと、自分の魂の中にどんな願いが本当は生きているのか、分かってきます。自分の低級な人間本性が内的直観の前にはっきりと現れてきます。自分の虚栄心が瞑想の中ではっきりと捉えられなければならないのです。虚栄心を通して、意志の中に含まれているすべてが瞑想する心の中に映し出されます。先回も私たちの魂の前で響かせた言葉の中に映し出されます――

第一の獣を見よ。
その曲がった背を、骨ばった顔を、乾からびたからだを。
「霊の創造力」へのお前の恐怖が、
お前の意志の中にこの怪物を生み出した。

その通りなのです。この幻想に陥ると、瞑想の与える印象が押し殺されてしまいます。そして、思わず霊界を嘲笑しようとする誘惑に駆られますが、霊界を誠実に生きるためには、この反対勢力を避けて通るわけにはいかないのです。こうして第二の獣が境域に現れます――

第二の獣を見よ。

顔をゆがめ、歯をむき出し、
嘘をついてあざ笑い、
薄汚い黄ばんだからだを見せている。
「霊の開示」へのお前の憎しみが、
お前の感情の中にこの弱虫を生み出した。

そして私たちがこの世から自由になれず、地上的な思考内容を宇宙的な思考内容にすることができないとき、私たちの人間的な思考内容を宇宙的な思考内容に高める力が失われるとき、第三の獣が現れます――

第三の獣を見よ。
その裂けた口を、ガラスのような眼《まなこ》を、
だらしない態度を、汚れた赤い姿を。
「霊の光の力」へのお前の懐疑が、
お前の思考の中にこの妖怪を生み出した。

私たち自身の本質を映し出しているこの三重性について、幻想に耽ることがなければないほど、霊界から光を受けとることができるようになり、真の人間を自分の中に見出せるようになります。私たちはこの「真の人間」によって、「おお、人間よ、汝自身を知れ」という言葉が提示する、あの謎を解くことができるのです。なぜなら、この自己認識の中から真の宇宙認識が生じるのですから。そしてその宇宙認識こそが、人生を正しく導いてくれるのです。

ですから、人間が経験する魂のこの三分化こそ、つまり思考が自分の道を進み、感情が自分の道を進み、意志が自分の道を進むという状態こそ、霊界の弟子に向かって語る境域の守護霊の言葉によって明るみに出されるべきものだったのです。先回はその言葉を次のように述べました――

第三の獣のガラスの眼《まなこ》は
思考の悪しき姿である。
その姿はお前の中で
みずからを否定し、死を選び、
地上生活に入る前の
霊界の原野に生きていたときの

霊の力を拒否している。

第二の獣の嘲笑的な顔は、
感情の悪しき敵の力だ。
その顔はみずからの魂をうつろにし、
魂のいとなみを空虚なものにする。
地上に存在する以前に
霊の太陽の威力から受けた
霊の内実を輝かそうとはしない。

第一の獣の骨の霊は、
意志の悪しき創造者の権力だ。
その意志の権力は
お前の魂の力から自分のからだを遠ざけ、
そのからだを敵の権力に捧げ、
そして未来において宇宙存在を

神々の存在から奪いとろうとする。

この守護霊の警告によって、私たちは霊界に参入すべきではない自分を認識させられるのです。私たちが霊界参入を志すときには、物質界におけるときとは別のやり方で判断し、別のやり方で感じ、別のやり方で意志することに慣れていなければなりません。そしてそのためには、私たちが本当にしっかりと眼を内面へ向け、境域を超えて霊界に参入するために今の思考と感情と意志がどうならなければならないか、はっきりと自覚していることが必要です。たとえそれが思考上の自覚でしかないとしてもです。認識作業の至上の喜びのゆえに、神々は自己克服を私たちに求めるのです。

ですから、この気落ちさせるような、おそらく恐怖をおぼえさせるような言葉のあとで、守護霊はすぐにふたたび別の言葉を付け加えるのです。その言葉は、私たちが何をしたらいいのかを語っています。私たちの場合大切なのは、このクラスの最初の数回を、正しい霊界参入のために、私たちの思考力、感情力、意志力に実践的に働きかける時間にすることなのです。

私たちに伝えられるその聖句は、私たちがその聖句と共に生きることができるように、三分化されて私たちの中に入ってくるのでなければなりません。なぜなら、私たちはこの聖句と共に生きるとき、霊界への途上に身を置くのですから。私たちが食べたり飲んだり、見たり聞いたりするときのように、霊界の前に立つ境域の守護霊が厳粛な表情で語る言葉を通して、何か大切なものが私たちの内部で強く実感されなければならないのです。守護霊はまず、第一節の言葉をこう語ります——

お前の中に思考のいとなみを見よ。
そのときお前は宇宙の仮象を体験し、
自己存在はお前から身をひそめる。
仮象の中に沈潜せよ。
そのときエーテル存在はお前の中を吹き流れる。
自己存在はお前の霊の指導力を
敬わなければならない。

感覚世界の中で誕生から死までの人生を生きる人間は、自分を身体の中に感じます。自分の両足が自分を担って歩み、血液の循環が自分に生命《いのち》を与え、呼吸が自分に生命を呼びさますのを知っています。呼吸、血液循環、両足の運動にこの世を生きる自分を委ねます。そうするときにのみ、人は地上を生きる身体存在でいられるのです。

ですから、地上の物質界を生きるために、肢体の運動、血液の循環、呼吸に自分を委ねます、そのように、霊界を認識しようと望む魂は、霊界の指導的な作用力に自分を委ねなければなりません。

この世を健康に過ごすためには、血液が正常に循環し、呼吸が正常に働かなければなりませんが、それと同じように、霊界の中に身を置くためには、魂が霊の指導力に伴われ、担われ、導かれるのでなければなりません――

［ここから板書］

霊の指導力

愛する皆さん、皆さんは自然の力に従って、自分を血液に委ね、肢体の運動に委ね、呼吸に委ねます。しかし、霊界においては、そのような仕方で指導力に自分を委ねることができません。心を活発に働かせてそうするのでなければなりません。肺の運動によって呼吸を作用させるようには、指導力を作用させることができません。そうさせるためには、指導力を敬うことができなければなりません――

［「敬う」が黒板に、「霊の指導力」の上に書かれる］

敬う　霊の指導力

皆さんの心の奥深くに根を張っている、皆さんの自己存在をもって敬うことができなければならないのです。

［ここで「自己存在」に続けて「敬う」が書かれる］

自己存在　敬う　霊の指導力

［抜けている語も加え、二行全体が書かれる］

自己存在はお前の霊の指導力を
敬わなければならない

これが霊界の中に立っているときの私たちの状態です。その状態を守護霊の言葉で表したのです。

私たちはどのような仕方で霊界の中に立っているのでしょうか。両足で大地に立つように立っているのではありません。血液の体温を保持することでそこに立っているのでもありません。息を吸うことで立っているのでもありません。半ば霊的なエーテル存在の中に自分を感じ、エーテル存在が私たちの中を吹き抜けることによって立っているのです。

エーテル存在はお前の中を吹き流れ

これが霊界に生きるものの実感なのです。自分自身がまるで一片の雲であるかのように、霊界の中に漂っています。周囲のいたるところに霊の風が吹いています。私たちはいたるところでこの風の流れに吹き流されているかのようなのですが、しかし、この風の流れの中で自己存在は、つまり自分の自我は、霊の指導力を敬います。この指導力たちは、いたるところに、この風の流れと共にやって来ます。私たちはその指導存在の中に沈潜するように求められるのです。

しかしそれはさしあたり、どんな状態のことなのでしょうか。以上に述べたすべての場合、私たちがただ瞑想だけに集中している限りは、仮象の中に生きています。ですから、この風の流れ、霊の指導力を敬うことが、はじめは「仮象」の中でのことなのだという意識を完全に保ったまま、この仮象の中に沈潜しなければならないのです。

仮象の中に沈潜せよ

私たちはなぜこういうことをすべてやらなければいけないのでしょうか。私たちはこの地上生活の中で、今の自分の自我を不確かなものと感じています。「自己存在」——これは私たちの「自我」のことなのですが、まだ不確かな、暗い感情であるに留まっています——、「自己存在」は私たちの前から身をひそめています。

自己存在はお前から身をひそめる

私たちは自己存在についてあまり多くのことを知りません。しかも私たちの知っている事柄、私たちが思考によって了解している事柄は、宇宙の存在なのではなく、宇宙の仮象なのです。

お前は宇宙の仮象を体験する

私たちが境域の守護霊の要求に従うとき、その要求のすべては私たち自身の単なる思考のいとなみになるのです。

お前の中に思考のいとなみを見よ

さて、この最初のマントラは、私たちの自己存在が思考によって守護霊の要求に従うための力を与えてくれるはずですが、今はこのマントラを、ただの文言として皆さんの魂の前に置きます――

お前の中に思考のいとなみを見よ。
そのときお前は宇宙の仮象を体験し、
自己存在はお前から身をひそめる。
仮象の中に沈潜せよ。
そのときエーテル存在はお前の中を吹き流れる。
自己存在はお前の霊の指導力を
敬わなければならない。

これは私たちの思考内容の回顧《リュックシャウ》（訳註、『神秘学概論』（ちくま学芸文庫）三五一頁以下参照）に関わる要請なのです。皆さんが外界から自分を遮断して、皆さんの内部の思考内容の流れに沈潜することで、この七行のマントラの要求に従うなら、境域の守護霊の最初の要請を充たしたことになります。

ここで皆さんは、守護霊の言葉と共にみずからの感情に向き合わなければなりません――

お前の中の感情の流れに耳を傾けよ。
そのとき仮象と存在が混ざり合い、
自己存在は仮象の方に身を寄せる。
だから仮象 - 存在に沈潜せよ。
そうすれば宇宙魂の力がお前の中で働く。
自己存在は魂の中の生命作用力を
大切にしなければならない。

第一のマントラの場合は思考の中に沈潜するのですが、第二のマントラの場合は感情の内面世界に沈潜するのです――

［第二のマントラが板書されていく］

お前の中の感情の流れに耳を傾けよ

思考から離れて、みずからの感情に眼を向けて下さい。思考の場合は、すべてが仮象でした。感情に沈潜するときは、すべてが混ざり合います。仮象も存在も混ざり合うのです、そのことにすぐに気がつきます。

そのとき仮象と存在が混ざり合う

しかし私たちの自我である自己存在は存在の中に入ろうとはしません。感覚の外的仮象に慣れ親しんで、存在の中に入ってはいかないのです。自己存在は仮象に身を寄せます。まだ感覚世界を思い続け、求め続けます。

自己存在は仮象の方に身を寄せる

だから仮象ｰ存在に沈潜せよ

感情の中に、感情の基礎の上に生じるものに沈潜するのです、それは仮象ｰ存在であり、仮象と存在の融合体です。

「だから仮象ｰ存在に沈潜せよ」。これら四行の言葉の中に示されている願いに思いを寄せるなら、そこにひとつの道が見出せます。そのときの私たちは、感情を働かせ、真剣に、存在の中に沈潜していくのです。

そうすれば宇宙魂の力がお前の中で働く

まずはじめに、自己存在は思考に沈潜しつつ、「敬う」のです、そして今、自己存在は「大切にする」のです。思考内容を感情の中に持ち込むのです。そうすれば、存在を保証してくれるものに出会うでしょう。

自己存在は魂の中の生命作用力を
大切にしなければならない

もはや「仮象」ではありません。今は「生命作用力」なのです。私たちの自己存在である自我が仮象に身を傾けようとする一方で、神々は感情の深みの中で、私たちに存在の岩盤を与えてくれるのです。

これらの言葉を皆さんが本当にマントラにするには、以下のような対応関係に眼を向けることが大切です――

「敬う」
「大切にする」

――あとに出て来ますが、第三マントラではさらなる高まりが生じます。

「仮象 - 存在」

第一マントラでは仮象だけですが、第二マントラでは「仮象」と「存在」が混ざり合うのです。

「指導力」（第一マントラ）
「生命作用力」（第二マントラ）

第一の存在たちは、エーテルを通して私たちを導きます。生命作用力である存在たちは前世に私たちを連れ戻します。感情がそこまで行くのです。

けれども、これらのマントラを本当のマントラにしようとするのでしたら、さらに別の考察が必要です。

そこでもう一度、第一のマントラを読んでみます――

お前の中に思考のいとなみを見よ。
そのときお前は宇宙の仮象を体験し、
自己存在はお前から身をひそめる。
仮象の中に沈潜せよ、
そのときエーテル存在はお前の中を吹き流れる。
自己存在はお前の霊の指導力を

敬わなければならない。

このマントラははっきりと強弱格を示しています、どうぞこの格の気分を感じとって下さい。ここを強く、ここを弱く発音し［黒板絵、強弱記号］、そこに働く魂のエーテル作用に高次の存在たちへの畏敬を加えるなら、皆さんは霊界へ導かれていくでしょう。

第二マントラは違います――

お前の中の感情の流れに耳を傾けよ。
そのとき仮象と存在が混ざり合い、
自己存在は仮象の方に身を寄せる。
だから仮象－存在に沈潜せよ。
そうすれば宇宙魂の力がお前の中で働く。
自己存在は魂の中の生命作用力を
大切にしなければならない。

これは弱強格を示しています。第一マントラ、第二マントラの言葉から感じとれるリズムは、魂にそれぞれにふさわしい高揚感を生じさせます。
魂が思考内容の中だけで霊界への道を歩もうとするとき、知的な内容を受けとるだけでなく、宇宙生命存在の正しい呼吸と正しいリズムの中に入っていくことが大切です。弱強格のリズムを宇宙思考へ到るために用いるならば、境域の守護霊を誤解してしまいます。マントラを感情の世界へ到るために強弱格を用いても、境域の守護霊を誤解してしまいます。

私たちが沈潜していかなければならない第三のものは意志です。境域の守護霊は意志のためにもマントラを私たちに与えてくれます。第一、第二のマントラを魂に作用させたあとで、今ならこの最強のマントラをもっと容易に理解できるでしょう――

［第三節、板書］

お前の中に意志を働かせよ。
意志は一切の仮象の中から
自己存在と共に創造しつつ現れる。
お前の生命《いのち》のすべてを意志に向けよ。
意志は宇宙の霊の作用力に充ちている。

お前の自己存在は霊の自我の中で
宇宙創造者の作用力を捉えなければならぬ。

どうぞ高まりを感じとって下さい――

「敬う」――まだ遠くで、見上げ、外から敬っています。
「大切にする」――思考内容と共に近寄り、すでに中にまで入っていきます。
「捉える」は最高の高まりです。そこまで行って初めて自分のものにすることができるのです。

「指導力」
「生命作用力」　そして第三に
「宇宙創造者の作用力」――これが最後の行の始めに置かれているのは、意志の直接的な力の作用の現実に応じているのです。

マントラとしては、第一は強弱格、第二は弱強格、そして第三は強強弱格です――

お前の中に意志を働かせよ。
意志は一切の仮象の中から
自己存在と共に創造しつつ現れる。
お前の生命《いのち》のすべてを意志に向けよ。
意志は宇宙の霊の作用力に充ちている。
お前の自己存在は霊の自我の中で
宇宙創造者の作用力を捉えなければならぬ。

これは強強弱格です。

このことに注意して下さい。単なる知的な内容から離れて、この強弱格、弱強格、強強弱格に注意を向けなければなりません。単なる知的な意味から離れて、リズムに没頭する瞬間に、物質界から離れて、本当に霊界に入っていくのです。なぜなら、地上的な意味を担った言葉を用いても、霊的な内容はつかめませんから。意味を担った言葉のリズムを宇宙存在の働きの中に持ち込むのでなければならないのです。

ですから、心を平静に保って、思考と感情と意志の自己直観を三つの歩みの中で魂に作用させるのです。この自己直観は、体の中で飲食を体験し、血液の循環を体験するように、魂が言葉の中に生きて働くリズムを体験するときには、正しい仕方で魂から生じてくるでしょう――

お前の中に思考のいとなみを見よ。
そのときお前は宇宙の仮象を体験し、
自己存在はお前から身をひそめる。
仮象の中に沈潜せよ。
そのときエーテル存在はお前の中を吹き流れる。
自己存在はお前の霊の指導力を
敬わなければならない。

お前の中の感情の流れに耳を傾けよ。
そのとき仮象と存在が混ざり合い、
自己存在は仮象の方に身を寄せる。
だから仮象－存在に沈潜せよ。

そうすれば宇宙魂の力がお前の中で働く。
自己存在は魂の中の生命作用力を
大切にしなければならない。

お前の中に意志を働かせよ。
意志は一切の仮象の中から
自己存在と共に創造しつつ現れる。
お前の生命《いのち》のすべてを意志に向けよ。
意志は宇宙の霊の作用力に充ちている。
お前の自己存在は霊の自我の中で
宇宙創造者の作用力を捉えなければならぬ。

以上の言葉と共に、対応するリズムの中で、血液の循環が体験できます。どうぞ、これらのリズムの意味を探して下さい。そして、魂のいとなみの中にその意味を生かして下さい。そうすれば、守護霊の第一の警告として、第一回のはじめに皆さんの魂に伝えた言葉がもっと身近になるでしょう――

大地の上に、色さまざまに
生命の創造力が開示されるとき、
大地の素材から、さまざまな形で
生命なきものが創り出されるとき、
それを感得した魂が、意志の力で
おのれの生存の喜びを強めるとき、
おお、人間よ、お前が大地と風と光から
おのれのからだを受けとるとき、

そのときお前は、自己存在の
深くて冷たい夜の闇に歩み入る。
そして、広大な闇の中で、
自分が誰なのか、誰だったのか、誰になるのかを、
決して問おうとはしない。
自己存在のままであれば、

昼は、魂の夜に、霊の闇に変わってしまう。
だから、お前の魂は、悩みながら、
光へ向かい、闇から脱却しようとする。

そして光へ向かい、闇から脱却しようとするとき、私たちは、真の神霊認識への途上のこの三重の歩みを歩む魂の中に、この魂的な生命《いのち》の血が通うのに気がつくでしょう。

霊学自由大学第一学級のための秘教講義

第4講

ドルナハ

1924年3月7日

愛する皆さん、これまでは境域の守護霊との出会いについて述べてきました。この出会いをこれからもっとよく理解できるようにしなければなりません。そして最後に、この守護霊との出会いの深刻な事態を意識しなければなりません。なぜなら、そのときの私たちは、こんにちの文明社会で霊界とか霊界認識とか言われている分野とは本質的に異なる霊的体験の分野に入ったのですから。

境域の守護霊との出会いは、真剣に霊界と関わりを持とうとする人の最初の霊的体験なのです。霊界との真の関わりは、境域の守護霊との出会いを理解できなければ、決して生じません。なぜなら、この境域の向こうに、霊界があるのですから。霊界からの通信を受けとるのであれば、その通信は、霊界との関わりが私たちにとって理由のあることだと教えてくれるのでなければなりません。

そこで、今日まずお話しするのは、古い秘教伝統に由来する物語です。

あるとき、弟子が秘儀の伝授を受けることになりました。すでに準備段階を修了したその弟子が、一定の成熟段階に達したとき——といっても、その成熟段階においてこんにちの大抵の人の考えているような見霊能力が獲得できたというのではないのです。霊界と結びつき、それによって得た霊界からの通信が、感情によって正しく受けとれたというのです、――そのとき、導師はこの弟子にこう語りました。

「いいかね。これから話す言葉は、決して人間の言葉なのではなく、ただ人間の言葉の衣装をまとっているだけなのだ。これから話すのは、神々の思いなのだ。その思いは人間の言葉で話すしかないが、その言葉で私がお前の心のすべてに訴えかけていることを、よくわきまえていなければならない。神々の委託を受けて私が話す言葉に対しては、お前の思考のすべて、感情のすべて、意志のすべてを捧げなければならない。お前の魂の情熱のすべて、内なる火のすべてを捧げなければならない。そのためには、全力を尽くして意識を目覚めさせなければならない。

しかしひとつの精神力だけには、お前の想起力、記憶力だけには、訴えかけてはならない。これから話すことを、お前が覚えておこうとしない方が、私は嬉しい。これから話すことを、明日には忘れてしまってくれ。その方が私には満足なのだ。なぜなら、記憶力とは、この世のためのものにすぎないからだ。それは神々のためのものではない。

次の日にお前がまた私の前に現れるとき、私はまたお前に語りかけ、お前の思考、感情、意志に、お前の熱意のすべてに、お前の内なる火のすべてに、お前の目覚めた魂のすべてに訴えかけるだろう。そのときお前の魂は、そのすべての力で、新たにお前に向けられた言葉を受け容れなければならない。新たに、そして生きいきと、受け容れなければならない。またその次の日も、そのまた次の日も、そうしなければならない。日々新たに、生きいきと受け容れなければならない。」

「私が語りかけるのは、お前の記憶力、想起力に対してではない。とはいえ、お前が今日聴き取ったことを、明日になったら何も保持しなくなるように、と言っているのでもない。しかし記憶にしまっておくだけではいけない。お前の記憶力の働きを待っていればいい。しかし次の日、新たなる状態のお前を私のところに導いてくれるのは、お前の心からの感動でなければならない。感動が、今日お前に語られた事柄を保持すべきなのだ。いいかね、記憶力、想起力は、学ぶためには必要だ。しかしお前に語られる秘教内容は、学ぶためだけにあるのではない。生きるためにあるのでなければならない。観念とイメージを伴う記憶力の助けを借りずに、語られる内容を新たに体験できなければならない。」

実際、そうなのです。秘教上の真実に向き合うときに、「そのことなら、前に聞いたことがある」、と思うことは決して許されません。なぜなら、秘教の本質は、知ることにあるのではなく、直接体験することにあるのですから。秘教内容は、記憶の働く場所よりも、もっと魂の深い層において、私たちを捉え、そして働き続けるのです。

愛する皆さん、このことを考えて下されば、そう考えることによって、次のときには真の秘教生活に必要な非常に多くを理解できるようになっているに違いありません、なぜなら、秘教と向き合っただけで、秘教をただ理解するだけで、思考、感情、意志が、日常意識におけるときとは違った在り方をするようになるのですから。このことを、どうぞ真剣に受けとめて下さい。

日常意識における思考と感情と意志は、互いに密接に結びついています。ごく身近な例を見るだけで、日常生活における思考と感情と意志がどんなに強く結びついているか分かります。誰かと知り合いになったとします。私たちはその人と一緒に体験したことを記憶に留めます。そしてその記憶に感情を浸透させます。私たちはそのような人間関係から、特定の行動をとるように促されます。そうすると、その人への思い、感情がより強く生き続けます。ある日、誰かがやって来て、その人のことを口にしますと、私たちの中にその人への思いが呼び起こされます。それまでその人から受けてきた良い印象、悪い印象がふたたび甦ってきます。その人が好きだったら、愛情が、その人が嫌いだったら、不快感が甦ってきます。その人と一緒に何かを始めたのなら、そうしたときのことが思い出されます。そのような場合、その人についての考えと感情と意志とは、互いにまったく区別できません。

こういう魂の在り方では、本来、秘教上の真実を正しく把握することはできません。秘教上の真実を正しく把握できるのは、例えば次のような人だけです。――誰かと知り合いになったのに、その人のある部分が非常にいやだったとします。けれども、その人のことを思い出しても、自分の中のその人への反感を甦らせることなく、その人のことがイメージできる、その人をただひたすら考えることができる人だけです。

愛する皆さん、自分の敵を、敵意を呼び起こすことなく、ただ考えるというのは、容易なことではありません。しかし、私たちは芸術感情を育成することで、そう考えるための訓練をすることができます。ですから、次のような問いを発することができます。――「例えば、シェイクスピアの芝居に出てくるようないやらしい人物たちを、純粋に心に思い描くことはできるだろうか。」

そういう人物に実際に出会ったのなら、きっと反感を感じたでしょう。しかし舞台の上では、たぶんその人物が極めつけの悪人であるからこそ、客観的に見据え、ただ思考だけを働かせてその人物のことを心に思い浮かべることができます。芸術上のことなら、そういうことが可能です。なぜならシェイクスピア的な悪人を舞台の上で見るときには、必ずしも舞台に駆け上がって、なぐりつけたいという思いに駆られたりはしないでしょうから。ですから芸術上は、思考と感情とをはっきり分けることができるのです。

しかし秘教を生きようと思うなら、生活の中でもそうできなければなりません。秘教の教えを正しく心の中に受け容れるためには、このようなやり方で、意識的に思考を感情から切り離すことができなければなりません。なぜなら、この切り離しは、おのずと生じることはないのですから。

秘教上の問題は、まずはじめは、それをしっかりと思考の中に存在させなければなりません。純粋な思考内容として捉えるのでなければ、決して捉えられないのです。それほどに個人的な感情から離れているのです。けれども、貴重な宝として秘教の教えに耳を傾けようとするのなら、そして私たちの個人的な用件をすべて成り行きにまかせようとするのなら、私たちは思考の提供してくれるものから独立した感情と意志衝動とを発達させなければなりません。実際、感情は十分に発達していなければなりません。なぜなら、秘教こそ、冷たい氷のような知性の分野に留まっていてはならないのですから。秘教は、この上なく澄んだ熱狂の中に、私たちを浸さなければなりません。しかしこの熱狂、この感情世界は、思考の世界から来るべきではないのですから、まったく別のところから来るのでなければなりません。

いいですか、皆さん。私たちの感情世界が正しい仕方で熱くなるべきときには、――秘教世界から、神々の領域から語られるのであれば――私たちの感情は思考に向けられるべきではなく、現実に向けるのでなければなりません。

ですから私は、この第一クラスの最初の時間に、この学級では、この学級に働く現実の霊が語っているということ、この学級が決して、なんらかの個人的な意図から始まったのではなく、霊界によって意図され、霊界によって始められたということ、そのことを知っておくことが大事だとお話しました。この学級をそう受けとることができたとき、この学級の存在そのものが私たちに必要な熱を与えてくれるのです。

そのときには、私たちは別の事柄をも理解できるようになるでしょう。愛する皆さん、通常の生活の場で、通常の学問の場で、私たちに語りかけてくるのは、言葉です。そして私たちがその言葉を理解するとき、その言葉を通して、思考内容が私たちに伝えられます。思考内容は言葉の中に存在するのです。秘教の場においても言葉が用いられます。言葉で語らざるをえません。しかし、その場合は、言葉を用いて、霊が現実の流れとなって、人間の心の中に流れ込むことを言葉で分からせようとしているのです。

ですから秘教学級においては、言葉の背後を聴く感覚を育てなければなりません。この感覚が育っていけば、古今の秘教伝統の中で聖なる態度として語られてきた態度を身につけるようになるでしょう。すなわち、聖なる沈黙を身につけるようになるでしょう。

そしてこの聖なる沈黙は、それなしでは秘教が人間にとって役立つことのできない、別の事柄と結びついています。沈黙は、秘教にとって非常に大切な事柄と結びついているのです。すなわち、心の底から謙虚である態度と結びついているのです。内なる謙虚さなしには、秘教に関わりをもつことが許されないのです。なぜでしょうか。皆さん、私たちが、言葉の背後に耳を傾けるようにと諭されるとき、私たちの魂のもっとも内なる本質に対して訴えがなされているのです。私たちの記憶力に対してではなく、私たちの魂のもっとも内なる本質に対して訴えがなされているのです。

どこまで言葉の背後に耳を傾けることができるかが問われています。そして、できる限り多くを聴きとることが大切なのです。しかし私たちの魂の中におぼろに現れてきた事柄を、すぐに決定的な事実であるかのように思って、ただちに私たちが自分で世間にそれを伝えることができる、などと思わないことが大切です。まさに言葉の背後に耳を傾けるときには、私たちが自己を正しく認識できるまで長い時間が必要になるでしょう。秘教は、まずはじめは言葉のない魂のいとなみの中で生かされなければなりません。そうすれば、内的に私たちの内部で、秘教を成熟させていくことができるでしょう。

ですから秘教生活においては、通常の生活の場での言葉の使用から、魂の内奥での言葉の把握へ戻っていくことが大切なのです。愛する皆さん、このことは先回の第一学級の時間、マントラの言葉をお伝えしたときに、私たちが受けとった事柄でもあります。あのときは、韻律に従って朗唱することが大切だと申し上げました。第一のマントラは強弱格のリズムを持っていました。第二のマントラは弱強格の、第三のマントラは強強弱格のリズムを持っていました。

強弱格のリズムの場合は、山から谷へ降りていくように感じます。強弱格の中で天上から地上へ、地上の谷間にまで降りていくのを魂で感じとるとき、そしてその言葉の意味を正しく理解するとき、私たちは思考の気分の中に沈潜するような感じを持ちます。だからこそこのマントラは強弱格でした。強調された音節（シラブル）で始まり、強調されない音節へ降りていき、いわば霊の空間での魂の血液循環を内部に呼び起こすかのようなリズムを示していました。このマントラを魂の中に生かすときには、心の中に思考内容を語らせるだけでなく、思考内容が魂の中に生きることで、霊的な宇宙の動きと共に私たちが動いているのです。ですから、第一のマントラは思考のいとなみに関わるマントラでした――

お前の中に思考のいとなみを見よ。
そのときお前は宇宙の仮象を体験し、
自己存在はお前から身をひそめる。
仮象の中に沈潜せよ。
そのときエーテル存在はお前の中を吹き流れる。
自己存在はお前の霊の指導力を
敬わなければならない。

そうなのです。神々は、私たちに思想を与えたことで、私たちを自分の許に引き取ったのです。そして、その思考のいとなみを魂の中で体験する私たちは、神々に導かれた思想の山頂から谷底に降りて、その思想で地上の事物を把握し、理解するのです。

感情の場合は違います。私たちが谷底にいる自分を感じるとき、魂は感情を通して、神々へ到る霊的な梯子の上を昇っていこうとするのです。感情は下から上へという、正反対の波動の中に私たちを連れていきます。ですからマントラは弱強格をとるのです、強調されざる音節で始まり、強調された音節に向かいます。どうぞ、それを感じとって下さい——

お前の中の感情の流れに耳を傾けよ。
そのとき仮象と存在が混ざり合い、
自己存在は仮象の方に身を寄せる。
だから仮象－存在に沈潜せよ。
そうすれば宇宙魂の力がお前の中で働く。
自己存在は魂の中の生命作用力を
大切にしなければならない。

意志の場合は、また違っています。意志に向かうときには、私たちの人間本性が自分の中で分裂していることを意識できなければなりません。それからまた私たちは、神々に近づこうとする感情の強さを通して、道のなかばで意志衝動を産み出すことができなければなりません。それは強強弱格で瞑想するときだけに生じます。強調された音節で始まります――

お前の中に意志を働かせよ。
意志は一切の仮象の中から
自己存在と共に創造しつつ現れる。
お前の生命《いのち》のすべてを意志に向けよ。
意志は宇宙の霊の作用力に充ちている。
お前の自己存在は霊の自我の中で
宇宙創造者の作用力を捉えなければならぬ。

前回、私はこう言いました。――この場合大切なのは、言葉の意味を把握することではなく、言葉の運動の中にあるもの、私たちの魂をその運動の中に引き込むものを把握することなのだ、と。それによって自分を自分自身だけに向けるのではなく、宇宙の中に入っていけるようにするのです。

言葉の意味だけを受けとるなら、言葉は私たちを私たちの許に留めておきます。しかし、秘教にとって大切なのは、自分の中から抜け出て宇宙と共生することなのです。なぜなら、自分の中から抜け出ることによってのみ、私たちは思考と感情と意志の分裂に耐えることができるからです。

はじめは私たちの身体的な自我が、日常意識のために思考と感情と意志をひとつに保っています。外的な生活の場での思考と感情と意志は、神々によってひとつに保たれています。しかし、私たちは神的存在の中に入っていかなければなりません。そして、宇宙と共生しなければなりません。そのために私たちは、「これは私の手だ」と誠実に、真剣に言える気分を育てなければなりません。

私は自分の手を見ます。向こうには木立ちが見えます。私は自分の手を見て、「これはお前だ」と考えます。木立ちを見て、「これはお前だ」と考えます。雲を見て、「これはお前だ」と考えます。虹を見ても、稲光を見ても、雷雨を見ても、「これはお前だ」と考えます。私は自分を宇宙のひとつだと感じます。

抽象的に、つまり不誠実にであれば、そう思うことは容易でしょう。しかし具体的に、つまり誠実にであれば、そう思えるためには多くの内的な困難を克服しなければならないのです。この内的な困難の克服を厭わないときにのみ、必要な気分が得られるのです。愛する皆さん、本当に次の問いが秘教を生きる者の前に立っているのです。――「私は自分の手を見る。それは私に属している。もし私が手を持っていなかったら、数十年来のこの地上生活において、私はどうなっていただろうか。」

手を持っていることは、今の私になるまでの人生にとって、なくてはならぬことでした。しかし木立ちはどうなのでしょうか。樹木は、今眼の前に立っているその姿は、月紀に始まり、地球紀のすべての経過を通して形成されてきました。地球紀のすべての経過は、樹木への萌芽が月紀に生じなかったなら、存在できなかったのです。しかし月紀においては、月紀の全存在の中から、私の思考の萌芽もまた生じました。もしも樹木がなかったなら、現在の私が思考することはなかったでしょう。手は、今の私の地上生活にとってのみ、必要です。樹木は、私がそもそも思考する存在になるために、不可欠なものなのです。私にとって、手が木よりも価値があると言えるでしょうか。私は自分の身体のために、手の方が木よりももっと価値があると思っていいのでしょうか。次第に私は、自分が「外界」と呼んでいるものを、自分がこの人生にとっての自分の身体と思っているものよりも、はるかに自分の内部に存在していると思うようになるのです。このことをできる限り深く、できる限り誠実に感じとることができるようにならなければなりません。
そこで今日は、三つのマントラを学ぼうと思います。いわゆる外界の一切の存在とのこの一体感を、次第に深く、魂の中に刻印づけるためにです――

感じとりなさい。大地の深層が
お前のからだの中に
力を送り込んでいる。
お前が意志を無気力に
その力に委ねていると、
お前はその力の中で自分を見失う。
その力がお前の自我を暗くする。

［ここで上の第一節が板書される］
そうなのです。愛する皆さん、私たちを大地に拘束する働きがあるのですが、私たちはその働きをまったき意識をもって私たちの人間存在に結びつけずにいます。私たちは大地に眼を向けます。そして、そこに結晶体が生じるのを知ります。大地は土壌をある場所から別の場所へ

いざないます。大地は重力を働かせ、石を引き寄せ、大地に落下させます。大地は私たち自身を引き寄せます。

私たちはこれらのことをすべて思考しますが、私たちの内部にも衝動、本能、欲望、情熱が生きているのだとは考えません。私たちの内部に低次の人間本性がすべて生きているとは考えないのです。そしてそれが大地に属しているとは考えないのです。

私たちが眼を下に向けて、大地が私たちの中で何を産み出しているのかを考えるとき、次のことを思い出さなければなりません。――私たちの中には、私たちを人間以下のところにまで引き下ろそうとし、私たちの自我を暗黒化し、私たちを非人間的な行動に駆り立てようとするものが存在しているが、それは大地によって創り出された、ということをです。

しかしまた、私たちは次のことを自覚していなければなりません。――私たちが深く結びついている大地は、その表面がどんなに美しく崇高に現れていようとも、私たち人間を同時に非人間的なところへ引き下ろそうとしているのです。このことを正直に告白することで、私たちは自分を真の人間存在にまで発展させるのです。

そうできたとき、そうできたときの私たちは、眼を下へ向けて、人間的な発達を考えるだけでなく、眼を等身大の高さに遠く彼方へ向け、いわば地球を取り巻いて、私たち人間存在を輪の中に受け容れてくれるすべてを眺めるようになるでしょう。そのとき、すでに物質の次元で、います。

引き下ろそうとする大地の深層の力に加えて、私たちを引き上げてくれる力の働きも始まって

人間は、大地の深層の力を通して、悪人になることができます。地球の周囲を取り巻く働きの一部分である呼吸を通しては、それほど容易には悪くなることができません。太陽に地球の周りを回転させる光を通しては、もっと悪くなることができません。

私たちは、呼吸と光が霊的な意味を持っているとは考えていませんが、神々は、呼吸と光の中を生きているのです。ですから、特に光の中に神々の力が働いていること、神々の力が私たち人間を通っていくとき、大地の深層の力とは異なる働きをしていることを、よく知っていなければなりません。

しかしこのことは、第二のマントラの中にはっきりと示されています［板書］――

感じとりなさい。宇宙の果てから
神々の力がその霊の光を
お前の魂の中に輝かせようとしている。
その力の中で愛をもってお前を見つけなさい。
そうすればその力は叡智の働きで

良き霊の創造のために、
お前の自我を仲間にしてくれるだろう。

日の光であれ、星の光であれ、地上に送られてくる光を愛せることを、私たちはいつも意識しているわけではありません。いつも意識しているわけではありませんが、日の光を友のように熱く愛せることを意識するとき、神々が光をまとって地球の周りを回転していることが分かってきます。そして日の光がただ地上を照らすだけだとは思えなくなります。日の光が神々の衣裳になるのです。神々が輝く衣裳をまとって地上をさすらうのです。私たちの光の体験が叡智になるのです。そのとき、神々は叡智を私たちの心に、私たちの魂に送ってくれるのです。そして、私たちは感情の差異に気づくことによって、実際に上昇したのです。

はじめ私たちは、大地の深層の力にふさわしい感情を発達させました。大地の深層の力に属する低次の人間性部分を正確に感じとりました。私たちは自分を、輝く衣裳をまとって地上をさまよう神々と同質の高次の人間性部分にまで高めました。この神々は人間を大地に留めておこうとはせず、人間が地上をさまよう間にも、自分の仲間にしようとします。ですから人間は、死の門を通るとき、神々の仲間として歩み続けることができるのです。神々は私たちを地上に留めておこうとはしません。自分の仲間に引き入れようとします。神々は私たちを神々の下で生きる存在にしようとします。大地の深層の力は、私たちを神々の力から引き離そうとします。

ですから、前に取り上げたマントラのひとつは、こう述べていました――

第一の獣の骨の霊は、
意志の悪しき創造者の権力だ。
その意志の権力は
お前の魂の力からからだを遠ざけ、
そのからだを敵の権力に捧げ、
そして未来において宇宙存在を
神々の存在から奪いとろうとする。

私たちはこの世に生き、この世と自分をひとつと感じるときに、このことを感じとらなければなりません。

しかし、私たちは上方を仰ぎ見ることができないので、自分の全人的なものをまだ意識の中に取り入れませんでした。今私たちは、深みを見なければなりません。私たちは遥か彼方を見なければなりません。私たちは高みを見なければなりません。日常意識の中では、深みと彼方と高みとを共に活発に働かせなければなりませんが、今私たちは深層意識と拡張意識と高次意識とを区別しなければなりません。

感じとりなさい。天の高みで
自己存在が没我的に生きていけるのを。
自己存在が霊を受けて思想の力の
高まりについていこうとするとき、
勇気をもって言葉を聴きとる。
言葉は人間の真の本性の中に
上から恩寵となって響いてくる。

はじめの二行［板書］――

感じとりなさい。天の高みで
自己存在が没我的に生きていけるのを。

私たちが意識を十全に保って、高みに眼を向けるとき、このことが感じとれます。愛する皆さん、一度外の草原に立って、無数の星に覆われた夜空を仰ぎ見て下さい。こういうときにこそ、このことがはっきりと感じとれます。もちろん昼間、陽光の下でもそうできます。しかし、草原で夜空の星を見あげるときに、一層はっきりと感じとれます、私たちは、この宇宙とひとつであると感じとれるのです。私たちは、これはお前だと感じます。しかし、遥か彼方を見上げるとき、今地上に立っているこの一点、私たちの自我とひとつに結びついているくらいに価値があると思っているその一点は、溶けて、天球の方へ拡がっていきます。このことを感じとるなら、自我は狭い自己存在であることをやめ、没我的となります。なぜなら、天空の果てにまで限りなく拡がっていくのですから。

次の二行［板書］――

自己存在が霊を受けて思想の力の
高まりについていこうとするとき、

地球の周りを取り巻いて流れる日の光と共に、輝く衣裳をまとった神々が、呼吸する人間の魂の中に入ったり出たりしていることを本当に感じとった人は、そして没我的に自我を感じつつ天の高みを見あげる人は、それに続く語句を意識して心に受けとることができるでしょう［板書が続く］。

勇気をもって言葉を聴きとる。
言葉は人間の真の本性の中に
上から恩寵となって響いてくる。

高みが語るのです。そして私たちが愛の中で、輝く衣裳をまとって地球を取り巻く神々と一緒に生きていくように、思想の力で天上へ向かって昇っていくための感覚を発達させるとき、私たちは高みから響いてくる言葉と一緒に生きていくことができるのです。

けれども、愛する皆さん、第三、第二、第一の獣についての反対のマントラを、今記したこの三つのマントラと並べて、両者の違いを深く、生きいきと魂に印象づけるときにのみ、皆さんは意識を深め、拡げ、高めるこれらの感情を正しく保つことができるのです。

皆さんは境域の守護霊の前に立ちます。そのことを生きいきと心に思い描いて下さい。守護霊は前回までに述べた獣たちの第三の獣を示します。その獣の特徴がこう響いてきます――

第三の獣のガラスの眼《まなこ》は
思考の悪しき姿である。
その姿はお前の中で
みずからを否定し、死を選び、
地上生活に入る前の
霊界の原野に生きていたときの
霊の力を拒否している。

これはひきずり下ろす力のマントラです。
私たちがもっと勇気をもって、こう語るとき、その力から脱するのです――

感じとりなさい。大地の深層が
お前のからだの中に
力を送り込んでいる。
お前が意志を無気力に
その力に委ねていると、

お前はその力の中で自分を見失う。
その力がお前の自我を暗くする。

獣を眺め、その力から引き離す働きに眼を向けるだけでは、この二つのマントラをまだあまり区別できていません。考えてみて下さい。マントラの一方はもう一方と似た響きをもっています。両方共にひきずりおろす力を描いています。ただ、一方は獣を具体的に描き、もう一方は注意力を喚起しているのです。

しかし、第二の獣に向かいます。そしてこの獣から私たちを引き離すものに眼を向けます。この場合の二つのマントラを並べてみて下さい。気分はまったく異なっています。一方は第二の獣のぞっとするような描写で、もう一方は輝く衣裳をまとって私たちのところへやってくる神々への訴えかけです。この両方のマントラの韻律の響きの違いに耳を傾けてみましょう――

第二の獣の嘲笑的な顔は、
感情の悪しき敵の力だ。
その顔はみずからの魂をうつろにし、
魂のいとなみを空虚なものにする。

地上に存在する以前に
霊の太陽の威力から受けた
霊の内実を輝かそうとはしない。

感じとりなさい。宇宙の果てから
神々の力がその霊の光を
お前の魂の中に輝かせようとしている。
その力の中で愛をもってお前を見つけなさい。
そうすればその力は叡智の働きで
良き霊の創造のために
お前の自我を仲間にしてくれるだろう。

はじめに第三の獣を特徴づけるとき、「感じとりなさい。大地の深層が……」のマントラとこの第三の獣を対比させせなければなりません。はじめ私たちは、そこから自分を引き離すことができません。ただ、その獣がどこへ私たちを連れていこうとするのか、知っているようにと求められています。第二の獣に向かい、助けとなるマントラ「感じとりなさい。神々の力が」

に向かうとき、このマントラは、すでにその残酷さを嘲笑的な顔として描かれている獣から私たちを遥かに引き離してくれます。

そして今、第一の獣に向かいますと、天上を仰ぎ見る私たちの人間生活を神聖なものと感じとらせまいとするこの獣が、韻律的にも特徴づけられているのが分かります。そして、私たちを天上へ向かわせるあのマントラは、私たちの心の内奥をこの獣から引き離すのです――

第一の獣の骨の霊は、
意志の悪しき創造者の権力だ。
その意志の権力は
お前の魂の力からからだを遠ざけ、
そのからだを敵の権力に捧げ、
そして未来において宇宙存在を
神々の存在から奪いとろうとする。

このマントラに述べられているものを焼き尽くし、そして私たちをその火炎の中で高めようとするかのように、もう一方のマントラが向かい立っています。このマントラは、私たち自身の勇気ある魂の力によって、第一の獣の前で慰め手であろうとし、恵みを与えようとしています――

感じとりなさい。天の高みで
自己存在が没我的に生きていけるのを。
自己存在が霊を受けて思想の力の
高まりについていこうとするとき、
勇気をもって言葉を聴きとる。
言葉は人間の真の本性の中に
上から恩寵となって響いてくる。

いいですか。私たちは先回、みずからの存在を宇宙の光の本性のいとなみの中に参入させようとすることで、内的なリズムを生かそうとしました。今日は、この秘教の中で私たちに向かってくる事柄が内的な関連を持っているので、私たちはいつでも以前の事柄に立ち戻る必要があることを学ばなければなりません。けれども、言葉の意味の上で立ち戻るだけではだめです。なぜなら、言葉の意味は常に地上的なのですから。ですから気分の上で立ち戻るのです。この気分は、全体の中から私たちのところにやって来ますが、細部の中からもやって来ます。

マントラの最初の語句を見て下さい。「感じとりなさい。大地の深層が」となっています。つまり大地の深層に眼が向けられます。そしてもう一方のマントラは、「第三の獣のガラスの眼」が指示されています。これらが並んでいます。

第二のマントラでは、「感じとりなさい。宇宙の果てから」です。神々が光の衣裳をまとってやって来るのを私たちは感じとります。この世で神的な事柄を嘲笑するものについて、私たちが本当に感じとることができるなら、私たちはここで高みに引き上げられたのです。「第二の獣の嘲笑的な顔」は、私たちが明るい陽光を霊的に捉えようとするとき、本当にこの明るい陽光によって消し去られるのです。

そして第三のマントラは「第一の獣の骨の霊」で始まります。この霊は私たちを硬直させます。天上を仰ぎ見ることでこの硬直を解くときにのみ、私たちは熱くなるのです。そして、こうも言えるのです。

お前が第三の獣のガラスの眼を見るとき、しっかりと立ちなさい。そして大地の深層がお前から何を望んでいるのかを感じとりなさい。

お前が第二の獣の嘲笑的な顔を見るとき、愛をもって日の光を受けとりなさい。

第一の獣の骨の霊で硬直しているのなら、天上へ熱い心を向けることで、人間として人間らしく暖かくなりなさい。

このようにして、私たちは次第に霊的生活に感情を移入させなければなりません。そうすれば、霊的生活がますます私たちの魂にとって親しいものになっていくでしょう。

＊

愛する皆さん、ここで若干の言葉を付け加えなければなりません。なぜなら、私たちはこの学級そのものを、真剣に生きなければならないからです。私が学級の諸条件について述べたあの水曜日のときの次の言葉は、真剣に受けとられなければなりません。――「ある人物が、ここで奉仕として行うべき事柄をゆるがせにしてしまったので、第一学級の参加証を取り消さなければならないくらいの大きな不幸をまねきかねなかった。」

このことをここで取り上げるのは、クリスマス会議で示唆した意図を真剣に受けとめて下さい、と申し上げたいからなのです。この秘教学級はまったく真剣な意味で、霊界によって望まれたものと考えなければなりません。この言葉を認めて下さるなら、どうぞ将来この言葉を単なる慣用句だとは思わないで下さい。もし誰かが人智学運動の真の代表であろうとしなくなる瞬間に、学級はこの学級の参加証をその人から取り上げる権利を行使せざるをえないのです。

私は本当に真剣にこのことを申し上げたいので、すでに――少なくとも一定期間、本人が反対の事実をふたたび態度で示してくれるまでは――ひとりの人物から参加証を取り上げざるをえませんでした。私たちは、人智学運動に対して遊び半分の見方を一切しなくなったとき初めて、正しい仕方でこの学級に参加できるのです。人智学運動は今、大きな不幸を引き起こしたのです。私たちはこの上なく真剣な態度で、秘教問題に関わっていかなければなりません。クリスマス会議の精神は、まだ各人の魂の中に生かされているとはいえません。今日また、私はそう言わなければなりませんでした。しかし学級の指導は、目覚めていなければなりません。今回は実際に学級の在り方に応じた真剣な態度をとることになるでしょう。このことも今日の時間の一部として心にしっかりと刻みつけておきたいのです。

霊学自由大学第一学級のための秘教講義

第5講

ドルナハ

1924年3月14日

愛する皆さん、境域の守護霊との出会いが人間をどう変化させるのか、これまで考察してきました。私たちが霊界に歩み寄り、霊界を理解するようになるかどうかは、この守護霊の本質をどのように把握するかにかかっています。これまでの講義で分かったのは、人間の内面を構成している思考、感情、意志が境域の守護霊の領域で、本質的な変化を遂げるということです。そして特に最後の講義では、思考と感情と意志が霊界に歩み入るとき、さまざまな道を辿っていくということを明らかにすることができました。思考と感情と意志は、この道を辿るときには、通常の地上意識のために働く場合とは異なる相互関係を示します。

通常の意志は地上に強く惹かれていますが、霊界に参入する瞬間に、思考と感情と意志が互いに分離しますから、意志は、それまでよりもはるかに大きな独自性を帯び、ますます人間を地上に惹きつけようとします。感情は、朝東の空で輝き始め、昼明るさを強め、夕方ふたたび西空に消えていく光の通る大気圏で人間を守っているあの諸力と親和しています。しかし思考は、人を上方へ、天上へ向かわせる力なのです。ですから、境域の守護霊の前に立つ瞬間に、守護霊から人間が全宇宙に属していることを教えられます。すなわち人間は、意志を通して大地に、感情を通して大気圏に、思考を通して上方の諸力に属していることを教えられるのです。

愛する皆さん、霊界参入に際しては、常にこのことがはっきりしていなければなりません。霊的生活を通して全宇宙と共に生きるようになることをです。通常、私たちが生活している世界は、外にあります。そこでは諸力が、植物、鉱物、動物、人間の世界を支配しています。私たちは感覚を通してこの諸力への通路を持っていますが、本来人間はその諸力と何も共通したところを持っていないのです。ですから私たち人間は、内部の思考、感情、意志に眼を向けるとき、その思考、感情、意志が外なる自然から切り離されて独自に存在している、と思っています。私たちは、自分の人間の本質と周囲に広がる自然との間に深い深淵を感じとっているのです。

しかしこの深淵には橋を架けなければなりません。なぜなら、通常の意識においては、せいぜいその外側しか見ることができませんが、この深淵こそが「境域」なのですから。しかしこの深淵を境域と認めることができるためには、私たちが自分の内面を見るのを妨げているあの無意識状態をただ受け入れるだけではだめですし、外に眼を向けるときも、外なる非人間的な自然だけに関わっていてもだめです。この深淵のもつ重大な意味を、この深淵を可視的にして、人間生活のためだけでなく、宇宙のいとなみのためにも、この深淵の重大な意味を明らかにしなければなりません。

皆さん、ではどうすれば、この深淵に橋を架けることができるでしょうか。私たちは本来、自然と共生しなければなりません。自然は外にあって、道徳生活とは無関係である、というのをやめなければなりません。私たちは鉱物に、私たちの魂の最高の関心事である道徳を問うことはしません。植物にも、動物にも道徳を問いません。唯物主義の時代には、人間に道徳を問うことさえもやめてしまいました。人間の本性を身体にしか見ようとしていないからです。

ですから通常の意識の場合には、思考を受動的にしか体験できないでいます。思考の働きは、世界を具象的に思い描くことができますが、しかし力なく思い描くのです。私たちの内部の思考内容は、世界の事象を知るために必要な私たち自身の所有物であると思われています。そしてその限りでは、まだ思考は権力を持っていません。私たちの感情もまた、私たちの内なる生命であるその感情を生きる私たちは、世界から切り離され、区別されています。そして私たちの意志は、外の事物に働きかけることができますが、そうすることによって、その外の事物を異質なものにしているのです。

人間が自分と自然との間の深淵に気づくことで境域の守護霊の近くに立つとき、ある偉大な思いが人間に近寄ってくるに違いありません。その思いは、すでに古代から言葉で表現されてきましたが、どんな時代になっても新たに理解されねばならない言葉です。すなわち、「自然は神聖なものである。人間はその自然に対して親和的に関わられねばならない」、というのです。

では「自然は神聖なものである」とは、どういうことでしょうか。

自然は神的な現れ方ができなければならないのです。知性が把握できるような、感覚の前に現れる現れ方は、まったく神的ではありません。そのときは神性が自然の中に隠れています。自然はその外側だけをあらわしています。私たちはせいぜい夢の中で、自然と人間の内面生活との親和性を少しのぞき見ることができるだけなのです。私たちは、自分の呼吸過程の不規則性が、あるときは喜びをもたらす夢を生じさせたり、不安な夢や怖い夢を生じさせたりすることを知っています。また、部屋をあたためすぎますと、一種の道徳的－魂的な内容の夢が現れることを知っています。夢は自然を魂的なものに変えるのです。

けれども私たちはまた、夢の中では意識が曇らされていること、そして夢は私たちに霊的な内容を直接伝えてはくれないことも知っています。自然は睡眠時の意識にではなく、覚醒時の意識にみずからを現すのです。

愛する皆さん、自然の中にいる私たちの人体は自然物（地）と親和しています。そして私たちのエーテル体は水の本性と親和しています。けれども、肉体と地的なものとの親和性、エーテル体と流動的なもの、液状のものとの親和性は、人間の体験世界の地下深くに横たわっています。

私たちの体験世界のすぐそばにあるのは、本来、空気の中で働く呼吸過程です。そして呼吸過程よりもさらに上方において、霊的なものに近寄るとき初めて自然との親和性を直接感じとることのできる領域に到ります。

呼吸過程における私たちは、空気状のものの中に生きています［「空気」という語を板書する（以下、同）］。

空気

空気状のものの上には、熱状のものが見出せます。

熱

そして熱状のものの上には光状のものが見出せます。熱エーテル、光エーテルです。

光

さらにもっと上まで行きますと、すでに人間に身近であるとはいえぬ領域に到りますが、この領域については後で述べるつもりです。

人間が空気の元素の中で生きていることは、ごく外的な考察からも明らかです。事実、夢のことを考えてみれば、夢の形状が呼吸過程の不規則性、異常性に依存していることが分かります。覚醒時の私たちは、呼吸過程に注意していません。通常はいつもこのことには注意を向けないでいます。

熱の元素、熱の生命が本質的に深く人体に浸透していることは、表面的な考察からも明らかです。私たちのからだよりも冷たい物体、例えば冷たい刺繍針でからだにさわりますと、私たちは冷たい箇所が互いにごく接近した二点であっても、二点をはっきり分けて感じとるのです。私たちは冷たさに対しては非常に敏感なのです。自分のからだよりも温かいものでさわったときには、温度の違いがそれほどはっきりとは認められません。冷たい二本の刺繍針を皮膚のごく接近した二点に当てても、両方の点の冷たさが認められるのに、温めた刺繍針で同じことをしても、ひとつの点のようにしか感じられず、別々の二点の印象を知覚するには、二点の間をずっと離さなければなりません。ですから、温かさよりも冷たさの方がずっと敏感に感じとれるのです。なぜでしょうか。私たちが温かさの方をずっと容易に受け入れるからなのです。私たちが本来熱の存在であり、熱の中で生きているからなのです。冷たさは私たちにとって異質なので、冷たさにはとても感じやすいのです。

さて、通常の意識にとって光を考察するのはもっと難しいことですが、今日は、こういう事柄の秘教的部分の中に入って考察しようと思います。通常の意識にとっては、空気状のものや熱状のものに眼を向けるだけで十分でした。そのときの人間は、空気を何か外的なもの、自然のものと感じていました。そして熱を外から触れてくるものと感じ、光を外から自分のところにまでやってくるものと感じていました。

境域の守護霊のそばに導く、人生のあの衝撃の瞬間を体験する人は、それまで異質であると思っていた対象が内的に身近なものになるのを感じるのです。

これまで何度も述べたことですが、人生のどの瞬間にも、通常の意識の中での私たちは、空気との関係を通して、自分が宇宙の仲間である、と実感することができます。空気は外に存在していますが、次の瞬間には同じ外の空気が私の内部にあるのです。その同じ空気は、次にはふたたび外にあります。筋肉や骨から成る私たちは、受胎と共に生じ、死と共に消えていくのですが、空気の人間としての私たちは、そもそも自分の中に持っているものを絶えず外に放出し、外のものをふたたび取り込み、そうすることで地上を生きながら、空気のいとなみとひとつになっています。

霊界に参入するとき、もはやそのようなことは起こりません。私たちは霊界に参入する瞬間、息を吐くごとに吐いた息の翼に乗って、吐いた息が拡散していく拡がりの中へ出ていき、息を吸うごとに空気中に生きている霊的存在たちを自分の中に取り込むかのように感じます。息を吸うとき霊界が私たちの中に流れ込み、息を吐くとき私たち自身の本質が環境の中へ流れ込むのです。

しかしこの事情は、空気の場合に限りません。もっと高度な仕方で、熱の場合にもあてはまります。地球を取り巻く大気圏と私たちがひとつになっているように［板書］、地球を取り巻き、地球の中に浸透する熱存在［赤］とも私たちはひとつになっています。

しかし霊界に参入するとき、私たちは吸う息と共に、霊的なものを私たちの中に受け取る一方で、吐く息と共に、私たち自身の本質を宇宙の中へ拡散させます。ですから呼吸と共に、霊的ないとなみを経験するのですが、熱の上昇と共に、熱の元素の中で私たちはより多く人間になり、熱の下降と共に、より少なく人間になるのを集中した仕方で感じとるのです。

そのとき熱は、単なる自然状態のままであることをやめます。そして私たちもそう感じます。私たちは熱の内的、魂的なもの、熱の霊的な現実を認識することで、熱と人間である私たちとの内的なつながりを感じとるのです。そして熱の元素の中で働く霊たちが、「私は熱さを通してお前に人間性を与え、冷たさを通してお前から人間性を取り上げる」、と語る声を聴くのです。

そして光について語れば、私たちは光の中で生きているのに、そのことに気づかないでいます。なぜなら、通常の意識にあっては、光の内的ないとなみが私たち自身の思考の中に含まれていること、どんな思想も受けとめられた光であることにまったく気づいていないからです。光は客観的なものです。肉眼で見る人だけが光を受容するのではなく、肉眼では見ることのできない人も、思考することで光を受容しています。なぜなら、私たちの内なる思考内容、私たちが内的に捉えた思考内容は、私たちの内部に存在する光なのですから。

ですから、私たちが境域の守護霊の前に行くと、守護霊は次のように警告を発するのです。

――「人間よ、お前が思考するとき、お前の本質はお前の中にはいない、光の中にいる。人間よ、お前が感情を働かせるとき、お前の本質はお前の中にはいない、熱の中にいる。おお、人間よ、お前の中に留まっていてはならない。お前の思考が頭の中にあるとは思うな。お前の思考は宇宙を貫いて流れる光の体験にほかならぬ、と思え。お前の感情はお前の中で作用する熱の元素のいとなみにほかならぬと思え。お前の意志はお前の中で作用する空気の元素のいとなみにほかならぬと思え。」

人は本来、境域の守護霊の前では、宇宙の諸元素に分けられています。このことをはっきりと意識していなければなりません。ですから、私たちは自分の本質を、もはや通常の意識の中でのように、暗く、混沌とした仕方で統一するときのように、当然のように統一してみせるわけにはいかなくなるのです。

霊界参入によって与えられる大きな体験のひとつは、自分が皮膚に包まれていることを真剣に受けとれなくなることです。皮膚に包まれているというのは、私たちが人間として存在していることのひとつの形にすぎません。皮膚の中に閉じ込められているというのは、霊的な意識からすると、錯覚なのです。なぜなら、人間は宇宙と同じくらい大きな存在なのですから。人間の思考は光と同じ拡がりを持ち、人間の感情は熱と同じ拡がりを持ち、人間の意志は空気と同じ拡がりを持っているのです。

そして、そのような拡がりにふさわしい意識を発達させた存在が、どこか別の天体から地上に降りてきたとしたら、その存在は、地上の人間同士の会話とはまったく違った仕方で、人間に次のように話しかけたでしょう。――「地球を取り巻く光は、多様に分化している［その光の覆いは空気圏と熱の圏の周りに黄色で描かれている］。多くの個別化された存在たちが光の中に生きている。地球を取りまくこの地上の光の中で、すべてが同一空間内で存在している。この同一空間内には、地上の人間と同じくらい多くの存在たちがいる。それらは皆、地上の光の世界の中で重なり合って存在している。」

すべての思考内容は、こういう別の天体から地上に来た存在たちから見ると、地上の光の覆いの中に存在しており、そしてすべての感情は、熱の覆いの中にあり、すべての意志は大気の中に、空気の覆いの中にあるのです。

次いでこの存在はこうも語るでしょう。――「本当の人間存在はすべて、光と熱と空気の中にあって、地球を取り巻いている。私が、質の観点から、ある存在を個別的に受けとるとき、その存在はａという身体をもって私の前に現れる。別の存在はｂという身体をもって現れる。」

［黄色の中にaとbが濃い色で記される］

境域の守護霊の前に立つ人にとって、こういう存在の在り方は思弁ではなく、経験なのです。人間が周囲の世界と一緒に生きている、と経験することの中に、霊的な進歩があるのです。こういうことをいくら理論的に語ってもあまり意味がありません。人間が宇宙とひとつになるといくら語っても、特に深い神秘主義を語っているとはいえません。ただそういう思考内容に触れただけなのかも知れません。大切なのは、事実に即して内的な経験をふまえて思考する人間は、地上の光全体の中に生きていること、地上の光全体とひとつになっていること、そして地上の光全体とひとつになることによって、その人間は神霊存在の中に没入し、いわば皮膚のすべての毛穴から外へ出ていって、地球存在そのものとひとつになり、さらに地球存在の他の諸部分ともひとつになる、ということを知ることなのです。霊界との関係を本当に獲得しようとする人は、このことを真剣に受けとめなければなりません。

光は本来、道徳的に作用するのです。そして宇宙を秘教的に体験しようとする人は、人間が光に、そして光が人間に親和していることを知らなければなりません。そうすれば、境域に入った瞬間に人は、光が本質存在として闇の権力と厳しい闘いを遂行しなければならないことをはっきりと意識することができます。光と闇が現実として、生きた存在になるのです。そのような体験が持てるようになると、人はこう考えます。――「思考しつつ光の中に没入するとき、私は光の中で自分を失ってしまう。なぜなら、没入する瞬間に、光の存在たちが私を捉えて、こう語りかけてくるのだから。——人間よ、私たちはもうお前を光の中から逃がしはしない。しっかりと光の中に閉じ込めておく。」

光の存在たちの意志も、このことを示しています。光の存在たちは絶えず人間の思考を通して、人間を自分の下に引きつけておこうとします。そして人間を光とひとつにし、一切の地上の権力から引き離して、人間の中に光を浸透させようとします。私たちを取り巻く光の本性たちは本来、いつでも人間を大地から引き離して、大地を超えて波打つ日の光を人間に浸透させようとしています。光の本性たちは、地球の周りを生きながら人間にこう語ります。——「人間よ、お前の魂はからだに留まっていてはならない。毎朝、日の光が最初の輝きを大地に投げるとき、自分も輝かなければならない。夕方、夕映えと共に日が没していくとき、光となって地球の周りを回転しなければならない。」

この光の本性たちは、繰り返して誘惑するように語りかけてきます。境域に踏み入る瞬間、この存在たちの誘惑に気づきます。彼らは、人間を地上から引き離して大地に拘束され、重力に従わされるのは、決して人間にふさわしいことなのではない、と納得させようとしているのです。人間を太陽の光の中に取り込もうとしているのです。

事実、通常の意識は、太陽が上空に輝き、私たちは地上に生きて、その日の光を受けていると思っているのですが、進化した意識は、天空の太陽が偉大なる誘惑者であり、常に私たちを自分の光と合一させようとし、私たちを大地から切り離し、私たちの耳にいつでもこうささやきかけるのを知っているのです。――「おお人間よ、地上に留まっている必要はない。お前は日の光の中に生きることができる。そして大地を照らし、大地に幸せをもたらすことができる。そのときのお前は、もはや地上にいて日の光を受けたり、その恩恵に浴したりする必要はない。」

境域の守護霊との出会いの本質は、これまで疑いもなく外にあって私たちに何も要求していなかった自然が、今や道徳的な仕方で私たちに語りかける力を示すことにあるのです。自然が、太陽の場合と同じように、誘惑者となって登場します。それまでただ静かに輝いていた太陽の光が、誘惑の言葉を語り始めます。日の光の中に霊的な本性が生きて働いていると気づくとき、その最初の体験が私たちに教えるのは、日の光の中から誘惑する本性たちが現れて、私たちを大地から奪い取ろうとしていることなのです。なぜなら、この本性たちは、絶えず大地の内部の闇と闘っているのですから。

私たちはそのとき、容易に極端に陥ります。実際、境域の守護霊の前での体験は、まったく真剣な、深刻な仕方で人間の魂を捉えて離しませんから、日の光がその光の本性たちを通して誘惑してくるとき、私たちがまだ人間であるべきことを忘れないでいる限りは、その誘惑から逃れようとするのです。

私たちが人間であることを忘れてしまったら、地上で物質生活を送っている私たちの魂は麻痺してしまいますが、日の光がどんなに誘惑的であるかに気づいた私たちは、その反対の方向に向きを変えて、光と闘う闇の中で、この誘惑から身を守ろうとするのです。光から闇へ方向を変えて、反対の極端に陥ってしまうのです。

そうすると、明るく輝く日の光の中で生きようとした私たちの自己は、闇の中で孤独になり、他のすべての存在から切り離されてしまいます。本来私たち人間は、光と闇の均衡状態の中でしか生きることができないのです。

光の誘惑に向き合うこと、これは境域の守護霊の前での大きな体験なのです。それと共に私たちは、自己を喪失させる闇の力にも向き合うのです。光と闇は道徳的な権力となって、私たちにその力を行使します。そのとき私たちは、人間としてこう言えなければなりません。――「純粋な光を見るのも、純粋な闇を見るのも危険なことなのだ。」

境域にあって私たちの心が落ち着いていられるのは、中間の神々、良き神々、正常に進歩した神々が、私たちのために光を明るい黄色に、明るい赤色に和らげてくれるのを見て、私たちが地球から見離されたりはしない、そんなことはありえない、と思えたときなのです。霊的に私たちの眼をくらますような誘惑の光を見るのではなく、和らげられた光である色を見るときなのです。
純粋な闇に耽ることも同様に危険です。霊界において漆黒の闇に向き合うのではなく、紫色や青色となって明るさを取り戻した闇に向き合うとき初めて、私たちは内的に解放されます。霊界における黄色と赤色は私たちにこう語ります。――「光がお前を誘惑して、大地からお前を引き離すことはできないだろう。」紫色と青色は私たちにこう語ります。――「闇がお前の魂を大地に埋めることはできないだろう。お前は地球の重力の作用から逃れることができるだろう。」

これは、自然と道徳とがひとつに合わさる体験であり、光と闇が本性となる体験です。そして光と闇が本性となることなしには、思考の本当の性質を知ることはできないのです。ですから私たちは、境域の守護霊が語る以下の言葉に耳を傾けなければなりません。これは私たちの自立するようになった、つまり、魂の中で分裂した思考に語りかける守護霊の言葉です――

光が闇の権力と闘う
その場所でお前は思考の
霊を生かそうと望む。
光を求めるお前は

自己を霊の手に奪われる。
闇がお前を誘うとき
素材の中に自己を失う。

これは私たちの陥る両極端を教えています。私たちは両極の間にあって、思考しつつ調和と均衡を見出さなければなりません。
［ここで上のマントラが板書される］
以上の言葉から受けとることのできる衝動を、思考の中に流し込まなければなりません。そして外の光、外の闇の中にあっても、この光に本当に耐えることができるように、光を色に和らげることが大切だ、と感じとれなければなりません。そうすれば霊的な直観の中で、思考が光と闇の闘いに身を置くときの思考の在り方が分かってきます。思考は、光の中に入っていくと光の中に取り込まれ、光と一体化してしまいます。闇の中に入っていくと消されてしまいます。私たちが物質の中に、闇の物質の中に入っていこうとしますと、思考は消えてしまうのです。
愛する皆さん、こういう体験をするには、内なる勇気を持たなければなりません。勇気の必要が理解できないなら、私たちがそもそも何を体験しようとしているのか分かっていないのです。そういう人はこう考えます。――指を切り落とすには勇気が要るが、分裂した思考が境域において光と闇の闘いの渦に巻き込まれるのに勇気が要るとは思えない。いずれにせよ、思考はそこにある。勇気ではなく、認識が必要なのだ。存在しているものなら、認識できるはずだ。目覚めている間、私たちの思考は常に危険の中にいます。なぜなら、私たちに隣接する諸天体には特定の霊的本性たちがいて、どんな時代にも、どんな世紀にも、人間の中で光が闇に、または闇が光に打ち克つようにしているからです。

愛する皆さん、通常の意識にとって人生は危険なものではありません。ちょうど下に落ちないように、とまだ呼びかけられていない夢遊病者がまだ危険ではないように、です。けれども人生を洞察する人にとっては、すでに闘いが始まっているのです。その人は、今後百年の間に光が勝利するか、闇が勝利するか、確信を持って言うことはできません。一体人類は、この世を人間にふさわしく生き続けることができるのか、確信を持って言うことはできませんが、しかしなぜ、これまで地上で人類がこのような破局を招来しないでこれたのかは、よく分かっています。

別の比較をしてみましょう。綱渡りをする人を見るとき、私たちはいつ右か左かに傾いて、落下するか、はらはらしながら見ています。私たちの魂も、一緒に綱の上を渡っています。どの人の魂も、右か左かに傾いて落下するかも知れないのです。通常の人生を歩む人はそういう意識を持っていません。なぜなら右側にも左側にも奈落を見ることはないのですから。けれども、本当は奈落があるのです。

境域の守護霊が人びとにこの奈落を見えなくさせているのは、ありがたいことです。守護霊の警告を通して奈落に対する準備ができるまで、人びとが奈落を見ることはないのです。しかし、この奈落を人びとに示すことによって、現実の世界を認識するのに必要な力が持てるようにすることは、あらゆる時代のあらゆる秘儀の秘密だったのです。

思考と光の関係は、感情と熱の関係でもあります。境域の守護霊の前に立つ人の感情は、暖かさと冷たさの間の闘いに加わる自分に気づくのです。暖かさが絶えず私たちの感情を誘惑します。暖かさは感情を自分の中に吸い込もうとするのです。光の本性たちが、つまりルツィフエル的な光の本性たちが私たちと一緒に大地から飛び去ろうとし、光になろうとするように、ルツィフェル的な熱の本性たちは私たちの感情を一般的な宇宙の熱の中に吸い込もうとします。人間のすべての感情が人間から失われ、一般の宇宙の熱の中に吸い込まれるのです。

そして、このことが誘惑であるというのは、以下の理由からなのです。秘儀の学を学んだ人が気づくように、人間が感情で境域の前に立ちますと、熱の本性たちが現れます。この本性たちは、本来は人間の要素である熱、人間がその中を生きているところの熱、その熱を過剰に人間に与えようとするのです。彼らは人間のすべての感情をその熱に吸い込ませようとするのです。

人間が境域の前に立ちますと、この熱の本性たちがそこにいます。その人間は熱く、熱く、熱くなります。自分の存在全体が熱になるのです。自分が熱の中に流れ込むのです。これは途方もない快感なのです。だから誘惑する働きなのです。こういうすべてが、絶えず人間に作用し続けるのです。だから私たちは、こういうすべてを知っていなければなりません。実際、暖かさの快感という誘惑を知らないで、霊界を自由に展望しようとしても不可能なのです。

このルツィフェル的な熱の本性たちの敵は、アーリマン的な冷たさの本性たちです。この本性たちは、温暖の快感にひたることがどんなに危険かを意識している人を自分の側に引き込みます。そういう人は健全な冷たさの中に身を置こうとするからです。そして、もう一方の極端に陥るのです。そうすると、冷たさがその人を硬化してしまいます。そういう状態で冷たさが人間に浸透しますと、無限の苦しみが生じます。その苦しみは肉体の苦しみと同じです。からだとこころ、肉体と精神がひとつになるので、冷たさが人間の全存在に働きかけると、それは途方もない苦痛となって感じられるのです。

こういうことが人間の背後にあるということ、本来、人間は絶えず温暖と寒冷の間の闘いの中を生きていること、このことを私たちは境域の守護霊の感情に関わる警告として、知っていなければなりません［第二節の板書］――

暖かさが冷たさと闘う
その場所でお前の感情は
霊のいとなみを生きようと望む。
暖かさを愛するお前は
霊の快感の中で自己を失う。
冷たさがお前を硬くするとき
お前は痛みに自己を飛散させる。

意志の人間は、ごく近くにあると思える世界に沈潜します。それは実際、近くにある空気の世界です。私たちの呼吸過程を可能にしてくれる世界です。人間の意志がこの呼吸する空気とどれほど身近であり、親和しているか、私たちは思ってもみません。しかし私たちの意志は、呼吸に依存しているのです。

愛する皆さん、空気の中には、生と死が、賦活する酸素と死滅させる窒素とが含まれています。そう考えれば、生と死が空気の中に含まれていることがほとんど自明に思えます。化学者は、恐ろしく抽象的な言い方で、空気は酸素と窒素から成ると言います。

通常の意識に留まる限り、酸素と窒素という言い方が可能です。境域の守護霊のところに行きますと、酸素とは、人間に生命《いのち》を与える霊的本性たちの現れであることが分かります。窒素は、人間に死を与える霊的本性たちの外的な現れなのです。この死は、私たちが覚醒時に思考するとき、部分的に私たちを死なせ、私たちを崩壊させる力でもあるのです。

空気の中で、ルツィフェル的な酸素の霊たちとアーリマン的な窒素の霊たちとの闘いが生じています。まだ境域に到らない間は、空気は化学者の言う酸素と窒素という抽象物から成り立っています。境域に到りますと、空気はアーリマンとルツィフェルから成り、酸素はルツィフェルの外的な仮面であり、窒素はアーリマンの外的な仮面であり、そして空気の中で闘いが生じていることが分かってきます。この闘いは、通常の意識には隠されていますが、境域に到ると、その闘いに出会うのです。

私たちが生命の要素である酸素の霊たちの中に生きるとき、つまり私たちの意志を霊の創造力と結びつけ、酸素の霊たちがますます目覚めた創造行為を私たちに可能にしてくれるとき、私たちの創造行為全体が霊の創造行為になってしまう危険が生じます。その結果、私たちは人間であることをやめ、私たちの意志の力は霊の世界であるルツィフェルの世界の言うがままに利用されてしまいます。

私たちがその反対の方向に向かいますと、窒素の働きであるアーリマン的な権力を呼び寄せ、空気の元素の中を支配している死の力を呼び寄せてしまいます。その場合の死は、人間と親和していない物質界での死であるだけではないのです。私たちがこの死と親和していると、死と一体になりたいと願うようになり、もはやそこから抜け出られなくなります。生命の霊たちが誰かを捉え、生命の霊たちの行為が人間たちの行為とひとつになる一方で、その反対のアーリマン的な窒素の霊たちは、人間の生を死の中に投げ込みます。私たちは死においても、無においても行為しようとしますが、行為する代わりに痙攣を起こしてしまうのです。

ここでも人間は、二つの対極の間に置かれています。意志との関わりにおいて、人間はこの対極に気づいていなければなりません［第三節の板書］――

生が死と闘う
その場所でお前の意志は
霊の創造行為の中で働こうと望む。
生を把握するお前は
自己を霊の権力の中で見失う。
死の権力がお前を捉えるとき
無の中で自己を硬直させる。

愛する皆さん、こう言う人がいるかも知れません。――「私なら認識などにこだわろうとは思わない。これまで幸せなことに隠されてきたことをどうしてわざわざ明るみに出して、境域の守護霊の前に立たなければならないのだ。恐ろしい真実を知ることが、どんな役に立つというのか。」

安易な生活を過ごしたい人なら、こういう疑問を持つのは当然です。そういう真実を知ったからどうだというのか、とその人は言うでしょう。知りたくないことを知らされてもしょうがない、と言うでしょう。

しかし、愛する皆さん、現代という時代の課題は、どこまでも現実の中に深く入っていくこと、なのです。人は現実を前にして、臆病になって身を隠したくなってはならないのです。現実の中に深く入っていくことによって、自分の本性を決定する存在とひとつになるべきなのです。この短い人生を生きぬくために、頭を砂の中に突っ込んで、真実を何も知ろうとしないでいることもできます。けれども、今、私たちは、すでに地上生活の中で、死後に体験することを意識できるようになったときにしか、死後の生活を充実させることができない、そういう新しい時代を迎えています。ですから、もう安易な態度は許されないのです。一体、私たちの死後はどうなるのでしょうか。

死の門を通り、まだ意識を消し去ることなく生前を回顧するとき、その回顧の中で霊的本性たちがささやきかけます。副和音のように、それが低く聞こえて来ます。エーテル体が一般宇宙エーテルの中に解消される、死後数日の間、死者はまだ生前を回顧して、生前の地上生活の様子を見ています。そのとき、霊たちがこうささやきかけてきます――

生が死と闘う
その場所でお前の意志は
霊の創造行為の中で働こうと望む。
生を把握するお前は
自己を霊の権力の中で見失う。
死の権力がお前を捉えるとき
無の中で自己を硬直させる。

これが現実なのだ、とそのとき悟ります。なぜなら、生も死も、真ん中を貫く方向ではなく、左か右かの方向をとるときに生じることができるのですから。

そして、長くは続かない、死後の睡眠時を通過したあと、生前の一生の三分の一の時間をかけて、生前の地上生活を意識して歩み通します。そのときのことを私たちは一般の神智学講義の中で述べてきました。この回顧する生活意識が始まるところで、まさにこの体験が生じます。けれども、この体験の里程標に来るたびに警告を発する霊たちが繰り返し現れて、私たちにこう語りかけます――

暖かさが冷たさと闘う
その場所でお前の感情は
霊のいとなみを生きようと望む。
暖かさを愛するお前は
霊の快感の中で自己を失う。
冷たさがお前を硬くするとき
お前は痛みに自己を飛散させる。

私はこのことを思って、「生前親しかった死者たちにどう向き合うことができるのか」と問いかけてくる人たちに、「私の愛があなたに届き、その愛があなたの冷たさを温め、あなたの熱さを和らげますように」という思いを死者たちに送るように、と助言してきました。実際、より過去へと遡る間、暖かさと冷たさが大切な役割を演じているのです。しかし私たちには、そのような暖かさと冷たさがすべての時間に渡って役割を演じている、と呼びかけてくるのです。こういう事柄は、まったく現実に生じているのです。

そして私たちがさらに、リックシャウ（過去を遡行する時期）から霊界での自由な体験に入っていって、次の地上生活の準備をすることになると、この体験の里程標ごとに、ふたたび警告を発する霊たちが現れて、終わることなく私たちにこう呼びかけるのです――

光が闇の権力と闘う
その場所でお前は思考の
霊を生かそうと望む。
光を求めるお前は

――ここで言う「求める」は、現実に求めるのです。私たちは右にも、左にも行くことができます――

自己を霊の手に奪われる。

闇がお前を誘うとき
素材の中に自己を失う。

愛する皆さん、人びとがまだ本能的に見霊能力を持っていた頃、死の門を通った人は、この本能的な見霊能力によって、死後の生活過程の三つの段階で自分に語りかけてくる言葉を理解することができました。自由を獲得するための道を通って行かねばならなかった後《のち》の時代になると、死者は自分に呼びかけてくる言葉がますます理解できなくなってきました。そして今、私たちは、すでにこの世の生活を送る間に、この言葉の意味に注意を向け、霊言で呼びかけてくるこの言葉を受けとり、それを理解することができるようになったのです。

しかし、このことが生じうるのは、未来に向かって生きていく人の場合です。そのとき人は、この言葉が響いてくる世界を通って行かなければなりません。そしてその言葉が理解できなければ、理解できないことのあらゆる苦悩を体験しなければなりません。理解できないことのあらゆる苦悩とは、何を意味するのでしょうか。魂の中を不安がますます強く支配する、という意味です。創造する霊たちとの関わりが失われるのではないか、という不安です。

世の終わりに人間の生存を保証している霊の力の下に達することなく、無縁な霊の力の下で自分の人間の根源を失ってしまうのではないか、という不安です。

愛する皆さん、秘教に参入するとは、単なる授業、単なる理論を受けることではなく、人生の真剣な用件を引き受けることなのです。秘教に沈潜するとは、教えや理論に沈潜するのではなく、生活に沈潜することなのです。私たちの感覚が知っている人生は、外的な現れにすぎません。その背後には、どんなときにも、霊界が存在しています。上に掲げた言葉の内容に心を閉ざしてしまったら、霊界に参入できません。しかし瞑想を通してこういう言葉に沈潜するなら、私たちの思考と感情と意志は強化されて、霊を本当に把握することができるようになるのです。私たちは現在、人間として、霊界に参入しなければならないのです。

＊

続きは、次の金曜日に行います。明日と明後日は、八時から一般人智学講演があり、日曜日は五時からオイリュトミー公演があります。

霊学自由大学第一学級のための秘教講義

第6講

ドルナハ

1924年3月21日

愛する皆さん、これまで行ってきた境域の守護霊についての考察は、すべて真実なのです。この境域の守護霊は、宇宙との真の関係を意識できたとき初めて、人間の魂は霊的に進化していくのだ、このことを心に刻みつけておくように、と絶えず人間に警告を発しています。

では、「宇宙との真実の関係を意識する」とは、どういうことなのでしょうか。

人間は、まず自分の周囲に拡がる自然界を通して、宇宙を知るようになります。動物界、植物界、鉱物界から成る自然界を通してです。自然環境の中の植物、動物、鉱物を知り、その存在にあらためて驚異を感じ、自分の意志衝動を育てるためにそれらを役立たせようとします。人はそういう環境世界のすべてを自分の外界として学びとるのです。けれども、通常の意識は、自分がそういう自然界から現れ出たのだとはあまり感じていませんし、そういう世界との深い親和力が自分の中に備わっているとも思っていません。

実際、日常の私たちは、外の世界にいくら眼を向けても、自然界との親和関係を感じとることができません。ですから私たちは自己認識を通して、宇宙を深く実感できるように努めなければならないのです。愛する皆さん、自己認識によって宇宙を深く実感するためには、ただ外側から事物を見るだけではだめなのです。事物の背後に開示されるものにまで戻っていかなければならないのです。

近世以来、人びとは事物の背後に開示されるものに眼を向けることができなくなりました。自然の三つの領界を外から見るだけになりました。しかし、愛する皆さん、ご承知の通り、自然の三つの領界の背後には「元素界」と呼ばれる生命の成分が存在しているのです。

私たちの足は、固い大地の上に置かれています［「地」という語を板書する（以下、同）］。

地

私たちの足を支えているこの固い大地は、その生命成分を動物、植物、鉱物の中に、そして私たちの肉体の中に送り込んでいます。私たちが、足を支えているこの大地から自分と同じ眼の高さにあるものへ眼を転じますと、そこには大気だけが存在しているのではなく、その大気には常に水分が浸透しています。陸に上がった人間は、もはや水中に生きるのではありませんが、自分の周囲のあらゆるところに微妙に溶け込んでいる水の生命成分を感じとっています。自分の生体のために水分が必要不可欠なのです。人間は、この水分のおかげで生きているのです。

水

そして人間は、呼吸を可能にしてくれる空気（風）の中で生きなければなりません。

空気

これらの生命元素に向き合うとき、私たちははっきりと輪郭づけられた物体に対するような語り方をすることができません。一つひとつの物体は、はっきりと輪郭づけられて眼の前に存在しています。しかし、生命存在である地の元素については、ただ私たちがそこで生きている、と語ることしかできません。私たちは、わざわざ自分と地とを区別するには、あまりに地の元素と親和して生きています。私たちは、自分の中の生命元素をいちいち区別したりしません。外にある机や椅子なら区別できますが、私たちの内部にある働きを私たちから区別したりはしません。自分の肺や心臓を自分と区別することもありません。ただ他人の死体を解剖するときに、臓器を外のもののように対象化するだけです。しかし私たちは、自分の内臓と親和しているだけでなく、もっと大きな範囲で生命元素とも親和しています。私たちは地の中に生き、水の中に生き、空気（風）の中に生き、熱（火）の中に生きています。これらの元素は私たちの一部です。宇宙の内部のそれらをはっきりと区別して考えるには、それらはあまりにも私たちの身近に存在しているのです。

熱

そこで、私たちの周囲にあり、そして同時に私たちの内部にもある元素界（エーテル界）を考察したいのですが、宇宙の内容であると同時に、私たち自身の内容でもある生命元素には、地、水、空気（風）、熱（火）がありますね。

私たちがいわゆる四大から本来のエーテル成分へ上がっていきますと、熱から光に到ります。

光

そしてさらに、「化学エーテル」と呼ばれている元素に到ります。しかし今日は、宇宙秩序、宇宙形成を問題にしたいので、化学エーテルと呼ばれる宇宙の壮大な化学作用を「宇宙形成」と呼んでおきます。もっと適切な表現を見つけることができませんでした。

宇宙形成

そしてエーテル界における最高の働きである生命エーテルを、ここでは「宇宙生命」と呼んでおきます。

愛する皆さん、先回学びましたように、地上を生きる人間は、これらの元素のすべてと同じ親和関係にあるのではありませんが、熱元素とだけは、内的にまったく親和して生きています［「熱」という語に赤いチョークで印をつける］。霊的に進歩するには、こういう事柄を完全に意識していることが必要なのです。

私たちは暑さ、寒さをまったく自分のこととして感じますが、大気圏内で体験する空気がきれいか、よごれているかは、より間接的に、生体の状態によって気づかされます。とはいえ空気も光も、私たちにとって特別身近な存在です［「空気」と「光」という語に黄色いチョークで印をつける］。

人間は、魚のように水中に住んでおらず、水から比較的離れたところで生きているとはいえ、人間の生活は水の元素とは切っても切れぬ、まったく深い関係を持っています［「水」という語に青いチョークで印をつける］。

愛する皆さん、こわい夢を見たとき、冷や汗をかくことがありますね。そもそも眠っているときも、水の元素は、発汗という形で重要な役割を演じています。人間は水の元素の中で生きているのです。周囲の環境の中に溶け込んでいる液体成分は、人間にとって大きな意味を持っています。とはいえ、熱ほど直接的ではありません。暑かったり寒かったりするとき、私たちはそれを自分のことと感じます。自分が寒くなったり暑くなったりするのです。

例えば、霧の立ち込める中に入っていくとき、私たちはその中で特別の印象を受けますが、その影響は間接的です。普通、それほどはっきりとは意識していませんが、私たちが霧の中へ入っていきますと、私たち自身の水の元素が外界の水の元素と溶け合います。そして、自分の水の元素と外界の水の元素とのこの穏やかな交わりに対して、私たちは特別な感じ方をします。その感じ方は、私たちが乾いた外気の中にいるときの感じ方とは異なっています。乾いた外気の中にいるときには、外との関連の中で、自分はここにいる、と実感させられます。一方、湿った空気の中にいるときには、私たちが外の世界に依存している、という思いを抱かされるのです。とはいえ、こんにちの私たちの場合は、こういう事柄を体験する機会にあまり恵まれていません。以前、私はハーグでの連続講義の中で、諸元素へのこの依存を具体的にお話しました（『人間のオカルト的進歩は肉体、エーテル体、アストラル体並びに自己自身にとってどんな意味を持っているか』一九一三年）。そのとき述べたように、この依存性を具体的に意識化することは、秘教の学習にとって不可欠なのです。

人間と地の元素との関係は、もっと無意識の深いところにひそんでいます［「地」という語に青いチョークで印をつける］。人間と地の元素との関係について、私たちはどんなことを知っているでしょうか。私たちは、塩が辛いこと、砂糖が甘いことを知っています。塩も砂糖も地の元素に属します。しかし、塩や砂糖は生体の中でどんな変化を遂げるのでしょうか。砂糖や塩が生体内で溶け、砂糖の甘味、塩の辛さが体内に作用するとき、宇宙のどんな力が生体に働きかけるのでしょうか。人間がそういうことを意識するのは、塩や砂糖の味を味わうときだけですが、しかし、そのときの作用は、体内の深いところにまで及ぶのです。私たちが砂糖を舌で味わい、それを体内に摂取するとき、全宇宙がいわば扉を開いているのです。

さらに言えば、これら物質界の濃縮した諸元素が人間に間接的な影響を及ぼす一方で、エーテル界の希薄な元素、宇宙形成と宇宙生命の元素も、人間の眼の届かぬところで間接的な影響を及ぼしています［「宇宙形成」と「宇宙生命」という語に青いチョークで印をつける］。

人間へのもっとも明らかな影響は、ちょうど中間に位置する熱元素の場合、生じます。光と空気の影響は、通常の意識にとってもはっきり現れていますが、無意識の内部でも、一方では水と地が、他方では宇宙生命と化学的な宇宙形成が影響を及ぼしています。ですから、地上に生きる人間は、これら中間の元素たち（空気、熱、光）と意識的に関わっており、水と地とに対する関係、宇宙形成と宇宙生命とに対する関係は、意識の対象外にあるのです。このことは、よく意識しておかなければなりません。

本能的な意識が支配的であった古代においては、見霊体験の色合いが常にこの本能的な意識に混ざっていました。秘儀の弟子たちは、特定の段階において、常に次のような警告を受けました。――「火を大切にしなさい。空気を大切にしなさい。光を大切にしなさい。けれども、水と地という地下の世界には用心しなさい。そして、宇宙形成と宇宙生命という天上の世界にも用心しなさい。なぜなら、それらとの関係は、無意識の深いところで働いているので、宇宙生命と宇宙形成からはルツィフェルの誘惑が生じ、地と水からはアーリマンの誘惑が生じるのだから。」

宇宙生命 ┐
宇宙形成 ┘ ルツィフェル
光
熱
空気
水 ┐
地 ┘ アーリマン

そして秘儀における秘教指導者は、常に、これらの元素との正しい関係を見出し、諸元素との親和関係を正しい仕方で感じとるように弟子たちに求めました。人間が霊視生活にまで高まると、諸元素とのこの親和関係が実感できるようになります。通常意識の場合、私たちは外界に動物、植物、鉱物を見出します。しかし、諸元素との親和関係を知るようになると、ただ外の世界を見やるだけではなく、私たちの内部にも、宇宙の内部にも存在しているものと同じものを体験し、実感するようになります。

霊視生活を持つようになると、地との親和関係を感じて、次のような告白をするようになります。そしてその自己告白は、人間を前進させる、真の自己認識の結果なのです。本来、私たちが人間でありうるのは、内的に関連している宇宙からはむしろ離れて、私たちを孤独にするこの地上世界、植物と動物と鉱物とが私たちの外で異質に存在しているこの地上世界の中で生きるときなのです。私たちが霊視認識を通して大地との親和関係を認めますと、もはや自分を人間としては感じません。動物として感じるのです。言い換えれば、動物の広大な本性との内的な親和関係を感じるのです。

そして地上で、水の存在との一体感を持つようになると、自分はもともと植物と親和している。植物のようにこの世で眠り、夢見ている、と思わざるをえなくなるのです。

そして空気との親和関係を認めますと、自分の中に鉱物を感じます。鉱物的な何かが皮膚を通して、私たちの中を充たしているかのように感じるのです。

元素界を霊視するようになると、私たちは自分が動物、植物、石と親和していると感じ、自分が自然の諸領界に属している、と感じるようになるのです。

そのとき、私たちはこの諸領界に対して、さらに別の感じ方もできるようになります。例えば、次のような仕方で、これらの領界と深い親和関係を感じるようになります。動物界に眼を向け、ゆっくり歩を進めるのろまな動物たちや、活発に行動する動物たちや飛翔する鳥たちを見たりして、それぞれの本性に従って世界を動き回っている動物界のさまざまないとなみを体験するとき、動物たちの内なる本性に発するさまざまな動きの中には、お前自身の意志と同質のものがはっきり現れている、と感じるようになるのです。自分の意志と動物との親和性を感じとるようになるのです。

しかし、それと同時に、私たちは自分自身が恐ろしいもののように思えてきます。この恐怖感は、決して望ましいものではありませんが、秘教生活に入る人は、自分自身に対するこの恐怖を前にして、その恐怖に負けてしまうのではなく、その恐怖を高次の魂の力に変えるように促されるのです。

そもそも私たちの人間形姿は、私たちを孤独にして、自然の諸領域を異質なもの、私たちの外にあるものと実感させることの中に、本来の働きを持っているのです。このことを認識することができれば、地の元素としての私たちの在りようは、まだ私たちを人間にしてはくれない、地はまだ私たちを動物にしているだけだ、ということが納得できます。

地上での私たちは、まだ動物なのです。地から言えば、私たちはまだ動物なのです。そして、地は常に存在していますから、私たちが動物界の中に埋没する危険は、常に存在しています。ですから、私たちがこの事実を、こんにちの通例のやり方で抽象的、理論的に認識するのではなく、それを深く実感するようになれば、自分がいつ動物界の中に埋没してしまうか分からない、という不安に駆られざるをえません。しかし、まさにこの不安こそが私たちを励まして、自分の動物性を超えていこうとさせる原動力になるのです。自然のままの生活から抜け出て、異質の世界に身を置きながら、人間らしい生活をしよう、という衝動を私たちに与えてくれるのです。

世界との関係を、このように感じ認識するということ、このことが私たちを本当の秘教へ導いてくれます。そしてさらに、水の世界との、水の元素との親和性を感じるときの私たちは、人間として生きているのではなく、植物として生かされているということをはっきりと認めるようになります。

愛する皆さん、私たちの感情は、絶えず植物的な傾向を持っているのです。私はこれまで、しばしば感情は夢見る存在である、と言いました。どうぞ、できるだけ内密な、できるだけかすかな感情の動きの中に沈潜してみて下さい。そうすれば、感情生活の植物的な性格が感じとれると思います。そして、私たちが動物性の中に沈み込む危険に脅かされているだけでなく、麻痺した意識で眠り、夢見る植物のような生活にひたってしまう危険にも脅かされている、と思えるようになるでしょう。しかし、私たちは、意識の深層に居座っているこの麻痺した感情を、人間らしく目覚めていたいという感情に変化させなければなりません。動物になってしまうことへの恐怖は、自分を人間らしくしようとする勇気に変わらなければなりませんが、植物状態に留まっている麻痺感は、自分を目覚めた人間にしようとする内的な力、内的な呼び声に変化していかなければならないのです。

そして空気の本性の中に生きる私たちは、本来すべての思考が――このことを知っている人はあまりいないのですが――呼吸の精妙化された働きにほかならないことに気づかされるのです。思考のいとなみは、精妙化された呼吸なのです。精妙化された呼吸過程そのものなのです。息を吸う流れ、息を止めた状態、息を吐くこと、それらは一方では私たちの血液循環に作用しますが、他方では脳の諸器官の振動にまで精妙化されます。そして、そのときの呼吸過程が物質界における思考となって現れるのです。

霊視能力を獲得した人は、なんらかの仕方で脳内に薄められて生きている抽象的思考に信をおくことはありません。霊視は、息を吸うと脳内で息が広がると感じ、さらには息がどのように広がるのかを認識します。広がった息があるところで閉ざされますと、固定概念、まとまったイメージが生じます。息が別の何かを取り巻き、波形に流れますと、流動的なイメージが生じます。私たちがイメージとか思考とかと呼んでいるものは、私たちの内部で波立つ、精妙化された呼吸過程なのです。

けれども、さらに次のように言うこともできます。――息を吸い、空気の流れを脳の中にまで導き入れますと、私はその息を自分の耳の方へ押しやります。そうすると、思考となった息は、音響となって生き続けます。眼の方へ押しやられた息は、色となって生き続けます。イメージとなって働くものは、このようにして呼吸の内なる言語になるのです。呼吸が精妙化され、感覚器官に押しやられ、そしてイメージが作り出されることを知るとき、そして思考する自分が同時に呼吸もしていることを実感するとき、私たちは、思考にまで精妙化された呼吸過程が私たちを充たしている有機鉱物なのだ、有機化された石なのだ、と感じるのです。

ご承知の通り、体内の酸素は炭酸ガスに変化します。頭部での呼吸の精妙化、細分化の過程で、炭素が酸素と結合し、その結果、炭酸ガスとなって現れます。そして、これは鉱物化の過程なのです。酸素と炭素とのこの結合が内的に深化されればされるほど、有機化された石の形成が促進されます。この石とは賢者の石のことです。人間の内部で炭が賢者の石となるのです。

昔の見霊者たちが賢者の石のことをどう述べているか、調べてみると、どこにでも賢者の石が見出せる、と述べていることが分かります。どこでも賢者の石が生産できるというのです。

それは発見された場所で、大地の中で見出せます。木を焼いても、炭が作り出せます。賢者の石とは地上のどこでも産み出せる炭のことなのです（この炭が醇化された呼吸過程に取り込まれますと、この過程が人間の中の自然過程、言い換えれば、生きた炭の燃焼過程になります、それはひとつの鉱物的経過なのです。私たちはこの経過を通して内的に自分が鉱物化されている、と感じます。――以上、括弧内の文章は、速記者のヘレーネ・フィンク女史があとから補足した部分です――訳者）。

水の本性の中に生きることで植物化されていると感じるように、そして大地の中に生きることで動物化されていると感じるように、空気の中に生きることで鉱物化されて、内的に石になっている、と感じるのです。

これが守護霊が人間に与える警告です。守護霊は自然の諸領界との親和関係をよく意識しているように、と人間に警告を発するのです。ですから境域の守護霊は、次のような言葉を発します。そしてこの言葉は、人間に向けて語られた瞑想のマントラとしての意味を持っているのです。私たちがこの言葉を、深い感情で、真剣な気持ちで心に作用させるなら、大地の元素と自分との親和関係が自分の意志に身近なものと感じられるでしょう。水の元素と自分との親和関係が自分の感情に身近なものと感じられるでしょう。空気の元素と自分との親和関係が今述べたような仕方で、自分の思考やイメージに身近なものと感じられるでしょう。

［新しいマントラが板書される］

お前は意志の力を働かせて
地の本性の中に入っていく。

このことは通常の意識にとってはまったく知られていません。私たちが何かを欲するたびごとに、大地の元素の中へ降りていくのに、通常の意識はそのことを何も知らずにいるのです。しかし、この下降が意識される瞬間、私たちは自分自身を人間存在から動物存在へ変化させます。そのときの私たちは、何かの動物となって――少なくともエーテル形姿において――、動物にそっくりな現れ方をします。もちろん私たちが直接、象や牛になるわけではありませんが、しかし意志の要素は、牛や象や鷲などで表現できるような何かになるのです。

思考しつつ大地に歩み入るがよい。
そうすれば思考の力がお前自身の
動物性を明るみに引き出してくれる。

愛する皆さん、けれども境域の守護霊のこの警告は、概念や理論のためのものではなく、人間存在のすべてによって体験されるためのものなのです。意志の目ざす方向には自分の動物性が現れ、そのことにみずから恐怖を抱きますが、この恐怖は、魂の勇気に変わらなければなりません。そうしなければ先へ進んで、霊界に参入することはできないのです。

お前はみずからに恐怖を抱く
その恐怖を魂の勇気に変えよ。

そのとき私たちは、アーリマンの支配する領界への最初の下降を始めます。境域の守護霊の上述した警告は、私たちに正しい態度をとるようにと教えています――

お前は意志の力を働かせて
地の本性の中に入っていく。
思考しつつ大地に歩み入るがよい。
そうすれば思考の力がお前自身の
動物性を明るみに引き出してくれる。
お前はみずからに恐怖を抱く

その恐怖を魂の勇気に変えよ。

一般に、霊的な進歩を遂げるための最上の手段は、私たちを下降させるものの中から生じます。自分の動物性に恐怖を感じるとき、私たちを下降させるその恐怖の働きを私たちの内的な行為に変え、私たちの魂の勇気に変えるなら、この恐怖の働きが人間の高次の特質を持つようにと促すでしょう。霊的な前進のためには、恐怖心を持たなければならないのです。

境域の守護霊の以下の警告を通して、私たちは水の本性への下降という、もうひとつの下降を学びます。——以下に皆さんにお伝えするのは、本当に守護霊の警告の言葉なのです——

お前は感情の夢のいとなみの中で
水の本性と共に生きる。
目覚めつつ水の存在に貫入するがよい。
そうすれば魂がお前の内部に
暗い植物性を与えてくれる。
お前みずからの麻痺が
お前を目覚めに導くようにせよ。

私たちが本当に意識して下降するなら、この眠れる感情の夢幻存在が反対のものに、私たちの内部の目覚める力に変わるのです。

［ここで上の第二節が板書される］

そして私たちは、空気の本性との親和関係の中でなら、通常の意識においても、この親和関係をよく感じとることができるのです。無意識の奥深くに下降しなくても、アーリマンの誘惑の痕跡は、この下降の中に残されているのです。記憶力を働かせて思い出すとき、特に内的な呼吸活動において、このことが言えます。私たちが通常の呼吸を醇化して環境を思考するとき、危険はほとんど生じません。しかし思い出が立ち現れ、呼吸が内部から作用するようになると、容易に見てとれるように危険が常に生じるのです。思考から感覚への下降は、特に私たちの記憶内容と結びつくとき、境域の守護霊はこの下降に対して、次のような警告を私たちに発します――

お前は空気の流れの中で
記憶のイメージと共に感覚を働かせる。
意志の力で空気の本性を捉えるがよい。

愛する皆さん、私たちが身体を使って運動するときのように、積極的な態度で思考内容と思考内容を互いに結びつけるなら、このことが可能になります。日常生活の中で椅子の位置を変えようとするなら、それを持ち上げて運ぶ体力が必要です。しかし、思考内容の位置をわざわざ変える努力はあまりなされません。事物が与えるままに外的現象の導きの糸に従って、思考するだけで満足しています。書物や新聞が思考内容の方向を示してくれるのに満足し、それで安心してしまいます。椅子を動かすには、自分の意志を発動して自分で腕を動かさなければいけないのに、そうしないで、ある客観的な力がやれと命じるまで待っているような態度に終始しているのです。歩いていくのに、誰かが精神となって皆さんの前に立ち、皆さんの足を絶えず交互に一歩前に置いてくれなければならない、と思っているのです。思考を働かせるときも、歩くのに誰かが足を交互に前に置いてくれるのを期待しているかのような態度で、誰かを待っているのです。

そうすれば魂が冷たく固まった
石となってお前を脅かす。

これは鉱物化の過程です。霊視の働きを知れば、通常の思考がどんなに固苦しいものか分かります。通常の思考は、石のように固いのです。一度でも霊界に参入したことのある人は、角《かど》や出っぱりのある思考を実際に感じとります。思考は、抽象的な形で生じると、痛みさえ与えるのです。霊的な生活をいとなむ人は、感情から思考し、人間的な衝動に促されて思考します。そういう思考を持って生きることができます。人間的な憎しみや怒りの発作が思考内容の中に現れても、そういう思考を持って生きることができるのですが、現代文明の抽象的な思考が自分のからだの中に入ってくると、内的にその思考の角や出っぱりに傷つけられたように感じます。現代の思考に痛みを感じない人は、「そうすれば魂が冷たく固まった石となってお前を脅かす」という命題を知らない人です。知らなければ、その痛みの意味をはっきりと悟ることができないのです。

意識して思い出の領界、空気の流れの領界に降りていき、呼吸がイメージに取り込まれるときに、私が述べたような状態に到るのですが、しかし思考におけるこの内的な死、この寒冷死は、思考の内なる力によって霊的‐生命的なものを呼び起こす力に転化されなければなりません。そうすることで私たちの心を燃え立たせなければなりません。

しかしお前の自我性の冷たい死を

霊の火で生命《いのち》あるものに甦らせよ。

以上が地下の世界、下位の元素界に対する三つの警告です。境域に踏み入る人に、境域の守護霊は、これらの警告を発します。そして認識する人になるには、自然の三つの領界との内的親和性を意識しなければならない、と教えます。すなわち、地の本性との親和関係を通して、自分の動物性と環境世界の動物たちの本性とを知るようにならなければなりません。水の本性との親和関係を通して、自分の植物性と環境世界の植物たちの本性を知るようにならなければなりません。空気の本性との親和関係を通して、自分の鉱物性、自分の石の性質と環境世界の鉱物の本性とを知るようにならなければなりません。

恐怖、麻痺、死は否定的な特性として働きますが、しかし、それらは霊的なものへ導き入れる魂の勇気、覚醒力、生命化の火という肯定的な特性へ転化されなければならないのです。

このことは、境域の守護霊が自分の傍らを通る者の心に呼び起こす事柄でもあります。動物性にまで下降していくことに対する内的な不安感、植物化による麻痺の内的な無力感、冷たい石になった自分に対して、生命化の火を燃え立たせようとする憧れです。

このように、境域の守護霊は、三重の警告を発するのです――

お前は意志の力を働かせて
地の本性の中に入っていく。
思考しつつ大地に歩み入るがよい。
そうすれば思考の力がお前自身の
動物性を明るみに引き出してくれる。
お前はみずからに恐怖を抱く
その恐怖を魂の勇気に変えよ。

お前は感情の夢のいとなみの中で
水の本性と共に生きる。
目覚めつつ水の存在に貫入するがよい。
そうすれば魂がお前の内部に
暗い植物性を与えてくれる。
お前みずからの麻痺が
お前を目覚めに導くようにせよ。

お前は空気の流れの中で
記憶のイメージと共に感覚を働かせる。
意志の力で空気の本性を捉えるがよい。
そうすれば魂が冷たく固まった
石となってお前を脅かす。
しかしお前の自我性の冷たい死を
霊の火で生命《いのち》あるものに甦らせよ。

先程の図式の下の部分に示したように、私たちはアーリマンの領界に到り、境域の守護霊の警告を受け、みずからをアーリマンの誘惑術から救い出します。そしてその一方で、図式の上の部分に示したように、私たちは、地上に生きたまま秘教に参入しようとして光の中に、宇宙形成と宇宙生命の中に到ります。

私たちが光を受容するとき、光が私たちの眼の中に入ってくるとき、その光が呼吸と結びつくことを、私たちは通常、意識していません。熱をその中間に置いて、空気の呼吸が光と結びついています［図の中間部］。そこでイメージが知覚の上方に生じます。私たちは、思考内容を形成するとき、光の中に生きています。同様に私たちは、その一方で、下の領界へ向けて空気の中に、呼吸の中に生きています。私たちは光から思考内容を受けとめているのに、思考内容が光に照らされ、呼吸が光に照らされるのでなければ、私たちの内部で思考内容が生きられないことを知らずにいるのです。

霊視する人は、思考がかすかな吐息であることを知っています。その吐息が光によって内的に受けとめられ、光の照明を受け、光に貫かれ、振動を与えられるのです。

そのとき、淡い呼吸の波動が生じます［図の波］。その波は光［黄色］の中で輝きます。霊学においては、感覚体験はすべて光なのです。眼の知覚内容だけでなく、耳の知覚内容も光なのです。触覚による知覚内容も光です。すべて感覚によって知覚されるものは、光なのです。

けれども、思考内容のこの所有が醇化された息であり、その息の上で光が波打っているのを知るとき、まるで海面を見ているかのような印象を受けます。そこには日の光を受けて波が輝いています［黄色い光の反射の上の赤］。私たちは、波の中にあって、そのきらきら輝く波の動きを感じとっているのです。内的にそのような体験をするとき、そのすべては知覚なのです。

そこにルツィフェルが誘惑しにやってきます。実際、ルツィフェルの誘惑は、途方もなく美しいのです。私たちの心に途方もない快感と満足とを生じさせるのです。真に内的な快楽が私たちを襲いますと、私たちは簡単にルツィフェルの誘惑の試みに陥ってしまいます。そして世界から引き離され、この誘惑の支配する美の世界の中に引き込まれてしまいます。この誘惑者は人間を地上の諸元素から引き離して、天使界、霊界の中に引き上げようとします。ですから人間は、もはや眠ったあとでも、肉体の中に降りてこようとはしません。それがルツィフェルの誘惑です。一方、アーリマンの誘惑は、濃縮した元素の中に現れるのです。

ですから私たちは、境域の守護霊の警告に耳を傾け、地上のすべての困窮を忘れないと固く決心するのでなければ、この領界に向かうべきではないのです。そう決心できれば、地上存在との固い絆が作られるのです。そのときの境域の守護霊の警告は、次のように響きます――

お前は光の輝きの力の思想を
内部にしっかりと保持する。
光の輝きがお前の中で自分を思考するとき
偽りの霊の本性が
お前の自己妄想となって立ち現れる。
地上の困窮への思いが
お前の人間らしさを保たせる。

［ここでこの句が板書される］

お前は光の輝きの力の思想を
内部にしっかりと保持する。
光の輝きがお前の中で自分を思考するとき

――ですから人間は、霊視によって光の輝きにまったく親和します。そして思考内容をもはや抽象的に把握するのではなく、呼吸の波頭の戯れる光として把握するのです――

偽りの霊の本性が
お前の自己妄想となって立ち現れる。
地上の困窮への思いが
お前の人間らしさを保たせる。

私たちがさらに、エーテル元素の中にまで上昇していきますと、ルツィフェルの誘惑はもっと強力になって働きかけます。つまり、身近な思考内容だけではなく、感情の暗い働きも働くとき、私たちは、宇宙形成という化学エーテルの作用の実質を感情の中で確保します。こうして霊視の力でこの宇宙化学の領域の中に生きるときは、安楽で俗物的、地上的な化学実験室の中で、化学者が机の前に坐り、すべてを自分の外なるものとして研究するのとは違い、すべての素材の中に入り込み、混合し分離する過程を共にするのですが、そのときは私たち自身が宇宙化学者になっています。そして宇宙の化学過程とひとつに結ばれます。

ところが、そのときの私たちは、宇宙形成との合体において、ルツィフェルの誘惑を、失神状態におかれているような状態で感じとるのです。そのとき自分が霊として生きているという、一種の内的な快楽の状態に置かれます。そのとき、地上の困窮に思いをいたすことがないと、もはや地上に戻りたいとは思わなくなります。そういうときの私たちは、失神状態に陥り、自分の人間存在を支配できなくなっています。ですから私たちは、地上で価値あると思われるすべてを愛したあとで、この宇宙に近寄るのでなければなりません。そうすることで、この魂の失神状態から身を守らなければならないのです。

ですから、境域の守護霊は次のように語ります——

お前は宇宙形成の感情を
内部にしっかりと保持する。
宇宙形姿がお前の中で自分を感じるとき
無気力な霊の体験が

お前の自己存在を窒息させようとする。
けれども地上価値への愛が
お前の人間らしい魂を救い出す。

［ここでこの句が板書される］

内なる霊的体験が力を失うのは、まさにルツィフェルに由来することです。私たちが宇宙目標に到達できるのは、正しい時期に天使になるときだけです。現在の人間は木星紀に天使にまで達するのですが、ルツィフェルの誘惑は、正しくない時期に、まだ地球紀の間に、人間を未熟な天使にしてしまおうとします。しかし、私たちが未発達な天使にされてしまったら、「人間の魂」は失われ、代わりに未発達の「天使の魂」が生じてしまうでしょう。ですから、境域の守護霊の警告は、次のように響いてきます――

けれども地上価値への愛が
お前の人間らしい魂を救い出す。

私たちが元素界最後の元素である宇宙生命にまで高まるとき、誘惑はもっとも強くなります。

だからこそ、意欲をしっかりと保っていなければならないのですが、その意欲は、たびたび言いますように、眠っているときのように人間の中に含まれているのです。意欲が霊視の中で目覚めさせられると、皮膚に包まれた私たちの地上の人生の代わりに、宇宙生命との共体験が生じます。すなわち、私たちは一瞬だけ死ぬのです。なぜなら、宇宙生命の中で意識して生きるとは、個的存在として死を経験することにほかならないのですから。宇宙の生命に捉えられると、私たちは殺されます。火を、光を欲しがって、焔の中に飛び込む昆虫がその瞬間に死んでしまうように、個々の生命存在は、意識的に自分の精神を働かせて宇宙生命の中に入っていくとき、宇宙生命の中で死んでしまうのです。そして動物が烈しい快感から焔の中に飛び込むように——しかしこの烈しい快感は一瞬の燃え上がりなのです——、個々の人間は、精神を保ったまま、宇宙生命の中へ死んでいくのです。

私たちは、神霊に帰依しつつ地上を生きようと意欲するのでなければ、つまり地上で神霊の意図を遂行しようと望むのでなければ、宇宙生命という至高の元素の中に思考しつつ参入することを許されません。私たちが神に帰依しようとする意欲をもって地上への燃える愛に貫かれるなら、人間であり続ける代わりに、退化した天使になりたいという誘惑に陥ることはないでしょう。私たちの内部に生きている本性は、人間であることを必要としているのです。ですから、境域の守護霊は次のような警告を発します——

お前は宇宙生命の意欲を
内部にしっかりと保持する。
宇宙生命がお前をつかみとるとき
お前を破滅させる霊の快感が
お前の自己体験を殺そうとする。
けれども地上意欲が霊に帰依して
人間の内なる神にすべてを委ねる。

［ここでこの句が板書される］
以上は、高次のエーテル界の諸元素に対する境域の守護霊の三重の警告です。そして、以下は低次の物質界での警告でした——

お前は意志の力を働かせて
地の本性の中に入っていく。
思考しつつ大地に歩み入るがよい。

そうすれば思考の力がお前自身の
動物性を明るみに引き出してくれる。
お前はみずからに恐怖を抱く
その恐怖を魂の勇気に変えよ。

お前は感情の夢のいとなみの中で
水の本性と共に生きる。
目覚めつつ水の存在に貫入するがよい。
そうすれば魂がお前の内部に
暗い植物性を与えてくれる。
お前みずからの麻痺が
お前を目覚めに導くようにせよ。

お前は空気の流れの中で
記憶のイメージと共に感覚を働かせる。
意志の力で空気の本性を捉えるがよい。

そうすれば魂が冷たく固まった
石となってお前を脅かす。
しかしお前の自我性の冷たい死を
霊の火で生命《いのち》あるものに甦らせよ。

愛する皆さん、このクラスの中で皆さんにお話するのは、認識の実際なのです。ですからこの話の内容は、決して単なる理論的な説明にとどまるとは思わないで下さい。どうぞ正しい前提に立って、問題の切実さを感じとって下さい。正しい前提とは、ここで述べられていることが境域の守護霊自身の指導なのであり、境域の守護霊との対話の中で受けとった内容をそのまま伝えているのだ、と知ることです。

なぜなら、愛する皆さん、理論を教えることがこのクラスの意図ではないのですから。霊界そのものに語らせようとしているのですから。ですから、この学級は霊界そのものによって始められた、と考えることが大事なのです。このことは、第一回の講義で申し上げました。

秘儀の学堂では、人間は霊界の委託を受けている、と語られてきました。しかしこのことは、現代の秘儀の学堂においても言えることなのです。ですから、このクラスに属している人は誰でも、真剣にこの委託を受けとめなければなりません。それを真剣に受けとめるのでなければ、霊的生活のこの学級の本当のメンバーになることはできません。愛する皆さん、このことをここでもあらためて、警告として真剣に申し上げます。どうぞ、この学級を、霊界そのものの意志から直接始められたものとして受けとめて下さい。闇が去り、光がふたたび生じた私たちの時代にこそ、この意志が初めて正しく評価できるようになるのです。もちろんその光は、はじめは不十分な仕方でしか地上に現れません。なぜなら、人びとはまだ古い闇の中に留まっているからです。しかし、光は存在しているのです。そして光が存在していることを理解する人だけが、私たちの霊の学級の本質と意志とを本当に把握できる人なのです。

＊

今日は少し長く皆さんを引きとめなければなりませんでした。旅行に出かけ、外で講義をしなければなりませんので、次に予定していた二回の金曜日の時間を残念ながら取りやめにしなければならないからです。ですから次回の秘教講義は、聖金曜日に行います。明日は人智学協会のための講義があります。また日曜日の五時からはオイリュトミーの公演があります。はじめは若いオイリュトミストたち、子どもたちと若い女性たちのオイリュトミー、それから男性たち、特に第二部では私たちの当直の男性たちのオイリュトミーがあります。日曜日の五時からです。日曜日の八時からは、土曜日八時からに引き続いて、講義の二回目があります。

霊学自由大学第一学級のための秘教講義

第 7 講

ドルナハ

1924 年 4 月 11 日

愛する皆さん、今日から多くの新しいメンバーがこの学級に参加することになりました。ですからここで、この学級の原則について、もう一度少しだけ述べておきたいと思います。

この学級の課題はまず、このゲーテアヌムでのクリスマス会議と共に始まった新しい人智学運動に、秘教の要素を加えることです。個別的に秘教グループとして活動してきたこれまでのグループのすべては、今後次第にこの学級の中に解消されなければなりません。なぜなら、クリスマス会議と共に、人智学協会を通して行われる限りでの人智学運動の中に新しい霊性を導入する必要があるからです。

クリスマス会議以前の人智学運動とそれ以後の人智学運動との相違については、繰り返し外へ向けて、つい先頃も語ってきたところです。以前の人智学協会は、人智学の教義、その内容のための一種の管理協会でした。いわば人智学協会の内部で、人智学そのものがいわば育てられてきたのです。クリスマス会議からは、人智学協会を通して、人智学の育成だけでなく、人智学の行為がなされるのです。つまり人智学協会の行動も思想も、人智学そのものになるのです。

愛する皆さん、その意味での人智学の革新は、この学級の中で十分に深く、何よりも深く、真剣に受けとめられねばなりません。なぜなら、一般の人智学協会と人智学協会内の秘教学級との違いは大きいのですから。人智学協会は、もちろん、ゲーテアヌム‐クリスマス会議に始まる公開原則の意味で、誠実に人智学を受け容れる以上のことを協会員には求めません。協会員は人智学の聴講者として、人智学から提示されたすべてを自分の心に受けとめればいいのです。

この学級の場合は違います。この学級のメンバーは、人智学運動の本当の代表者でありたいと願っています。この秘教学級は次第に三つのクラスに拡げられるでしょうが、この学級の中には、もちろん人智学協会の各協会員が持っているあの自由が生きているとはいえ、この学級に責任をもつゲーテアヌムの理事にとっても、完全な自由が支配していなければなりません。つまり、この学級の正しいメンバーだと理事が認めえた人だけに内容を与える自由を、理事に与えられなければならないのです。

ですから、この学級を通して、ますます真剣な、厳格な精神が支配するようにならなければなりません。そうでないと、つまりメンバーが人智学のための強固な岩盤を築くための学級なのだと自覚してくれないと、人智学運動は前へ進むことができません。人智学はまだまだ困難な道を歩み続けなければならないでしょうから、学級のメンバーは、自分たちこそがその困難を引き受けるのだ、と自覚していてくれなければなりません。人智学徒であるだけでなく、秘教学級のメンバーなのですから。

理事の任命もまた、秘教の問題でなければなりません。その任命をひとつの責務、もっとも内的な責務なのだと受けとって下さらなければなりません。メンバーは、このことをますます意識しなければなりません。けれどもそういう意識は、まだ行き渡っていませんが、一理事さえも秘教の立場から任命されたのだということだけで、非常に多くのことが語られているのです。

この学級は、人間がつくったのではなく、今世界を支配している霊的な諸力の意志の所産なのです。本来、学級のメンバーは皆、このことを知っていなければなりません。この学級は、霊界によって定められ、霊界の意味で働く学級でなければならないのです。ですから、霊界に対してのみ責任を感じています。霊界に対しては、どんなに責任を感じてもまだ十分だとは言えません。ですから、この学級を真剣に受けとらなかったメンバーは、やめてもらわなければならなくなるのです。

ここ数年、積極性のなさ、やる気のなさが人智学協会の中に目立っていました。そういう気分を協会からなくすために働くことは、この学級のメンバーの課題のひとつです。私たちは語る言葉の一つひとつにいたるまで、責任を感じなければなりません。特に自分や他人のどんな発言も、真剣に真実を語っているかどうか、吟味しなければなりません。なぜなら、どんな善意から出たときでも、真実でない発言は、オカルト運動の中では破壊的に作用するからです。このことについては、どんな誤解もあってはなりません。

意図が問題なのではありません。しばしば人は、意図を安易に肯定してしまいがちですが、大切なのは、客観的な真実なのです。秘教の学徒は、真実だと信じるところを述べる義務があるだけでなく、自分の発言が本当に客観的に真実なのかどうか吟味する義務があります。客観的な真実のために、学級の中の神霊の働きに仕えるとき、人智学が直面する困難のすべてを乗り切ることができるでしょう。

愛する皆さん、これから申し上げることをここだけの話として申し上げます。この学級の中でお話することは、この学級の中だけに留まるべきなのです。社会的に指導的立場にある人びとが、今次のように述べているのを見過ごしてはなりません。ローマ教会の立場を代表する人物たちが近い将来、かつてのドイツ帝国内の諸国家を独立させ、その独立諸国からプロイセンの支配を排除して、ふたたび「ドイツ国民の神聖ローマ帝国」を建設するのに全力を尽くすべきだ、と述べているのです。もちろんそのことが有力な側から実行に移されたなら、近隣諸領域にまでこの帝国の権力が延び広がるでしょう。どうしてそうすべきなのかというと、当の人物たちの言いぐさですが、今存在しているもっとも危険で、もっともあくどい諸運動を、こういう仕方で根こそぎ取り除く必要があるからだというのです。この人物たちはこう付け加えます。――もしも「ドイツ国民の神聖ローマ帝国」の建設に失敗したなら――失敗することはない、とこの人物たちは言っていますが――、もし失敗したなら、最強の反対勢力である、もっとも危険な現代の諸運動を根こそぎ根絶する別の手段を見つけ出すしかない、と。そしてこの諸運動とは、人智学運動と宗教革新運動（キリスト者共同体）のことなのです。

これはほとんど文字通りの引用です（出典は不明。一九二四年四月のシュタイナーのノートに、「プロイセン出版事業部長アイゼレが、フォン・ギルハウゼン閣下に宛てた」書簡として、以上の内容が記されている。――訳者）。

私たちに課せられた仕事の難しさは、今後も減じることなく、毎週毎週大きくなっていくでしょう。このことは折にふれて申し上げてきましたが、それには確かな根拠があったのです。このことを今日は特に、この学級のメンバーになる決意をなさった人たちの心に訴えかけたいと思いました。そういう真剣な、深刻な決意をもって、積極的にこの学級のメンバーになるときにのみ、未来の苦難を乗り切るのに必要な岩盤を打ち立てることができるのです。

けれども、敵たちの方が人智学を深刻に受けとめているのが実情です。敵たちにとって、キリスト者共同体は人智学の一分肢にすぎませんが、人智学そのものは、人智学協会の協会員の多くよりも、敵によってはるかに深刻に受けとめられています。実際、一八〇六年に崩壊した

「ドイツ国民の神聖ローマ帝国」を再建して、こういう運動を取り除こうとする意図が働いていると知らされるとき、敵側はこの問題を非常に深刻に受けとっているのだと思わずにはいられません。

愛する皆さん、精神運動の場合、メンバーが何人いるかはどうでもいいのです。大切なのは、霊界に由来するどのような力がその運動の内に生きて働いているかなのです。敵たちは人智学に強い力が内在していると思っています。だから安易な手段をではなく、強い、力のある手段を選ぶのです。

愛する皆さん、この学級での考察は、主として境域の守護霊との出会いを問題にしてきました。この出会いは、真の超感覚的認識における最初の体験です。私は今日、これまでの考察に若干のことを付け加えようと思います。自我とアストラル体が肉体の外に出ることの意味が経験できるまで、境域の守護霊との出会いを語ることはできません。自分の本性を肉体に閉じ込められた状態にしておく限り、肉体の道具で知覚するものだけを周囲に知覚することができますが、肉体の道具では、霊界の残照である感覚世界しか知覚できません。感覚は、霊界そのものではなく、その残照を知覚できるだけなのです。

さて、誰にとっても、身体から抜け出るのは難しいことではなく、眠るたびに、そうしています。睡眠中の人間は、身体の外にいます。しかし睡眠状態で身体の外にいるときには、意識が無意識の中に沈み込んでいます。幻想的な、または非幻想的な夢がこの無意識状態から湧き上がってくるだけです。けれども、高次の認識を獲得する際に必要なのは、身体からの離脱を、まったき意識を持って行うことです。肉体の外にいる人間が、肉体の中にいる人間が身体感覚を働かせて物質界を知覚するように、自分の周囲に霊界を知覚するのでなければならないのです。

しかし人間は、睡眠中、周囲で何が起きているのか分かりません。言い換えれば、不用意に霊界に参入しないように護られています。

では十分に準備ができていたら、どうなるのでしょうか。そのときには、これまで述べてきたように、感覚界と霊界との間の深淵（奈落）に歩み寄ると［板書、赤で描く］、境域の守護霊が人間の真の本性に手をさしのべ、この本性が、この前のマントラで述べたあの手段で、深淵を飛び越える［黄色で描く］ことができるようにします。そうすると、その人は境域の彼方で、自分の感覚－物質的な存在を考察できるようになります。

愛する皆さん、これが真実の認識をしたときの最初の大きな体験です。そのとき、境域の守護霊は人間に次のように語ります。――「いいかね、今お前は境域の向う側にいる。外から見るお前は、物質界にいるが、自分の内的本性に従うお前は、私のそばにいる。」

それから境域の守護霊は、さらに重要な言葉を語ります。その言葉は、今深淵の向こうで、人間の眼の前に現れた守護霊が、深淵の向こうにいると、人間がどんなに違った存在に見えるか考えなさい、と人間に呼びかけます。人間は自分を違った存在のように、自分を三つの存在として見るのです。［緑に描く］。この三つの存在は、魂の思考と感情と意志となって現れます。それは本来、三人の人間であるとも言えます。考える人、感じる人、意志する人の三人です。この三人は、どんな人の中にもひそんでいて、肉体を通して、物質界のために、ひとりの存在にまとめ上げられています。境域の守護霊は、そのとき人がそこに見るものを次のように語るのです――

三つのものに眼を向けなさい。
三つが一つになっている――
お前が地上に
人の形をとっているときには。

――それとも、人の姿で生きるときは、と言うべきでしょうか。オカルト言語を翻訳して使わなければならないのです。

三つのものに眼を向けなさい。
三つが一つになっている――
お前が地上に
人の姿で生きるときには。

頭の宇宙形姿を体験しなさい。
心臓の宇宙鼓動を感じとりなさい。
手足の宇宙力をよく考えなさい。

それらは三つなのに
三つが一つになって
地上を生きている。

［このマントラが板書される］

ここで境域の守護霊が指摘しているのは、肉体から離れると、すぐにばらばらに分かれてしまう人間の三つの体が、肉体と結びついているときは、一つになって見えていることなのです。眼を肉体に向けるとき、境域の守護霊はこう教えるのです。――「人間の頭の本当の宇宙的真実を見るとき、人間の頭は天上の宇宙の模像になって現れる。宇宙の果てに眼を向けなさい。宇宙が限られているように見えるはずだ。事実、宇宙は、霊の働きでその境界が設けられている。宇宙は物理学的な単純化では捉えられない。天を見上げなさい。そして同時に、お前の頭が円く限られているのは、外なる天球の真の模像だからだ、と考えなさい。」

ですからここで、マントラの言葉を思い起こさなければなりません。

頭の宇宙形姿を体験しなさい

このマントラを次の図形と結びつけて下さい。

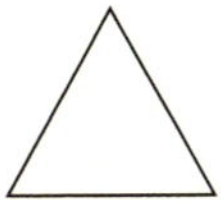

これは、宇宙の果ての方向、上の方向を生きいきと思い描くための図形です。マントラのこの一行と共に、地球上のどこからでも、宇宙の果てへ、上へ向かっていきます。

心臓の宇宙鼓動を感じとりなさい

宇宙音楽である宇宙リズムは、この天上の宇宙の隅々にまで響いています。自分の心臓の鼓動を感じとるとき、生体活動としての心臓の鼓動しか感じとれませんが、心臓の鼓動は本当に数千年と言わず、数百万年にわたる宇宙リズムの反映なのです。ですから、境域の守護霊は言います。――「心臓の宇宙鼓動を感じとりなさい、という言葉から、上下する心臓の動きを感じとらなければならない。」

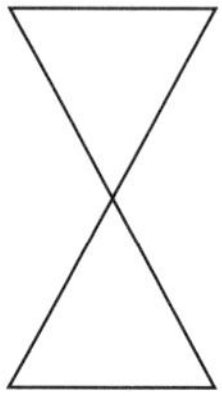

これは下向きの三角形と上向きの三角形とが結びついている図形です。

手足の宇宙力をよく考えなさい

この宇宙力とは、重力その他、下から働きかけてくる地上の諸力のことです。私たちは自分の思考力で——この思考力とは、地上的なものを理解するのにふさわしい地上の思考力のことです——、下へ眼を向けなければなりません。そうすれば、人間の中で働くために、どんな力が地球から流れてくるのか理解できます。ここでも、手足の宇宙力をよく考えなさい、という言葉を下向きの三角形と結びつけるのです。

▽

こうして、現在の人間の心に向かって語る守護霊の言葉を、マントラとして自分の中に作用させるのです——

三つのものに眼を向けなさい。
三つが一つになっている――
お前が地上に
人の姿で生きるときには。

頭の宇宙形姿を体験しなさい

このマントラでは、頭のためにこの図形をイメージします――

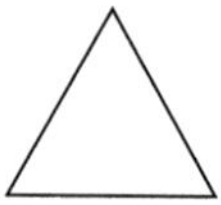

心臓の宇宙鼓動を感じとりなさい

このマントラでは、胸のためにこの図形をイメージします――

手足の宇宙力をよく考えなさい

このマントラでは図形を下にイメージします——

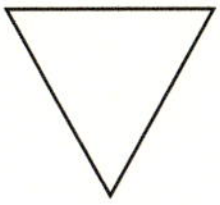

それらは三つなのに
三つが一つになって
地上を生きている

マントラを魂に作用させたあとは、感覚を働かせないように、眼を閉じ、耳をふさぎ、何も知覚せず、しばらくの間は周囲を暗くして、言葉の響きに没頭するように試みて下さい。そうすれば、境域の守護霊に出会える領域に身を置くことができるでしょう。これは、境域の彼方への第一歩を踏み出すための作業です。

けれども守護霊のさらなる言葉をも、真剣に受けとめなければなりません。その言葉は、私たちが境域を超えていく瞬間、すべてが感覚世界におけるときとは違ってしまう、と教えています。感覚世界での私たちは、頭で考える、と思っています。感覚世界にとっては、その通りです。とはいえ、この頭の思考には、常に——通常の意識でも分かる通り——わずかながら意志の要素が混ざっています。事実、私たちは、ひとつの考えから別の考えへ移っていくとき、まるで腕や足を動かすときと同じように意志を働かせなければならないのです。とはいえ、ひとつの考えを別の考えへ移すときの意志の働きは、きわめて微妙な、目立たぬ働きです。

そのように、感覚世界の中にいるときには、思考の目立った活動と、微妙な、目立たぬ意志の活動とが、頭と結びついています。私たちが境域を超えて守護霊のところに到るや否や、この事情は逆転します。思考はあまり頭に拘束されなくなり、意志の働きは非常に広範囲に及ぶのです。いつもは人間の中で眠っているこの意志の中に、霊がひそんでいます。私たちは、この霊が宇宙から、天上界から生じて、人間の頭を、あらゆる細部にわたって、自分の円い模像に仕立て上げたのを感じとります。

ですから境域の守護霊は、私たちが境域の彼方へ渡っていったとき、次の言葉で呼びかけます［新しいマントラが板書される］――

頭の霊を
お前は欲することができる

今、意志が以前のときとはまったく違ったものになっていることに気づきます。以前は、感覚器官がまさに感覚知覚の仲介者だと思っていました。眼を通して、耳を通して、熱感覚を通して、すべての感覚を通して、意志が働いていることには気づきませんでした。今、眼が知覚するさまざまな色、耳が聞くさまざまな音、皮膚が知覚する暑さ、寒さ、なめらかさ、ざらつき、さらには匂い、味、そういうすべてが、霊界においては意志なのだということに気づくのです――

そして意志は今お前にとって

天上の多様な感覚のいとなみになる

境域の彼方から自分の頭を見て、意志がどのように頭に作用しているか、感覚がどのように意志を表しているかを認識した人は、心臓の中にまさに魂が宿っており、心臓の中のその魂を、ちょうど頭部に対して頭の霊を欲することができるのと同じように、感じとることができる、と教えられます。そしてそのとき初めて、思考が頭の特質なのではなく、心臓の、魂の特質なのだということを学びます。そのとき、思考は個人のものではなく、宇宙のものであることを理解します。そしてそのとき、宇宙音楽となって回転している宇宙生命を体験するのです。

心臓の魂を
お前は感じとることができる。
そして感じとる感情はお前にとって
思考の萌芽を目覚めさせる宇宙生命になる。
　お前は輝《シャイン》きの中に生きる。

最後の一行の「シャイン」は本質のない仮象のことではなく、宇宙の本質が現象する輝きなのです――

頭の霊を
お前は欲することができる。
そして意志は今お前にとって
天上の多様な感覚のいとなみになる。

これを次の一行でまとめます――

お前は叡智の中で働く。

心臓の魂である感情に関わるものは、次の句に要約できます――

お前は輝きの中に生きる。

宇宙を生きるとき、感覚をひとつの意志であると認識するように、思考をひとつの感情であると認識するのです。それは、感覚世界の中では一つである三つのものを、宇宙の中で見るときのことです。

そして境域の守護霊は、第三の句を加えます［第三の句が板書される］——

手足の力を
お前は思考することができる。

ここで私たちは、完全に逆転します。思考は頭に集中していると思っていても、ここ（第一節）では、すでに述べたように、意志が頭に集中しているのです。感情は、感覚世界でもそう感じられているように、心臓の中に留まり続けます。なぜなら、心臓の内的な力は、霊界を貫いて行くからです。

手足の力を
お前は思考することができる。

今、思考は、感覚世界の場合とは逆に、手足と関連づけられています——

そして思考はお前にとって
目標を目指す意志の営為にほかならない。

意志が思考になったのです――

お前は徳の中で努める。

このように、境域の守護霊は、霊界における完全な逆転を私たちに教えます。いつもですと、下から上へと意志、感情、思考を区別しますが、向こう側から人間を三体として見るときには、上部の頭の意志、中間部の感情、下部の肢体の思考を区別しなければなりません。

その場合、頭部に位置する意志は、宇宙叡智のいとなみであり、感情は宇宙の輝きであり、肢体に位置する思考は徳を求める人間の営為なのです。この三者が霊眼の前に現れるのです――

頭の霊

心臓の魂
肢体の力

［白と赤で下線が引かれる］
マントラはこのように組み立てられています。この内なる対応関係をよく知っていなければなりません。そしてまた、このマントラを自分の中に作用させるときには――

天のいとなみ
宇宙の生命
人間の努力

が私たちに働きかけてくることを知らなければなりません。
［黄で下線が引かれる］
このように、境域の守護霊の言葉は、霊界においては一つが三つになる、ということを教えているのです――

頭の霊を
お前は欲することができる。
そして意志は今お前にとって
天上の多様な感覚のいとなみになる。
お前は叡智の中で働く。

心臓の魂を
お前は感じとることができる。
そして感じとる感情はお前にとって
思考の萌芽を目覚めさせる宇宙生命になる。
お前は輝きの中に生きる。

手足の力を
お前は思考することができる。
そして思考はお前にとって
目標を目指す意志の営為にほかならない。

お前は徳の中で努める。

以上は真の認識を獲得するために体得しなければならぬ感じ方であり、境域の守護霊が以下の言葉を語るとき、同時に発せられる警告なのです――

歩み入れ
門は開かれている
お前は真実の
人になるであろう。

［この四行が板書される］
この言葉は、計り難く遠い太古から、霊界に通じるすべての門前で、警告し、かつ鼓舞するために響いてきました――

歩み入れ
門は開かれている

お前は真実の
人になるであろう。

私の兄弟姉妹たち、どうぞ考えて下さい。皆さんがはじめにこう言うとします。――「境域の守護霊の言葉を真剣に受けとめたい。私はまだ人間になっていなかった。霊界を洞察することで、人間になりたいと思う。」

どうぞ考えて下さい。皆さんが次のときにこう言うとします。――「ああ、はじめ私はこの言葉をまだ十分真剣に受けとめていなかった。今の本質を考えると、私はまだ本当の人間ではない。本当の人間になるためには、一つの段階を通るだけでは十分ではない。二つの段階が必要だ。」

そして考えて下さい。三度目にこう言うとするのです。――「私はまだ本当の人間ではない。本当の人間になるには、今立っている地点から三つの段階を通過していかなければならないだろう。」

皆さんが自分に与えた最初の警告は真剣なものですが、第二の警告はもっと真剣です。しかし、もっとも真剣でなければならないのは、第三の警告です。もしも皆さんが、三重に三重の真剣さを皆さんの魂の奥底に呼び起こすことができたなら、認識を通して人間になるということが人間にとって何を意味するのかを予感するようになるでしょう。そして――私たちが今日の秘教時間にそうしようとしたように――最初の警告に戻るでしょう。この警告は、私たちを変容させるマントラとして、私たちの魂の中に生かさなければならないのです――

三つのものに眼を向けなさい。
三つが一つになっている――
お前が地上に
人の姿で生きるときには。

頭の宇宙形姿を体験しなさい。
心臓の宇宙鼓動を感じとりなさい。
手足の宇宙力をよく考えなさい。

それらは三つなのに
三つが一つになって
地上を生きている。

私の兄弟、姉妹たち、人類が地上に存在するようになってから、認識を求めて闘ってきたすべての人たちの心の中に、このマントラは響いていました。

第五後アトランティス文化期になってから、この闘いには、ひとつの休止期が生じましたが、この休止期は、人類を指導する神霊存在たちの意志で終わりました。人類が地上に存在して以来の人類の賢い指導者たちは、人間の心を導いて宇宙霊を霊視できるようになるための道が、ふさわしい仕方で人間の心の中に、ふたたび響くようにしました。このことは皆さんにもあてはまります。この道は、宇宙の王冠とも言うべき「人間の内なる宇宙」を通っているのです。

霊学自由大学第一学級のための秘教講義

第８講

ドルナハ

1924年4月18日

愛する皆さん、今日は新しく多くの友人がこのクラスに参加されていますので、この学級の在り方について、若干導入の言葉を語らせていただきます。ゲーテアヌムでのクリスマス会議と共に、人智学運動に新しい方向づけが与えられました。このことは真剣に確認しておかなければなりません。そして特に私たち霊学自由大学のメンバーたちは、この新しい方向づけをしっかりと意識していなければなりません。このことは、すでに何度も申し上げましたが、この点についてまだ聞いていない友人たちが今日大勢ここに来ていらっしゃるので、もう一度このことを強調しておきたいのです。

クリスマス会議までは、人智学運動と人智学協会とは、厳格に区別されなければならない、と繰り返して主張しておく必要がありました。

人智学運動とは、現代という時代のために直接霊界から汲みとられた、霊的な叡智、霊的な生活衝動を人類文明の中に流し込むことを意味しています。人智学運動が現在存在するのは、人びとがそう望んでいるからではありません。人智学のもたらす霊の光をふさわしい仕方で人類文明の中に流し込ませることが、世界を指導し、人類史を生じさせている霊的存在たちにとって必要なことだからなのです。

そして、人智学という叡智と生活のための財を管理する管理協会として設立されました。その限りにおいて、人智学は協会を超えたものであり、人智学協会は社会生活に必要な、まさに顕教的《エクソテリック》な管理者なのだ、ということを強調する必要があったのです。

ゲーテアヌムにおけるクリスマス会議以来、この事情は変わりました。事情が反対になったのです。だからこそ、私は、クリスマス会議で、必要な仕事を共にする理事と一緒に設立された人智学協会の理事長として働くつもりだ、とはっきり言うことができたのです。

なぜそうなのかと言えば、このことによって生じた事柄を、次の命題で表すことができるからです。――「それまでの人智学は、人智学協会によって管理された。今は、人智学協会によって生じるすべてが、人智学そのものでなければならない。」

クリスマス以来、人智学は人智学協会の中で行われなければなりません。そしてそれによって、協会内のどんな行為も、直接秘教的《エッテリック》な性格を持つようになったのです。クリスマス会議でドルナハ理事が任命されたということは、ひとつの秘教上の規準が設けられたということです。つまり、理事は霊界から任命されたのだ、と考えなければならないのです。このことが人智学の仲間の意識の中に生きているときにのみ、新たに設立された人智学協会は栄えることができます。その意味で人智学運動と人智学協会とが、今、ひとつになったのです。

ですからドルナハの理事は、すでにクリスマス会議で強調されたように、人智学運動上の主導権を持った理事なのです。もちろん、管理の仕事もあります。しかし、管理が理事の主要課題なのではなく、理事本来の課題は、人智学を人智学協会を通して生かすことであり、この目標のためにすべてを行うことなのです。

しかし、このことから人智学協会内でのドルナハ理事の地位が分かります。はっきりさせておかなければなりませんが、人智学協会内でのどんな関係も、なんらかの官僚主義に従ってつくられることはできません。常に人間的なものの上につくられなければなりません。ですから、クリスマス会議では、条項を含む規約は提示されませんでした。そういう規約があると、協会員はそれを信奉しなければなりません。または、それに賛同しなければなりません。そうではなく、ゲーテアヌム理事が欲する事柄が、規約として示され、それが伝達されるのでなければなりません。人智学協会は、こんにち、そのように人間関係を基礎にして設立されたのです。

小さなことですが、繰り返して強調しておかなければならないことがあります。――各協会員には、私自身が署名した会員証が手渡されます。このことは、はじめは抽象的な事柄でしかありませんが、少なくともそのどこかに、私との個人的な関係が存在しているのです。私の名前を記したスタンプを押せばいいとも思いましたが、そうしないでいます。一万二千人の会員証に次々に署名するのは、楽なことではありませんが、会員証に記される協会員の名前に一、二分の間だけでも眼をとめることによって、もちろんはじめは文字の上ですが、各協会員と個人的な関係がつくれます。そのために、そうしているのです。もちろん、もっと個人的な関係もありますが、しかし、私たちの協会内での具体的な活動は、まさにここから始まるのです。

したがって、この点も強調しておかなければなりません。――「一般人智学協会」の名が用いられるときには、ゲーテアヌム理事の同意を得る必要があるのです。協会員はこのことをよくわきまえていなければなりません。同様に、ドルナハのゲーテアヌムに始まる秘教上の事柄が、そこからさらに別のところで取り上げられるときには、ゲーテアヌム理事との合意の上でなされなければなりません。このことを強調するのは、その前提がすでに破られてしまっているからです。

ですから、ゲーテアヌム理事との同意がなされていない限り、ゲーテアヌムが与えた教えややり方が、一般人智学協会の名で提示されても、私たちはそれを正当なものと認めるわけにはいかないのです。将来は、抽象的ではなく、具体的な人間関係だけが可能になるでしょう。ゲーテアヌムに始まる事柄は、具体的、個人的にゲーテアヌムに認められていなければなりません。ですから、どこかで講演がなされたり、ゲーテアヌムが与えるやり方が用いられたりする場合、「一般人智学協会」という名前が用いられるなら、または人智学協会の一員としてゲーテアヌムのやり方を他に伝えるのなら、ゲーテアヌムの人智学協会書記であるヴェークマン女史にそのことを通知して、ゲーテアヌム理事の同意を得なければなりません。ゲーテアヌム理事は将来、本当に人智学運動の中心である、と認められなければならないのです。

さて、この学級と人智学協会との関係も、協会員はよく知っていなければなりません。人智学的な叡智の財と人智学的な生活衝動とを世に広めるために、この叡智の財と生活衝動とを実践しようという内的要求を持つ人が人智学協会員になるのですが、その際、協会員が引き受ける義務は、心から納得できる、人智学そのものに由来する義務だけです。一般人智学協会のそのような協会員となり、一定の時が――少なくとも今のところ二年、と決めておきますが――、経ったなら、その一般人智学協会員は、霊学のための自由大学のメンバーに願い出ることができます。

霊学のためのこの大学の場合に大事なのは、協会のために、つまり人智学そのもののために、メンバーが本当に真剣に義務を果たすことです。つまり、世界の前で人智学問題の真の代表であろうとすることです。こんにち、このことが不可欠なのです。霊学のための自由大学の指導部には、そうでないメンバーと共に働く用意はありません。

愛する皆さん、これは自由の制限だ、とは思わないで下さい。自由は、そこに関わるすべての人が自由であることを条件にしています。私たちが学級のメンバーであることができ、この点で自由であるべきであるように、学級の指導部もまた自由であらねばなりません。つまり、誰となら一緒に働きたいと思い、誰となら一緒に働きたいと思わないのか、はっきりさせる自由があるはずです。ですから、学級の指導部が何らかの観点から、あるメンバーが人智学問題の真の代表として世界の前に立てないと分かったなら、請願が出されたとしても、採用できないか、あるいは採用されメンバーになったあとでも、それを取り消すことができなければならないのです。このことは将来においても、無条件に、この上なく厳格に守られなければなりません。学級の指導部とメンバーたちとの自由な共同作業がそれによって初めて実際に可能となるのです。

さて、私たちは――こういうすべては、「ゲーテアヌム」誌に附された「通信」の中ですでに述べられていますが――私たちは、ドルナハまで来られないメンバーたちにも、なんらかの仕方でこの学級の作業に参加できるようにしたいと思っています。四歩進んだあとで五歩目を踏み出すことはできても、一歩進んだあとですぐに七歩目を踏み出すことはできません。ですから、私たちは一歩一歩進んでいくしかありません。クリスマス会議以来、とてもやることが多いのですが、私たちのやれる限りで、すべてに着手するつもりです。よその土地におられるメンバーたちが、ここの学級で行われていることに参加できるために、その内容を回状にして送付しようと思っています。手始めに、私たちは学級に参加している医者たちが、ヴェークマン女史が送った回状でこの学級の作業に参加できるようにすることができました。こういうことは、できるところから進めていくしかないのです。この点については、どうぞ忍耐をもって見守っていて下さい。

次に述べなければならないのは、この学級が、人間的な衝動によって始められたのではなく、霊界の要請で始められた、ということです。私たちは霊界のこの要請を、受けとることができました。ですからこの学級は、いつの時代の秘儀の場もそうであったように、現代のための霊界の施設として始められました。この施設を私たちの時代の真の秘儀学堂にするのです。そうすることで人智学運動の魂を育てなければならないのです。

この学級のメンバーであることにどんな意味があるのか、以上で示唆できたと思います。当然のことですが、これまで行われてきた秘教上の作業はすべて、この学級の作業に合流します。なぜなら、この学級は、人智学運動のすべての秘教活動の基礎になり、源泉になるのですから。ですから、なんらかの隠れた理由から、ゲーテアヌム理事と結びつくことなく、社会に秘教的な何かを始めようとする人は、ゲーテアヌム理事と完全に合意した上でそうしなければなりません。そうでない場合には、ゲーテアヌムに発する事柄を自分の教義や自分の衝動の中に流し込んではなりません。

以上述べた条件の外で秘教を実行しようとする人は、この学級のメンバーになることはできません。そういう人は、この学級の外で、この学級の認可なしに、自分の秘教を実行しなければなりません。そしてこの学級から生じたものを、そこに取り入れることはできない、と思わなければなりません。この学級との結びつきは、まったく具体的な結びつきでなければなりません。ですから、ドルナハのゲーテアヌムにおける霊学のための自由大学の各メンバーは、人智学問題の真の代表として世間の前に立つこと、学級がそう求めているとわきまえていなければなりません。各メンバーは顕教的にも、この秘教学級のメンバーとしても、人智学を代表していなければならないのです。

私がまだ人智学協会の指導と理事長とを引き受けていなかった時代には、他の諸大学に倣ってゲーテアヌムをつくろうと試みました。けれども、そうしようとしても、与えられた状況の下では、うまくいきませんでした。このゲーテアヌムでは、他の大学には見られない秘教を取り上げています。世間の諸大学となんらかの仕方で競争するつもりはまったくありません。むしろ誠実に学ぼうとする人が、人生の諸分野で、秘教なしでは答えられない問いをいろいろ提出できるようにするところから始めようとしています。

それゆえ、将来この学級のメンバーたちは――こういう事柄がクリスマス会議で実際に生じたのですから――、ゲーテアヌムのこの場所から生じるべき衝動をこの上なく真剣に実現させなければいけません。将来、この課題を実現させるためには、愚行をやめなければなりません。「私はゲーテアヌムから発せられる人智学の代表なのだ」と率直に、自由に告白することにいつも気おくれを感じて身を引きたがる、という愚行を、学級のメンバーはやめなければなりません。

代表しようとは願わず、いつでも率直でない、不自由な仕方で、「人智学については、まず沈黙を保つことが大切だ。準備には十分な時間が必要だ」と語る人は、むしろすぐにでも学級のメンバーであることをやめるべきなのです。そういう人は、なんらかの仕方で、こういう態度で政治的にふるまい、私たちのところへ到るために、まず私たちを否定することが大切なのだ、と信じています。けれども通常、そういう態度では、私たちのところに到ることはありません。

皆さんは将来、学級のメンバーであることを、この上なく真剣な意味で受けとるようになるでしょう。そのことを私は皆さんに約束することができます。人智学のために、他の理由からではなく、人智学のために学級のメンバーになった人たちは、メンバーであることを心から愛せるようになる、と私は信じています。けれども、「人びとにすぐに人智学を持ち込むことはできない。まずよく話し合わなければならない」、などという決まり文句を繰り返している人たちは、学級の外にいることの方を選んでいるのです。

以上にお話したことが、まず前提にならなければなりません。今日は、これまで参加されなかった友人たちが大勢集まっておられますので、以上のことを取り上げなければなりませんでした。とにかく大勢の方が新しく集まって来られたので、長い時間をかけて、この学級の時間が始まるのを待たなければなりませんでした。本来の秘教時間が始まる以前に、この場所でこういう導入の言葉を話さなければなりませんでした。ですから今日の時間は、ある意味で、一種の準備時間に留まります。私は第二の時間を行うつもりです。その日時はあとで申し上げますが、この第二の時間には、今日ここに参加しておられる友人たち以外は参加できません。ですから、今日新しく来られた人たちも、安心して下さい。講義時間が来るたびに、いつも新しい参加者が現れるようでは何も実現されません。新しいメンバーは今のところ、今日で終わりにしなければなりません。たしかに、メンバーになることはできますが、次の時間は、今日ここにおられる人たちだけに参加してもらいたいのです。今日の時間の続きなのですから。

＊

今日は、まず、――どうぞはじめは何もノートにとらないで、聴くだけにして下さい。――マントラの朗読から始めようと思います。このマントラは、あらゆる時代を通じて人間の魂の中に、人間の心の中に鳴り響いてくるマントラです。それは真の自己認識に努めよ、という人間への大きな要求となって響いて来ます。この要求、「おお、人間よ、汝自身を知れ！」は、全宇宙に記され、そして全宇宙から響いてくるのです。

特に黄道十二宮にはっきりとした文字となって現れている恒星たちから「おお、人間よ、汝自身を知れ」、という宇宙の言葉が響いてきます。この恒星たちは、一団となって特定の形をとることで、この偉大な言葉を宇宙文字に表しているのです。

太陽、月、もしくはこれらと結びついた他の惑星たちの動きに眼を向けますと、恒星たちの形の場合は宇宙の力、魂の力を担った宇宙言語の内実が表現されておりましたが、惑星たちの運行の中には、心情の内実が、宇宙魂の内実が開示されています。

この惑星たちの宇宙の言葉の中には、外なる宇宙環境の四大元素である地水火風を通して、意志衝動が注ぎ込まれています。そして四大元素は、私たちの皮膚、私たちの感覚、私たちの身体のすべてを通して、私たち自身の中に入り込み、私たちのからだとなって働いています。

人間に響いてくるこの宇宙の言葉は、マントラの言葉として私たちの魂に作用させることができます——

おお、人間よ、汝自身を知れ！
宇宙からの言葉が響く。
魂を強く保ち、霊の力を働かせて
この言葉を聴くがよい。

宇宙の力にあふれ、こころの奥底から
誰がそう語るのか。

言葉は空間の拡がりを貫いて
お前の感覚体験に働きかけるのか。
時間の波打つ流れを貫いて
お前の生命《いのち》の生成に響いてくるのか。

空間を感じ、時間を体験しつつ
この言葉を創造するのは
お前自身なのか。

空間の中で魂のむなしさを感じ
時間の破滅の流れの中で
思考の力を失っているのは

お前自身なのか。

愛する皆さん、愛する姉妹兄弟たち、どんな認識も霊界と結びついています。霊界の働きによる探究、霊界からの報告でないようなものは、本当の認識ではありません。なぜなら、人が自然界に眼を向けるとき、どんなところにも、さまざまな色合いにも、輝きにも、天上の星々のきらめきにも、太陽の熱にも、谷間の草花にも、そのすべての中に崇高な、偉大な、美しい、智慧にあふれたものが現れているのですから。もしも私たちがその美しい、崇高な、圧倒的な、叡智に充ちたものの傍らを素通りしてしまうなら、とてもひどいことをしていることになるのです。私たちが秘教を求め、真の認識に努めるのなら、周囲の世界に対して、開かれた、自由な感覚を持たなければなりません。なぜなら、私たちは生まれてから死ぬまでの地上生活の間、大地の力から自分の力を取り出し、大地の力のために自分の労働を捧げる義務があるのですから。

けれども、私たちがさまざまな色合い、さまざまな響き合い、暑さ、寒さ、星々の輝き、多様な雲の形、数限りない生きものたちに生きいきとした関心をもち、そしてその大自然の偉大さ、力強さ、崇高さ、叡智、美を感覚によって知覚するとき、そのすべての中のどこにも、私たちは自分自身を見出すことがないのです。地上生活の中で出会う崇高なもの、美しいもの、偉大なものに対して正しい感覚を持っているのなら、まさにそのときにこそ私たちは気がつきます。この明るい、光輝く自然界の中のどこにも、自分自身の存在のもっとも内なる根源は存在していない、ということにです。

私たちの存在の根源は、どこか別のところにあるのです。そしてこのことを深く実感するなら、私たちを「霊界への境域」へもたらしてくれる意識状態を求めずにはいられなくなります。私たちは、奈落のすぐ前にあるこの境域にまで行かなければなりません。この境域で、思い出さなければなりません。この地上の環境のどこにも、人間の存在の根源は存在していない、ということをです。

この境域には、「境域の守護霊」と呼ばれる霊姿が立っています。この境域の守護霊は、人間のためになるやり方で、人が不用意に――先ほど述べたあの感情を魂の奥底で十分に生かすことなしに――、この境域に近づくことがないように、配慮してくれています。

けれども、人が内的に十分真剣な態度で、霊的認識を行う用意ができたなら、見霊意識の中でそうするにせよ、健全な判断力をそのために役立たせるにせよ――見霊的に見るにせよ、伝えられたことを学ぶにせよ――境域の守護霊に出会う用意ができたなら、そのとき初めて境域の守護霊は、本当に奈落を越えた彼方を見せてくれるのです。しかし人がそのとき、内なる本性に促されて、自分の根源を手に入れようとすると、その境域の彼方が極度の闇に閉ざされているのに気づかされます。

愛する皆さん、愛する姉妹兄弟たち、私たちが光を求めるのは、光の中に自分の人間本性の根源を見るためなのですが、始めは闇が拡がっているのです。私たちの求める光は、闇の中から輝き出るのでなければなりません。そして私たちが、魂の根本衝動である思考と感情と意志について、この三つが地上生活の中で互いに結びついて存在しているのに気がつくときにのみ、その光は闇の中から輝き出るのです。思考と感情と意志は、物質生活においては互いに結びついているのです。

この結びつきを図式にあらわすと、こうなります［黒板絵］。——思考［黄］の中に感情［緑］が延び拡がっています。そして感情の中に意志［赤］が延び拡がっています。このように地上生活においては、この三者が結びついています。

しかし今、この三者が互いに分かれていることが感じられなければなりません。この学級で行われているいろいろな瞑想を、ますます自分の魂の力強い内容にしていくとき、この三者がこうなるのです［もう一度、次のような図が描かれる］。思考［黄］が自由になり、感情との結びつきが解かれます。感情［緑］は独立し、意志［赤］も独立します。こうして自分の肉体なしにも知覚できるようになるのです。

肉体は思考と感情と意志を結びつけ、互いに重ね合わせています［最初の図に楕円形を描く］。

ここには［第二の図の思考と感情と意志］、肉体は存在していません。

私たちは、この学級で与えられた瞑想を通して、次第に肉体の外に自分を感じるようになります。そして周囲の世界が、自分の自己《ゼルプスト》になっていきます。これまで自己であったものが、自分にとっての世界になるのです。

地上を生きている私たちは、ここに立って、自分を人間だと感じ、自分のからだに向かって、これが私の心臓だ、これが私の肺だ、これが私の肝臓だ、これが私の胃だ、と言います。自分の臓器、自分の人体組織を、自分のものと呼んでいます。一方、外へ向かって、これは太陽だ、これは月だ、これは星だ、雲だ、木だ、川の流れだ、と言うとき、私たちはこれらを、自分の外にある、と思っています。私たち自身は自分の身体の内におり、月や星々はその外にあると思っているのです。

私たちの魂が身体《からだ》なしにも、つまり霊的宇宙の中でも知覚できるようになったとき、まさに逆の意識が私たちに現れてきます。そのときの私たちは、太陽に向かって、これは私の心臓だ、と語ります。月に向かっては、これが私の姿をつくったのだ、と語ります。雲に向かっては、地上の私たちが自分の髪の毛に向かって語るのと、ほぼ同じように語ります。そのときの私たちは、地上の人間から見ると宇宙の万象であるものを、自分たちの生体と呼ぶのです。

私たちはこう言います。――「見給え、人間の心臓、人間の肺、人間の肝臓、これらは客観的なものであり、宇宙である。肉体から宇宙を見ると、人間の外に太陽や月があるが、宇宙から見ると、太陽、月、星々、雲、川の流れ、山は私たちの中にある。人間を見ると、それを私たちの外界であると見る。困難は空間関係の中だけにあるのだ。だからこの困難は克服できる。」

私たちの思考が肉体から自由になるや否や、私たちはそのように知覚するのです。私たちの思考は、恒星の中に開示されるすべてとひとつになるのです。私たちがこの地上で、脳を自分のものと呼び、自分の思考の道具であると言うように、私たちが外なる宇宙の中にあって、人間を外にあるものとして見下ろすとき、恒星を、特に黄道十二宮の恒星を自分の脳であると感じ、そして運行する惑星たちを、自分の感情であると感じ始めます。

そのときの私たちの感情は、惑星の運行となっていとなまれます。恒星の中で体験される思考と、惑星の中で体験される感情との間に、私たち自身の中の太陽［第二の図の黄と緑の間に、太陽の印が加えられる］があります。そして感情と意志の間には、月があります。私たちはその月を自分の中に感じるのです［緑と赤の間に月の印が加えられる］。この図を瞑想しますと、この図の中に、私たちを霊的直観に近づける力のあることが分かります。今言いましたことは、本当に内的に体験できるのです。どうぞ、このことを真剣に受けとって下さい。すなわち、肉体から出ていくこと、宇宙に拡がっていくこと、宇宙の肢体である太陽、月、星々などを自分の器官であると感じること、人間を私たちの外界として見やることをです。

そして、その場合、もうひとつ大切なのは、地上での肉体と結びついた私たちの思考、感情、意志がひとつにまとまった存在から三つの別々の存在に変わることです。特に思考そのものに眼を向けるとき、この三つの存在を感じとることができます。

愛する皆さん、愛する姉妹兄弟たち、私たちが地上に生まれてから死ぬまでに行使する思考は、霊的生活にとっては死体なのです。それは霊的には生きていません。たとえ人間が脳を働かせてどれほど地上世界の美、崇高、偉大を考えることができたとしても、こういう思考の内容は、霊的には生きていないのです。思考内容は、物質世界に降りてくる以前、上なる霊魂の世界で生きていました。そのときの思考内容は、生きていました。私たちの肉体は、地上に降りてくるときに死んでしまったこの思考内容を埋葬する霊的な墓場なのです。地上を生きる私たちは、思考内容の死体を自分の内に担っています。そして、生きた思考内容ではなく、死んだ思考内容でもって、地上の環境世界を思考しているのです。しかしこの物質界に降りてくる以前の私たちの中には、生きた思考があったのです。

愛する皆さん、私たちは内なる力を総動員して、この真実を体験する必要があるのです。この真実を意識の中で生きいきと捉えるようになれば、私たちは人間の生命の本質を知ることができるようになります。ここに人間の頭があります［頭の輪郭が描かれる］。この人間の頭は、地上の死んだ思考の担い手であり、その地盤です。そこから思考内容が作り出されます［右下への細長い形］が、しかしそれは死んでいます。死んだまま眼や耳で知覚したもの、熱感覚その他の感覚で知覚したものの上に注ぎ込まれます。そして、そこに地上世界を認識するための思考が現れます。

しかし、この思考の本質を次第に洞察できるようになると、その背後にある人間の頭の細胞の中には、まだ地上に受肉する以前の真の生きた思考の余韻が残っていることが分かってきます。まず見えているのは、死んだ思考でした［頭の赤い部分］が、しかしこの死んだ思考の背後に、頭の霊細胞の中に、生きた思考［頭の黄色の部分］があるのです。そしてこの生きた思考こそが、私たちの頭を形成する力だったのです。脳は思考の産み手なのではなく、反対に、誕生以前の生きた思考によって産み出されたのです。

正しい観点に立って、人間を観察してみて下さい。人間は、頭の表面上で地上的な、死んだ思考を現しています。しかし、その背後の霊細胞に眼を向けて下さい。背後で意志のような在り方をしている生きた思考に眼を向けて下さい。意志は、いつもは眠っている運動系の中で働いています。実際、思考内容があれこれの意欲を持つとき、その意欲がどのようにして筋肉その他に働きかけるのか、私たちは分からないでいます。私たちの内なる意志に眼を向けて下さい。意志とは、感覚的なものと結びついた死せる思考の背後にある、霊細胞の中の思考にほかならないのです。意志は、私たちの思考器官のために創造的に働いています。この思考は、もはや人間の思考ではなく、宇宙の思考です。

地上の思考を通り抜け、脳の中の地上の思考の基礎をつくったこの思考にまで眼を向けることができたなら、感覚と結びついた地上の思考は、宇宙の無の中に融けてしまいます。そして永遠の思考が意志となって復活するのです。

以下のマントラを私たちの内部に作用させてみて下さい。そうすれば、以上のすべてを意識化することができるでしょう――

見よ、思考の感覚の光の背後を。
暗い霊細胞の中で
意志がからだの奥底から立ち現れる。
お前の魂を強く保ち
死せる思考を宇宙の無の中に流し込め。
そうすれば意志が
宇宙思考となって甦る。

愛する皆さん、この霊視内容が次第に皆さんの前に現れなければなりません。すなわち、感覚界を志向する死せる思考内容が頭から輝き出ているのですが、その背後には——はじめは闇であるかのように——感覚的な思考内容を貫いて真の思考が存在しています。この思考こそが、霊界から物質界へ降りてくる人間の脳を創造したのです。

この思考は、ひとつの意志のようです。意志が人間から立ち現れるように［いくつか白い線を下から上へ引く］、みずから頭の中で拡がり、宇宙思考になるのです。意志となって生きている思考こそが宇宙思考なのです。

この過程を知るために、マントラの思想をますます深く理解し、確かなものにするように努めて下さい。それは以下のマントラの内容です［第一の句が板書される］——

見よ、思考の感覚の光の背後を。
暗い霊細胞の中で

このとき、思考の背後を見なければなりません［「背後」に下線が引かれる］——

意志がからだの奥底から立ち現れる。

ここで魂を力強くして、通常の感覚と結びついた思考を消し去らなければなりません――

お前の魂を強く保ち
死せる思考を宇宙の無の中に流し込め。
そうすれば意志が
宇宙思考となって甦る。

この七行の中に、人間の思考と宇宙との関連の秘密が込められています。こういう作業をするとき、知性で把握しようとしてはなりません。心情の中でマントラを生かさなければなりません。そうすれば、この言葉は力を持ってきます。それぞれの言葉は調和的に構成されています。「思考」、「意志」、「宇宙の無」、「宇宙思考の創造」［これらの言葉に下線が引かれる］が、霊視意識に作用できる内なる思想組織となるように組み立てられています。

人間の頭を見るとき、その頭が宇宙思想の創造を洞察する手段になれるように、人間の心臓を見るときは、その心臓が人間の魂の物質上、霊視上の代表であると見ることができます。思考を人間精神の抽象的な代表として見ることができるように、人間の心臓を感情の代表として見ることができるのです。

ここでも私たちは、誕生から死に到るまでの地上生活に結びついた感情に眼を向けることができますが、しかしここでは感情の背後ではなく、感情そのものの中に見入るのです［図の黄色い楕円］。なぜなら、私たちが思考の背後の霊細胞の中に宇宙思考の創造行為を知覚するように、心臓を代表とする感情の中に、感情を貫いて流れるものを知覚するのですから。それは全宇宙から人間の中へ入ったり出たりする宇宙生命なのです。宇宙生命を私たちは知覚するのです。そしてその生命こそが人間の中で、人間の魂のいとなみとなるのです。

（第一のマントラでは）「思考の感覚の光の背後」でしたが、次の第二のマントラでは「感情の内なるいとなみを」です。この二つのマントラは調和的に結び合わされねばなりません――

見よ、感情の内なるいとなみを。
夢のまどろみのように
生命《いのち》が宇宙の果てから流れてくる。
眠りの中で安らぎを保ち
人間感情を静かに吹き払え。
そうすれば宇宙の生命が

人間本性の力となって現れる。

［第二の句が板書される］

見よ、感情の内なるいとなみを。
夢のまどろみのように

感情は目覚めた夢にすぎません。それは思考のように意識的になりません。夢のイメージ程度にしか意識されないのです。ですから、感情とは目覚めた状態での夢なのです。したがって

——

見よ、感情の内なるいとなみを。
夢のまどろみのように
生命が

第一のマントラでは「意志」がからだの奥底から立ち現れるのですが、ここでは「生命」が

宇宙の果てから魂のいとなみの中に流れてきます［「生命」という言葉に下線が引かれる］——

生命《いのち》が宇宙の果てから流れてくる

［図の中に四つの水平の矢印が書かれる］

第一のマントラでは、思考が魂の強さによって宇宙の無の中に流れ込むように、今私たちは感情の夢を吹き払わなければなりません。しかし、その代わりに、感情のいとなみの中に宇宙生命の流れを知覚しなければなりません。感情の夢が、まったく眠っている間に吹き抜けます。そして感情のいとなみがやむとき、宇宙生命が人間の中に働きかけてくるのです——

生命が宇宙の果てから流れてくる

［さらに黒板に書き続けられる］

眠りの中で安らぎを保ち

第一のマントラでは魂の強さが必要でした。第二のマントラでは内なるまったき平静が必要です。その場合には、眠りの中で感情の夢が吹き抜けていきます。そして神的な宇宙生命が人間の魂の中に流れ込むのです――

眠りの中で安らぎを保ち

［さらに書き続けながら、「吹き払う」、「宇宙の生命」、「人間本性の力」に下線が引かれる］

人間感情を静かに吹き払え。
そうすれば宇宙の生命が
人間本性の力となって現れる。

以上の七行詩の中に、人間感情のすべての秘密が含まれています。すなわち、この人間感情は、統一状態から三つの力の状態に自立していくことができるのです。

同様に、意志の現れる人間の肢体にも眼を向けることができます。意志が発揮される肢体に眼を向けるとき［図の下方へ引かれた細長い矢印］、「背後を見なさい」とか「内を見なさい」ではなく、「上を見なさい」と言わなければなりません。なぜなら、思考が、もちろん通常の意識の人間がそれを見ることはできませんが、頭から意志の方へ流れ下りるとき、意志が肢体の中で働くことができるために、思考が頭から肢体の中にまで流れ込むのですから。

意志が肢体の中で働くのを見るとき、意志の流れを腕や足の動きの中に見るとき、その意志の中には、隠された思考が生きています。この思考は、人間の中の地上存在に直接作用します。私たちの前生《ぜんしょう》からの存在は、肢体を通して地上の生存に作用するのです。そうすることで、現在の生存を可能にしているのです。思考が肢体の中に沈みます。しかし、その思考を肢体の意志と見るとき、その思考が肢体の中に沈むのを見るとき、意志の中に思考を見ています［細長い形で下の方に引かれる赤］。

いつもは隠されていますが、腕や手指や足や足指の中に思考が生きているさまを、魂の力で見るとき、私たちはこの思考が光であるのを見なければなりません。いつもは肢体の中で眠っている意志は、変化します。変化しますと、思考が意志の魔術師となって現れます。この魔術師が、すでに霊化されている以前の地上生活から現在の地上生活へと人びとを移し入れるのです――

見よ、意志のからだの働きの上を。

眠れる働きの場の中へ
思考が頭の方から沈んでくる。
人間意志を魂の直観によって
光に変えよ。
そうすれば思考が
意志の魔術師となって現れる。

見えざる思考は、魔術を使います。魔術によって肢体の意志の中で働くのです。私たちは意志の中で眠っていますから、思考内容を意志の中に見ることはできません。しかし思考内容は肢体の中で、魔術の力で、意志となって働いています。そのことが分かった人だけが、人間を理解できるのです。そしてこの魔術をまず思考内容であると、腕や手や足や足指を通して生きる思考内容であると洞察する人だけが、真の魔術を理解するのです。

［ここで板書された第三マントラの「思考」、「変化する」、「意志の魔術師」に下線が引かれる］

見よ、意志のからだの働きの上を。
眠れる働きの場の中へ

思考が頭の方から沈んでくる。
人間意志を魂の直観によって
光に変えよ。
そうすれば思考が
意志の魔術師となって現れる。

このマントラの中に人間意志の秘密が含まれています。すなわち、この意志は宇宙の中から創造しつつ、魔術の力で創造しつつ、人間の中で働くのです。

愛する皆さん、愛する姉妹兄弟たち、私たちは以上三つのマントラを、ひとつの土台と考えたいのです。私たちが繰り返して瞑想を重ね、これらのマントラの言葉を魂の中に浸透させることによって、私がこれから予告する時間に、この土台の上に何かを打ち建てていきたいのです――

見よ、思考の感覚の光の背後を。
暗い霊細胞の中で

意志がからだの奥底から立ち現れる。
お前の魂を強く保ち
死せる思考を宇宙の無の中に流し込め。
そうすれば意志が
宇宙思考となって甦る。

見よ、感情の内なるいとなみを。
夢のまどろみのように
生命《いのち》が宇宙の果てから流れてくる。
眠りの中で安らぎを保ち
人間感情を静かに吹き払え。
そうすれば宇宙の生命が
人間本性の力となって現れる。

見よ、意志のからだの働きの上を。
眠れる働きの場の中へ

思考が頭の方から沈んでくる。
人間意志を魂の直観によって
光に変えよ。
そうすれば思考が
意志の魔術師となって現れる。

霊学自由大学第一学級のための秘教講義

第 9 講

ドルナハ

1924 年 4 月 22 日

愛する皆さん、はじめに、何の前提もなしに、人間の魂への、私たちの心情への警告に耳を傾けましょう。太古の認識のための聖句を思い起こさせる、あの警句です――

おお、人間よ、汝自身を知れ!
宇宙からの言葉が響く。
魂を強く保ち、霊の力を働かせて
この言葉を聴くがよい。

宇宙の力にあふれ、こころの奥底から
誰がそう語るのか。

言葉は空間の拡がりを貫いて
お前の感覚体験に働きかけるのか。

時間の波打つ流れを貫いて
お前の生命《いのち》の生成に響いてくるのか。

空間を感じ、時間を体験しつつ
この言葉を創造するのは
お前自身なのか。

空間の中で魂のむなしさを感じ
時間の破滅の流れの中で
思考の力を失っているのは
お前自身なのか。

愛する皆さん、遥かな星々に眼を向けてみましょう。変わらぬ星座を形づくっている恒星たちから輝いてくる光にです。宇宙の彼方から働きかけてくるこの崇高な存在に身を移すとき、私たちは内なる力をますます身につけることができます。特に魂を身体から自由にする力が必要になるとき、内面に集中して星の世界に眼を向けるこの作業が大切になります。「内面に集中する」とは、そういうことです。――私たちは星を見ることに馴れていますから、心の中にその印象を保ったまま、天空の壮大な星々の輝きを見ても、意識が激しく揺り動かされるとは限りません。この壮大な光景を、あらためて私たちの内部から浮かび上がらせ、自分の中にこの光景を創造するのです。それほどの集中力を魂が持てるようになるとき、この強められた力によって、魂が身体から解放されます。

さらにまた、地球の周囲にあって、風や天候にも作用してくる惑星たちの働きにも眼を向けることができます。私たちがその働きのすべてについて心の中にイメージをつくり、そうすることで太陽系内の惑星運動に自分を結び合わせることを、第二の体験にすることができます。

そしてまた、引力によって大地に拘束され、他のすべての物体と同じように自分もまた重い物体になっていること、私たちがみんな地球に拘束されて存在していることを、魂の中で活発に思い描くこともできます。これは第三の体験になります。

恒星たちからは、みずから輝きを発し、自分自身で存在し、そして働く、という思考内容を受けとりました。恒星たちに向き合う私たちは、自分が平静なる人間であると感じます。一方、惑星たちのいとなみに向き合う私たちは、自分が宇宙の中を運動していると感じます。そして第三に私たちは、地球の力に拘束され、地球の一部分になっていると感じます。この三つの内なる体験から、私たちは次第に霊界へ参入する第一歩を正しく歩み出せるようになります。こんにちなら、どんな人も、この第一歩を踏み出すことができるはずです。

ではー体どうして、わずかな人しかこの第一歩を踏み出すことができないのでしょうか。なぜなら、大部分の人は、霊界へ参入しうるほどに内的に純粋な体験をしようとは望んでいないからです。内的に純粋であることを馬鹿にしているからです。そういう人は、霊界が感覚世界の特徴を伴って現れてくると思い込み、霊界をざわざわした心で体験しようとしているのです。

現代人がすぐに霊界を信じるようになるのは、例えば、霊界からテーブルが突然眼の前に現れたりするときです。けれども、霊界にテーブルなどは存在しません。霊的な本性たちしか存在しません。この本性たちを知覚するのは、人間の霊的な部分だけですが、私たちが恒星から読みとるもの、惑星の運行から感じとるもの、私たちを地球の住人にするために私たちを地球に引きとめている力を実感するもの、そういうものも霊的なのです。

ですから、霊界をできる限り正しく理解しようとするなら、そういう内的な力で理解しなければならないのです。人智学の問題はすべて、常識で理解できますが、大切なのは内的な力をできる限り内面生活の中に持ち込むことです。そしてそのためにこそ、この三つの感情体験を内的に大事にしなければなりません。

そこで今日は、人間と宇宙との関連を、通常の意識におけるよりもさらに深く知るための内密な修行について話そうと思います。愛する姉妹兄弟たち、この修行はこの秘教学級を学ぶ私たちのために霊界から伝えられたのです。

まず第一に問題になるのは、後年になって、幼児の特質を自分のものにすることです。幼児期の私たちは、ほとんどすべてが眼や耳などの感覚器官でした。周囲の出来事のすべてを、まるで全身が感覚器官であるかのように知覚しました。知覚して、すべてを模倣したのです。すべてが子どもの内部に振動のように伝わっていき、その振動が意志を通してふたたび外へ出ていこうとするのです。

さて、幼児がこの全身の感覚性を保ち続けるのは、おとなになったときの身体感覚が行う事柄を、子どもの全身的な身体感覚が行わずにすむように守られている間だけです。幼児がこの内的な感覚能力を発達させるのは、まだ大地の力にさらされないですむように、私たちが幼児を守っている間だけなのです。

人間の成長力のすばらしいところは、感覚の働きが特別生きいきとしている幼児期に、大地の力の作用を受けずにすむよう守られていることにあるのです。

子どもが両足で立ち、大地の力に従って運動するために、バランスを保って生活するようになると、その時点で幼児の内密な感覚能力も消えていきます。人間存在のこの最初期の発展段階にまで、私たちは記憶を遡らせることができません。ですから、存在のすべてが感覚器官となって感じていたときのことがどういうことだったのか、まったく思い出せません。けれども、人間存在を深く体験しようとするのでしたら、全身で感覚を働かせていたことの意味をあらためて実感しなければなりません。そのために、私たちの全身が触覚であるような状態をイメージできなければなりません。

愛する皆さん、何かを摑むとしますと、その何かは皆さんに手応えを感じさせます。圧力が知覚できます。物体の表面を手で触れてみても同様です。全身で大地に立ち、足の裏で大地を踏みしめるとき、私たちは触覚を働かせ続けています。ただ私たちはそのことに馴れてしまっていて、それを意識していません。しかしあらためて意識してみると、自分が大地の力の中で立っている、と感じられます。ですから、霊界への境域の守護霊は、こう警告を発するのです

［最初の二行が板書される。以下、同］――

人間よ、大地の力が生きる支えになっているのを
からだのすべてで触れて感じよ。

この言葉でこの内的体験の第一段階を、私たちの中に生じさせました。

私たちは、そのとき触覚を働かせている人間を感じとることができます。私たちは、その触覚を内的に体験できます。この触覚そのものを感じとるとき、私たちは大地の力を知覚するだ

けでなく、血となり、体液となって身体の中に働いている、振動する水の力をも知覚し始めます。そしてこの水の力の中に、私たちの体液が宇宙エーテルと結びついて働いているのを感じるのです。

人間よ、水が生命《いのち》の形成者であるのを
触覚の及ぶ限り体験せよ。

人間の全存在で触れて感じとることのできる大地の力しか私たちの中になかったなら、私たちは下方へ向かって絶えず落ちていくしかなかったでしょう。しかし、私たちの内なる水の力が私たちを、宇宙エーテルから形成された人体にしてくれるのです。私たちの内なる固い地球の力には、地球だけが影響を及ぼします。私たちの内なる液体には、宇宙エーテルの広大な世界が影響を及ぼしているのです。

さらに私たちは、第三の段階で、気体のいとなみに沈潜して、内部で暗くそれを感じとることができます。例えば、呼吸する私たちは、空気の働きから育てられてきたのだ、と感じとります。無力な子どもだった私たちをおとなに育ててくれた呼吸の力がなかったら、私たちはこの世で、途方にくれた子どもであり続けたでしょう。

人間よ、空気の力が生命の育成者であるのを
人生のすべてのいとなみの中に感じとれ。

こうして内的体験の第三段階に達し、そしてさらに、第四段階にまで昇ることができます。それは、私たちの呼吸の中に、私たちの気体活動のすべての中に、私たち自身の熱を感じとることです。なぜなら、私たちの内なる熱は、私たちの内なる空気のいとなみを通してしか生み出されないからです。

しかし私たちのこの内なる熱に、思考の力で達することができます。そしてこのことの中に、人間本性の重要な秘密が隠されているのです。

愛する姉妹兄弟たち、大地の力がどのように働きかけ、どのように生きる支えになってくれるのかは、思考の力ではなく、触覚の力でしか理解できません。思考の力ではなく、私たちの内なる水の彫塑的な働きのような、内なる体験でしか理解できません。風の力が私たちを育ててくれるのだということを思考の力で理解するのではなく、内的に感じとるのです。私たちはこの育成者に感謝しなければなりませんし、この育成者を愛せなければなりません。けれども、思考の力ではそうできません。しかし瞑想によってなら、思考の力でみずからの熱の中に沈潜

し、みずからを本当に熱の存在として実感することができます。

医者は体温計で熱を外から計ります。体温は身体のそれぞれの位置で異なっていますし、内臓によっても異なっています。個々の器官を調べれば、生体の熱がそれぞれ異なっていることが分かります。思考の力を個々の臓器の中に送り込み、生体の内なる熱が全部異なっているのを知ります。熱の生体を思考で把握するのです。しかし、このことが分かったとき、まったく独特の感情が生じます。愛する姉妹兄弟たち、皆さんにこの特別の感情をお伝えしたいのです。皆さんが思考の力を生体の中に沈み込ませます。そして、さまざまな熱を、肺の熱、肝臓の熱、心臓の熱を理解します。これらの臓器は本当に神霊によって創られた本性なのですが、その本性の熱を私たちは思考の力で理解するのです。そしてその思考が何者なのかをも理解します。

以前の皆さんは、思考が何なのか分かりませんでした。今、思考の力が熱の中にまで入っていくと、以前の単なる抽象的、数量的な熱が具体的な焔になり、火になることが分かります。知覚されえぬ内面の中での思考は、通常生活では、抽象的な思考内容となって現れますが、思考を自分の身体の中に沈み込ませると、思考は輝きながら心臓や肺や肝臓の中に入っていくのです。星々から発する光のように、思考は、内臓の中で輝きながらさまざまな色合いを見せて、個々の器官に光を投げかけるのです。

私は、私の熱の相違に従って思考するだけでなく、私の熱の相違に従った思考で私を輝くものにするのです。

　　人間よ、火の力が生きる協力者になるのを
　　　感情の流れの中で考えよ。

　こうして全体がまとまります。これら八行の言葉のすべては、内的体験のすべてをもう一度まとめ直して魂に作用させると、次のような言葉になります［板書、四大がそれぞれ対応する行に加えられる］――

　　人間よ、四大世界を直観せよ。

　地、水、風、火の四大です。
　このように私たちは、身体《からだ》に関しては、隅々まで測定し、輝かせ、力づけます。しかし、この力づけや測定を、どうしたら物質的な感情から道徳的な感情の中に移行させることができるのでしょうか。
　ここにまず人間の「支え」が、物質的な支えがあります［第一のマントラの「支え」に下線が引かれる］。

ここに彫塑的な形成力があります［第二のマントラの「形成者」に下線が引かれる］。それはエーテルの力に貫かれているとはいえ、まだどこか物質的です。

ここに育成者があります［第三のマントラの「育成者」に下線が引かれる］。これはすでに道徳的な働きです。なぜなら、水から風に到ると、風の本性たちがすでに道徳の力を受けている、と感じられますから。

そして火の中には、育成者だけでなく協力者もいます［第四のマントラの「協力者」に下線が引かれる］。つまり私たちと同じ性質の本性たち、仲間たちです。

けれども、身体と同じように、魂をも実感することができます。しかしその場合は、四大に意識を集中するのではなく、地球を取り巻いて、風や海の流れを引き起こす惑星たちに意識を集中しなければなりません。すでに述べた仕方で身体を測定するとき、身体の霊性が感じとれます。しかし魂を知るには、魂を生きてみなければなりません。もっと詳しい話は後の講義で申し上げますが、今日は魂のこの実感を可能にしてくれるものを、まとめて述べておきたいのです。

人間よ、惑星が宇宙を指し示す力を

魂の深みの中で働かせよ。

ふたたびこのことは、次の言葉に要約できます――

人間よ、宇宙圏を巡って生きよ。

私たちの霊を恒星たちに向けるとき、群れをなして天上の文字の形を示している恒星たちに向けるとき、私たちの内なる霊性をも体験することができるようになります。夜空に書き記された星々の文字を心に刻みつけるとき、私たちは自分の内なる霊性を知るのです。人間個人を語るのではなく、全宇宙を語る霊性をです。

人間よ、天上の恒星の言葉を
お前の霊の創造行為の中で受けとれ。

まとめて言えば――

人間よ、天上の叡智を通して自己を創造せよ。

私たちの魂がますます身体から抜け出て、全宇宙に移行するようになるためには、一般的な命題、一般的な感じ方をするのではなく、一定の仕方で四大のひとつひとつに向き合い、惑星の運行を知り、恒星の意味を把握するのでなければなりません。そうすることで、宇宙に結びつくことができるのです。

そうすることで、この修行の第一部門を修了することで、私たちは自分の中の生命《いのち》を宇宙の生命として感じるようになります［最初の八行のマントラの横にこう書く］――

生命

――第二部門を修了するなら、全宇宙への愛を感じるようになります［十、十一行の横にこう書く］

愛

第三部門を修了するなら、敬虔であると感じられるようになります［十三行、十四行の横にこう書く］――

敬虔であること

本当に私たちは、生命から愛を通って敬虔な存在に高められるのです。このマントラを体得することで、真に宗教的な宇宙体験に達するのです。

しかし、この修行を通して最後に敬虔であるところにまで達したなら、世界は物質であることをやめます。そして物質世界が仮象にすぎないこと、世界がどこまでも霊であることが内的に確信できるでしょう。私たち人間は、この霊に属しています。そして自分のことを霊界の霊であると感じるときの私たちは、すでに霊界の境域の彼方にいるのです。

しかし、霊界の境域の彼方にいるとき、私たちは、今の地上での私たちの身体がどんなにまとまって存在しているか、思考と感情と意志が外的な身体の働きを通して、どんなにまとまって存在しているかを感じます。さらにまた、身体から離れた体験をしているとき、思考と感情と意志がどんなにもはやひとつではなく、三つの存在になっているかを感じます。地水風火という地球の力と結びついているときの私たちは、まるで自分の意志を地球に流し込み、意志を通して地球とひとつになっているかのようなのです。

さらに、私たちの魂を惑星の運行への、つまりそこに生きて働いている霊的存在たちへの愛として感じとるときの私たちは、宇宙空間を回転する力が感情として体験されるのです。太陽が宇宙空間の感情となって運動し、水星が宇宙空間の感情となって運動し、火星が宇宙空間の感情となって運動すると思えたとき、私たちはこの感情の宇宙的な在り方を、思考、意志から分けて把握しているのです。

そして物質存在から離れたときの思考は、遠く恒星のところにまで飛翔し、恒星そのものの中で安らいでいるかのようです。境域の彼方にまで達したその思考は、恒星の中で安らぎます。そして私たちの感情は惑星の中で動き、私たちの意志は地球の働きにみずからを組み込みます。こうして思考、感情、意志は、宇宙の中で別々に分けられるのです。

しかしこの三つは、今ふたたび結合されなければなりません。この地上では、思考、感情、意志を結合する必要がありません。なぜなら、肉体を統一させている地上の人間は、はじめからひとつに結びついているのですから。肉体によってひとつに結びついていないときの魂は、いつでも思考、感情、意志がばらばらになっています。

しかし今、思考は上空の恒星のもとに安らぎ、感情は惑星と共に周期運動を繰り返し、意志は下で地球の力にみずからを組み込みます。私たちに今、固い地の上にしっかりと立ち、互いに遠く別れわかれになっている思考、感情、意志の三つを、私たち自身の力で統一体にまとめなければなりません。

そのために私たちは、このマントラを瞑想します。このマントラによって、思考、感情、意志を実感し、恒星のもとにある思考に意志と感情のことを伝え、惑星の中で周期運動を繰り返す感情に思考と意志のことを伝え、地球と結びついている意志に思考と感情のことを伝えるのです。

恒星を見上げるときは、畏敬の念をもって「あそこにお前の思考が安らいでいる」と言えなければなりません。しかし私は、感情が惑星のもとで行っているように、天上の星のすべてを運動させます。心の中で星空をゆっくりと動かすのです。そして星空に引き寄せられる自分を感じます。私の全存在が、星空とひとつになろうとします。こうして私は、感情、意志を、恒星に結びついた思考とひとつにします。

惑星を見あげて、「この星々の中で、自分の感情が周期運動を行っている」と感じるとき、私は、惑星の中で一瞬一瞬の変化をおしとどめて、恒星と同じように、定位置に留め、そして私の胸部系で、心臓と肺のすべてで、太陽系全体とひとつになろうとします。こうして私は、思考と意志を感情に分け与えるのです。

このマントラによって、人間として地球に結びついているのを認めるときの私は、この地球への従属に感情と思考を混入しなければなりません。そのときの私は、心の中で、地球を運動させます。私は惑星である地球に従い、その重力を知覚することなく、宇宙空間の中で地球を担い続けるかのようにイメージするのです。そのときの感情は、意志と混ざり合っています。心の中で地球と共に運動を続ける私は、思考も働かせています。しかしそのときの思考は、地球をふたたび静止させて、地球そのものが恒星になるように瞑想するのです。

この瞑想を持続して行うなら、私自身を身体の外なる宇宙の中に次第に感じとれるようになります。愛する姉妹兄弟たち、特に強く魂に働きかけることのできるこのマントラの力を、そのために用いなければなりません［板書］。

純粋な熟慮となって、
魂を光で照らす
――この場合の「熟慮」とは、瞑想のことです――
思考体験の中にまで
感情と意志を担え。

そうすればお前は
霊たちの仲間になる。

高貴な愛となって、
魂を熱くする
感情の力の中にまで
思考と意志を担え。
そうすればお前は
霊たちの国の魂になる。

霊の衝動となって、
魂の周囲で働く
意志の力の中にまで
思考と感情を担え。
そうすればお前が
霊の高みからの身体《からだ》であると知る。

そのように自分を見るときにのみ、人体は真の姿を現すのです。

霊界からのこの告知を、秘儀参入者は霊界の中で体験します。このことを言葉で表すなら、このマントラになります。そしてこの言葉を追体験する人は、霊界に導かれます。

ですから、皆さんの魂がこの言葉を自分に作用させるとき、霊界への真の導き手に出会うのです――

純粋な熱慮となって、
魂を光で照らす
思考体験の中にまで
感情と意志を担え。
そうすればお前は
霊たちの仲間になる。

高貴な愛となって、
魂を熱くする

感情の力の中にまで
思考と意志を担え。
そうすればお前は
霊たちの国の魂になる。

霊の衝動となって、
魂の周囲で働く
意志の力の中にまで
思考と感情を担え。
そうすればお前が
霊の高みからの身体《からだ》であると知る。

愛する姉妹兄弟たち、このマントラの内容が明らかになればなるほど、そしてみなさんがこの秘教講座に参加し続け、ますますこのマントラの理解を深めていくとき、それによってますます宇宙体験を深めていくとき、そのときあらためて、以下の言葉を聴くことでしょう――

おお、人間よ、汝自身を知れ！
宇宙からの言葉が響く。
魂を強く保ち、霊の力を働かせて
この言葉を聴くがよい。

宇宙の力にあふれ、こころの奥底から
誰がそう語るのか。

言葉は空間の拡がりを貫いて
お前の感覚体験に働きかけるのか。
時間の波打つ流れを貫いて
お前の生命《いのち》の生成に響いてくるのか。

空間を感じ、時間を体験しつつ
この言葉を創造するのは
お前自身なのか。

空間の中で魂のむなしさを感じ
時間の破滅の流れの中で
思考の力を失っているのは
お前自身なのか。

霊学自由大学第一学級のための秘教講義

第 10 講

ドルナハ

1924 年 4 月 25 日

愛する皆さん、秘教上の進歩、つまり真の認識の深化のためには、もっぱら次の一点にすべてがかかっています。すなわち、身体感覚器官の通用しない霊的、魂的な世界において、人間の真の本性を理解する道筋を見出す、ということにです。

みずからの霊的、魂的な能力をもって霊的、魂的な世界に生きるために、実にさまざまな魂の行法があります。感覚世界の体験から霊魂世界の体験への道の途上で、まず人間の魂は何をやり遂げなければならないのか、それについてこの秘教学級は、まずひとつのイメージを与えなければなりません。このイメージは、参加者一人ひとりの可能性と需要に応じたマントラの一つひとつを瞑想し、そうすることで、その考察と関連づけを通して得られなければなりません。

一定の時が経過したら、何度も言いますように、真に霊界からの通信であるこの秘教学級の伝達内容が相互に関連づけられるでしょう。そして、この学級に参加された方々――ここに参加できるということも、まさにカルマなのですが――この考察を共にされた方々は、秘教上の進歩の第一段階のありようをはっきりとイメージできるようになるでしょう。

これまで、ここで行われてきたさまざまな考察から分かってきたのは、人間が地上生活から離れて、宇宙を共に体験するようになるにつれて、感情が深まり、その感情が次第に、霊的存在に出会うあの宇宙の彼方にまで人を運んでいく、ということでした。人間が感覚と知性の働きで周囲の環境と結びついているだけであれば、人間本来の認識対象である自分の霊的、魂的な働きに出会い、それを自由に行使することはできません。

愛する皆さん、これまでも述べたように、健全な理性は、先入見を排してひたすら認識に励むなら、人智学の中で語られているすべてを理解できるはずなのです。けれども、この理性によるる理解に達するためには、カルマによって本当に人智学に関わるようになったのかどうかが、ひとつの決め手になります。

二つの場合がありえます。ある人が人智学の認識内容を知り、その内容を自分に作用させ、そこから大切な教えを受けとるのです。ここにおられる皆さんがそういう人であるのは当然です。なぜなら、そうでないのに、この学級のメンバーとなってここにおられるとしたら、とても正直な態度だとは言えませんから。そして、秘教的なあり方にとってまず何よりも大切なのは、正直であることです。人間の全存在をかけて正直であることが大切なのです。

別の人の場合もあります。人智学の提示するものを、空想的で、取るに足らない、と思うのです。そういう人は、そう思うことで、自分の健全な理性を身体感覚に結びつけたままでいます。ですから、感覚体験の中で自由な真実を認識することができません。

健全な理性が身体に拘束されているかいないかが、今問われています。人智学が理解できるような健全な理性を持っている、と正直に言える人の理性は、人智学を学ぶときに、すでに身体から自由になっています。人智学を誠実に理解しようとする理性は、すでに秘教上の道の発端に立っているのです。理解する理性の働きが秘教上の道のはじまりであることを、よく知っていなければなりません。このことを意識していれば、理性の理解力から出発して、秘教学級の与える指導に従うことで秘教上の道をますます進んでいけるでしょう。そのことに喜びを感じとれる人は、ますますこの学級で与えられるマントラを瞑想することができるようになります。これらのマントラを人間の内面生活との関連で述べている講義内容も、瞑想と結びつけて受けとらなければなりません。

*

そこで今日私は、身体から抜け出すための助けとなる働きのひとつをお話しようと思います。ただ、自分ではそのことにまったく気づくことのないような働きなのですが。

つまり、本当に深い心情を生かすのです。――このことは単なる思考行為の中でも可能です。例えば、周囲の鉱物界、植物界を考察して、こういう地上の環境がどれほど私たちと深く結びついているか、肉体を担っている地上の人間として、私たちが鉱物、植物、動物のすべての環境世界とどんなに不可分に結びついているかをよく考えるのです。

そうすれば私たちは、内的に誠実な態度で、こう問うことができます。――「それは、何のためなのか。」「なぜ私は生まれたあとで、大地の物質成分を摂取するのか。」「なぜ私は生まれてから死ぬまで、苦労して地上の生活を送り、そして地上の素材をからだが摂取できなくなると、物質的な地上生活を終わらせて、死に到るのか。」

こういう個人的な人間の謎から出発して、物質環境と私たちとの関連を深く感じとらなければなりません。そうすれば、秘教上の生活の意味をますます深く感じとることができるのです。そうすれば、私たちがこの地上生活の中で、本当に盲目的に闇の中を手探りで生きている、ということが実感できます。

愛する姉妹兄弟たち、人びとは地上に生まれてから、慣例通りに教育を受け、あれこれの職業につき、地上に適応して生きていきます。この人間を考察して下さい。人は、地上で労働することと人間として生きていることとの関連を十分に理解していません。人は、食うための労働以上のことをあまりよく知っていません。人びとが食する植物の中に、宇宙の彼方から来る力が含まれており、その力が人体を通過することによって、宇宙全体の進化を可能にしていることを知らずにいます。時代の唯物主義的風潮のゆえに、こんにちの多くの人は、この最初の展望を得ることができないのです。しかし、地上の事情を考察するだけでは霊的に盲目的な仕方で闇の中を生きるしかない、とまず告白することが真の秘教の道の出発点なのです。

そのとき、私たちは地上の環境から眼をそらして、星々の輝く天空を見上げます。心の中でそうすることもできますし、実際にそうすることもできます。惑星を見上げ、恒星を見上げます。宇宙の彼方からの輝きの崇高さを心に刻みます。そして自分たち人間が周囲の物質環境だけでなく、宇宙の彼方から輝いてくるものとも、同じように深く結びついていると感じます。

私たちの霊的、魂的な存在が星々のところにまで広がり、星々の群れがつくり出す星座にまで広がるとき、もはや闇の中を生き続けることなく、闇の人生から解放される、という感情が持てるようになります。皆さん、私たちが本当に星空に心を向けるとき、星空は霊視内容に充ちあふれて現れるのです。古図では、単なる星の図形だけでなく、象徴的‐現実的に星の群れが動物の姿で示されています。星座を単なる星の群れとして描くのではなく、象徴的に牡羊座、牡牛座として描かれるのです。

こんにちの人はこう考えます。――星座は、古代人の恣意の産物だった。まとまった星の群れをただそう名づけ、それを絵にしただけなのだ。

しかし、そうではなかったのです。古代において、草原の牧人たちは、肉眼で星空を見上げただけでなく、眠り、夢見るときにも草原の家畜たちの傍らで、眼を閉じて魂を星空へ向けたのです。そのとき牧人たちは、肉眼で星を見たのではなく、後の図像とは若干違っていましたが、宇宙空間を充たしているあの霊視内容を知覚したのです。

私たちは今、古代の素朴な牧人たちが本能的な見霊能力で体験したものに立ち戻ることはできません。しかし私たちは、別のやり方をすることができます。私たちは、はるかに豊かな思いを込めて、心の中で、または実際に、星空に身を移して私たちに向かって輝いてくる星々の壮麗さを感じとり、広大な宇宙の拡がりを心の奥深くで敬うことができます。そして、この崇拝の熱意そのものが、私たちの魂の中に体験を呼び起こします。星々の外形が消え、そして星空が霊視内容となって現れるのです。星空が霊視内容になるとき、私たちは自分が魂のこの展望の中に取り込まれるのを感じるのです。

皆さん、プラトンの時代にも、人びとは肉眼で何か特別のものを感じていました。プラトンは、例えば、誰かを見つめると、眼から何かが出ていくのだ、と述べています。何かが眼から流れ出て、相手を掴む、と古代人は感じていたのです。その流れ出るものはエーテル体です。手で何かを摑むときのように、古代の本能的な見霊意識の時代には、エーテル体が流れ出て、見たものを包み込むことを知っていたのです。こんにちの人は、眼がここにあり、対象は向こうにある、と信じています。この立場に立てば、対象がエーテルの振動を送り出すと、それが私たちの眼をこつこつ叩くのです。そうすると、この刺激が魂によって――唯物論者は魂のことを語っても、何も知らずに語っているのです――、知覚されるというのです。けれども、そんなことはありません。見るという行為は、対象から人間への作用だけではなく、人間のエーテル体が対象に流れ出ることでもあるのです。

星空が一大タブローとなって、宇宙の秘密を霊視させてくれるとき、私たちはエーテル体が宇宙の一部分であることを知覚します。

私たちがそれを霊視できるなら、こう感じとることができるでしょう。――この地上を生きるお前は、粗野な感覚的現実の中にいて、盲目的に闇の中を生きている。しかし、心情を羽ばたかせるときのお前は、宇宙の彼方から輝いて来るものの中を生きる。

そして同時に、お前自身のエーテル体を宇宙のこの輝きの中に取り入れる。お前はエーテルの流れと共に進んでいく。

そして輝きは、単なる輝きであることをやめます。私たちがその輝きの中に沈潜するとき、輝きはもはや無ではありえません。私たちの内的体験の現実がこの輝きとひとつになるのです。そしてこの内的体験が、宇宙の輝きの中での働きになるのです。それまでの私たちは、地上生活の闇の中を盲目的に生きていました。今私たちは、宇宙の輝きの中に働く私たちのエーテル体と共に生きるのです。

私たちが宇宙の輝きの中を生きている、という実感を図に描いてみます［黒板絵］。これが地上の闇の中を盲目的に生きている人生です［白い円］。私たちは宇宙の彼方にまで生きていきます［黄色い放射］。その果てで、宇宙の霊視内容が星の輝きへの畏敬によって感じとれます［赤い波］。

今、私たちは宇宙を生きるようになりました。私たちはエーテル体で、この霊視的な宇宙存在の中を生きています。この霊視的な宇宙存在の中を生きるようになった私たちは、もはや肉体の中にはいません。私たちは物質から解放されたエーテルを通して、宇宙の霊視内容を体験するまでになったのです。

皆さん、これはこの物質世界の中で誰かが何かを書き、そして私たちが読み方を学んで、それを読むのに似ています。神々は私たちのために、宇宙に霊視内容を書き記してくれたのです。私たちは宇宙の中を生き、そして今、この外のところに達して、この宇宙の霊視内容を反対側から見ているのです［この図の矢印］。私たちは、はじめ、この地上を生きています［第二の図の内側の円］。それから宇宙の霊視内容にまで拡がります［第二の図の外側の波状円］。そしてそこで外から読むのです［第二の図の矢印］。

愛する皆さん、愛する姉妹兄弟たち、地上以外のところから見る黄道十二宮は重要な言葉を語りかけてきます。牡羊、牡牛、双子、かに、獅子――私たちはこれらを外から取り巻きます。外から取り巻くというのは、私たちの意識の行為だという意味です。そのとき私たちは、宇宙の秘密を読むのですが、読むというのは、霊的本性たちの行為を、という意味です。

小説の中で、私たちは人間の行動を読みます。私たちは他の側から黄道十二宮を見て、そして、地球の側から見ていたものを小説を読むように読むのです。ちょうどモーゼが地球の背後から神を見たように、地球の側から見ていたものを読むのです。

秘儀参入とは他の側から見る、ということにほかなりません。そのときには、ただ見るだけでなく、読むのです。霊的存在たちの行為を読むのです。すべてを生じさせた、霊的存在たちの行為を、です。

そして私たちが十分な時間をかけて、この読むことに魂を没頭させるなら、私たちの魂は霊的な仕方で聴き始めます。そうすると、神々が私たちとの話し合いを始めます。そのときの私たちは、霊界の只中にいます。

愛する姉妹兄弟たち、秘儀参入者は、皆さんにこう語ることができます。――「あなたの魂は彼方へ拡がり、広大な宇宙の中で働き、宇宙の霊視内容を手に入れる。そして他の側から読みながら、霊の行為を直観し、霊的な仕方で、神々の言葉を聴くことができるようになる。」

どうぞ、その秘儀参入者の言葉の中に本当に沈潜して下さい。軽薄な態度ではなく、心からそこに思いをひそめて下さい。単なる欲望で「自分もそうできたら、きっとすてきだろう」と思うだけでは駄目です。本当にそこに心を向け、敬い、愛し、何度でも瞑想するのです。そうできたなら、そのとき初めて、秘教生活へ到る道が見出せるのです。

瞑想によって以下の言葉に沈潜して下さるなら、そのような道が見出せるのです［マントラの第一の部分が板書される］――

1　私は地上の闇を生きる
2　私は星々の輝きの中で生きる
3　私は霊たちの行為を読む
4　私は神々の言葉を聴く

感情を込めて、この言葉を瞑想すると、奇跡が生じて魂が変容させられるのです。そのためには、言葉がリズムとなって、繰り返して魂に作用するのでなければなりません。そうすれば、この言葉が人間自身の宇宙本質、人間に内在する宇宙本質となって人間を導くことができるのです。

しかし、こういう事柄は、内面化されなければなりません。はじめは頭に語りかけるとしても、そのあとで、エーテル宇宙の中へ、次いで霊的宇宙の中へ、つまり宇宙の反対側に到る全道程を心で辿らなければなりません。こういう宇宙への歩みは、心情豊かに行うことが必要なのです。私たちの心がこの歩みを、ごく自然に辿らなければならないのです。しかしその心を、正しい仕方で働かせるのでなければなりません。ですから、この瞑想の道を歩むときには、以下の言葉の内容を完全に内的に洞察しようとまず試みて下さい――

私は地上の闇を生きる
私は星々の輝きの中で生きる
私は霊たちの行為を読む
私は神々の言葉を聴く

どうぞこの言葉を、霊の深みから誰かが語りかけてくるように、しっかりと受けとめて下さい。この言葉を考えるのではなく、他の存在が語りかけてくるかのように聴くのです。知られざる深みから、別の存在が語りかけてくる、と本当に思って下さい。そして、それを聴くために感情を正しく働かせようとして下さい。そしてその感情をマントラの後半に生かして下さい［マントラの第二の部分が板書される］――

5　地上の闇が私を憧れに誘う

6　星々の輝きが私を慰める

もともと自分は地上の闇を盲目的に生きている、と思い知るとき、そこから出ていきたい、と願わずにはいられません。そのとき、星々の輝きが私の慰め手になるのです――

星々の輝きが私を慰める

そして、さらに別の側からの言葉が響いてきます――

7　霊たちの行為が私を教育する

私がこの言葉を聴くと、さらに――

8　神々の言葉が私を創造に駆り立てる

皆さん、この瞑想法を正しく用いて、瞑想内容を生きいきと心に思い描いて下さい。霊の深みから誰かが皆さんに語りかけるかのように、以上のマントラを聴き、各行に応じた感情を呼び起こすという、瞑想を体験して下さい。まず傾聴し、次にふさわしい感情を呼び起こすのです［こう語りながら、黒板に記した以下のマントラの1と5、2と6、3と7、4と8を線で結ぶ。ここでは、その組み合わせを示す］。

私は地上の闇を生きる
地上の闇が私を憧れに誘う

私は星々の輝きの中で生きる
星々の輝きが私を慰める

私は霊たちの行為を読む
霊たちの行為が私を教育する

私は神々の言葉を聴く
神々の言葉が私を創造に駆り立てる

はじめ瞑想を対話のように行います。1を客観的なものとして受けとり、5は、皆さんの心の中から流れ出るように感じて下さい。

しかし次にもう一度、一方が他方の中に働きかけるのを生きいきと感じとろうとして下さい。そして対話として体験したものを自分の中の意志の働きとして、自分の中で体験してみて下さい［マントラの1は5、2は6と結びついて展開される。そして、9、10、11、12が板書される］。

霊の深みから響いてきます――

私は地上の闇を生きる

心がそれに応えます――

地上の闇が私を憧れに誘う

9では意志が1と5の対話の中に衝動を感じとります――

9　大地の闇が私を消し去る

対話を交わしたあと、以下の2と6の関係を思い出します――

私は星々の輝きの中で生きる
星々の輝きが私を慰める

10　星々の輝きが私を目覚めさせる

霊の深みから響いてくるものをあとから思い出し、そして心情がそれに応えます――

私は霊たちの行為を読む
霊たちの行為が私を教育する

その際、意志がそれに応えます――

11　霊の行為が私に呼びかける

霊界への呼び声です。

そして今、もっとも崇高な部分に入ります。私たちが神々自身と対話していると感じて下さい。そのとき神々は読ませるだけでなく、語らせようとします――

私は神々の言葉を聴く
神々の言葉が私を創造に駆り立てる

12　神々の言葉が私を産む

私を生じさせるのです。

皆さん、この瞑想をしっかりと心に生かして下さい。瞑想全体はこういう流れです。――霊の深みにましまます霊的存在との対話が生じます。この霊的存在が、私たちに向かって語りかけますと、心がそれに応えます――

私は地上の闇を生きる
地上の闇が私を憧れに誘う

私は星々の輝きの中で生きる
星々の輝きが私を慰める

私は霊たちの行為を読む
霊たちの行為が私を教育する

私は神々の言葉を聴く
神々の言葉が私を創造に駆り立てる

さて、私は一つひとつを思い出し、そして、たった今生じたことの思い出のように、意志を発動させます——

私は地上の闇を生きる
地上の闇が私を憧れに誘う
大地の闇よ、私を消し去れ。

私は星々の輝きの中で生きる
星々の輝きが私を慰める
星々の輝きよ、私を目覚めさせよ。

私は霊たちの行為を読む
霊たちの行為が私を教育する
霊たちの行為よ、私を呼び覚ませ。

私は神々の言葉を聴く
神々の言葉が私を創造に駆り立てる
神々の言葉よ、私を産み出せ。

以上は、瞑想による対話、対話の記憶、記憶内容の意志による確認の表現です。

第一に心からの敬虔な気分をもって、第二に魂のすべてをもって、そして全身全霊で関与しながら、今述べたことを実行するとき、機械的に瞑想するのではなく全身全霊で体験するとき、そのとき、霊界とのこの関係が本当に魂を覚醒させるのです。

最後のマントラの場合、私の示唆したやり方で、問答を、霊の問いと心の応答とを思い出しながら、まず意識が地上の闇によって消し去られたかのように感じなければなりません。意識を消し去る眠りの瞬間が来たかのように、そして第二行では目覚めが生じたかのように、目覚めたあとで霊たちの呼び声が聞こえたかのように感じなければなりません。まるで霊たちが私たちに呼びかけて、みずからの言葉である宇宙言語を用いて、私たちを霊魂存在にして霊界へと導き、霊界で私たちを産み出すかのように感じなければなりません。

内的体験のこの色合いが魂の中に生じて――そうするためには、私たちに呼びかける霊的存在を生きいきと思い描くことが必要です――、霊的存在に私たちの心が帰依するとき、まさにそのとき次第に秘教の道へ導く働きが私たちの魂の中に生じるのです。

そして、今述べたやり方でこの三つのマントラを魂で体験する一方で、潜在意識の中では、私たちの魂が力強い行為をやり遂げるのです。私たちはそのことがよく分かっていなければなりません。今述べたこの三つのマントラを真剣に生きるとき、私たちの魂は、無意識に、エーテル体が初めてつくられた地上生活の出発点に立つのです。

霊から響いてくるマントラ――

私は地上の闇を生きる

を生きいきと思い描くとき、無意識に、霊の中での傾聴と共に、私たちは私たちのエーテル体が形成される瞬間に近づくのです。そうすると、生まれる以前から、死と新しい誕生の間の生存から力が働きかけてきます。私たちはこの力に助けられて、以下のマントラに向き合います

――

地上の闇が私を憧れに誘う

実際、霊的なものへの憧れは、生まれる以前の生存のなごりなのです。

今、私たちは地上生活の発端に立っています。そのとき私たちの中から働きかけてくるのは、生まれる以前の生存からの励ましなのです。

私は星々の輝きの中で生きる

私たちは地上生活の発端に移されています。
星の輝きがもたらす慰めを感じるのは、私たちがかつての発端に立っていることによるのです。私たちの心の応答はこうです――

星々の輝きが私を慰める

私は霊たちの行為を読む

私たちは地球の発端にまで、連れ戻されるのです。
生まれる以前に霊的本性たちから学んだことを思い出すのです――

霊たちの行為が私を教育する

私が地上に降りてくる以前に、私はこの霊たちの下で生き、働いていました。

私は神々の言葉を聴く

そういう言葉を、私たちは死と新たな誕生との間に聴いていました。神々の語らいは、人間の語らいのように、伝達なのではなく、創造なのです——

神々の言葉が私を創造に駆り立てる

しかし、私たちがそのことを知ったなら、9〜12の正しい意味も分かってきます——

私は地上の闇を生きる
地上の闇が私を憧れに誘う

［9がもう一度板書され、1と5が線で結ばれる］

大地の闇よ、私を消し去れ

という言葉で、今の地上生活が消え去ります。というのは、私は死と新しい誕生との間の領域を通り抜けて、前世にまで連れ戻されるからです。私はそのことをおぼろに感じとります。私の意識は消えます。なぜなら、私の意識はこれまでの今生の意識だったのですから。私はこの眠りの瞬間に、前世に連れ戻され、私は今、前世を生きている、とおぼろげに感じとるのです。

私は星々の輝きの中で生きる
星々の輝きが私を慰める

［10がもう一度板書され、2と6が線で結ばれる］

星々の輝きよ、私を目覚めさせよ

私は前世の中で目覚めたかのように、前世に連れ戻されます。カルマが、運命の関連が、向こう側から私の前に現れます――

私は霊たちの行為を読む
霊たちの行為が私を教育する

［11がもう一度板書され、3と7が線で結ばれる］

霊たちの行為よ、私を呼び覚ませ

は、前世に由来する力を伴う私のカルマを成就させるための呼び声なのです。

私は神々の言葉を聴く
神々の言葉が私を創造に駆り立てる

［12がもう一度板書され、4と8が線で結ばれる］

神々の言葉よ、私を産み出せ

私の存在のすべてが今、明かされます。私の今生は前世に浸透され、前世の光を受け、根底から揺り動かされます。そこに今の私がいるのです。今の私こそが生成する自我であり、私が死の門を通過したなら、そのとき初めて意味を持つであろう萌芽なのです。

前生から今生へ光を投げかけ、働きかけてくるものが私をあるべき人間にします。それが私をあるべき人間存在として産み出すのです。私たちがこのことを体験できたなら――私たちはいつも、自分は物質界での地上存在にすぎない、と信じているのですが――、その一方で私たちの魂が前世に通じる道を辿るのだと実感できたなら、そのとき初めてこの実感の重みを意識することができるでしょう。そして暖かい、明るい流れのように私たちの思考、感情、意志のすべてを貫いて流れるこの実感の重みを意識することで、正しく瞑想するのに必要な、瞑想中のあの神秘の感情に充たされるでしょう。

この実感を内なる神秘の感情、ひとつの魔術的な感情と呼ぶことができるのは、地上で体験できるどんな感情もこの実感の比ではないからです。この実感は一切の身体性から独立しているのです。私たちの思考活動は肉体から完全に抜け出すことはできませんが、この神秘の感情、この魔術的な感情は、私たちの魂の行為の重圧から抜け出て、純粋に霊的な世界の只中に立っているのです。この魔術的な感情の中にいる私たちは、純粋に霊的‐魂的な体験をしているのです。霊的‐魂的な世界の中に立っているのです。

私たちは、この体験によって秘教的ないとなみを成就します。愛する姉妹兄弟たち、以上が今日、私が皆さんの魂にお伝えすべき事柄でした。

最後にひとつ、お伝えしたいことがあります。ここでとりあげられているマントラも講義内容も、許可なしに他に伝えることはしないで下さい。現実的な関連がなければならないのです。ですから、許可を受けたあとなら、人から人へ、またはグループに伝えてもかまいません。けれども、愛する皆さん、このマントラ、または講義内容を郵便で送ることだけは避けて下さい。どうぞ、このことを真剣に守って下さい。

霊学自由大学第一学級のための秘教講義

第 11 講

ドルナハ

1924 年 5 月 2 日

愛する皆さん、今朝マリヨン女史が御逝去されました。一年以上にわたる病苦に耐えてこられたあとでした。予期されていたことではありましたが、皆さんもきっと激しい衝撃をお受けになったことでしょう。

明日、人智学協会員の集まる席で、マリヨン女史の御逝去について、報告申し上げるつもりです。今日は、第一学級にとっても本当に誠実に関わってこられた学友を失ってしまった、ということだけを申し上げておきます。熱心に、心から第一学級に関わってきてくれた人たちの中でも、マリヨン女史は抜きんでていました。重い病いをおしてこのクラスに参加されてこられただけでなく、ここで取り上げてきた瞑想を非常に深く実践されてこられました。

こういうすべては、私たちのところに来られたときの女史がすでに秘教の実践家であったことと無関係ではありません。人智学協会に移られる以前の女史は、まったく別の方向の秘教学級に属しておられましたが、その学級から人智学へ急速に立場を変えられたのです。ですから女史にとって、秘教問題だけが本当に大切だったのです。そして私たちと地上で共に過ごした数年間、特別集中した態度でこの問題に取り組んでこられました。今、この世を去られましたが、決して人智学から去られたのではないのです。

今日はこれ以上のことを申し上げようとは思いません。今の女史はこの世を去られたばかりです。明日、協会員たち、友人たちの集まりの席で、申し上げるべきことを申し上げるつもりです。

*

愛する皆さん、秘教を学ぶときには、少なくとも霊的な認識への道を歩まなければなりませんが、誰がどこまでこの道を辿れるかは、カルマ次第、以前の地上生活から持って来た諸条件次第なのです。

しかし、それだけではありません。この場所で述べてきた顕教上の諸講義からも分かるように、私たちが今の地上生活において、どんな身体的特徴を持ち、どんな世界状況の中を運命的に生きているか、その事情次第でもあるのです。そういう場合、私たちの素質の中にあるものを実現させまいとする古いカルマの残滓に打ち克つことが必要になります。そういう古いカルマの残滓がなければ、たぶん短期間に達成できたであろうような事柄が、長い時間をかけなければ達成できないこともあるのです。

愛する姉妹兄弟たち、決してあきらめてはなりません。決して忍耐とエネルギーを失うことなく、私たちの道を歩んでいかなければなりません。正しい時が来たなら、必ず私たちの求めているものが見出せるでしょう。実際、どんな人の人生も、まったく自由であるにもかかわらず、たぶんまったく自由であるがゆえに、一定の線があらかじめ引かれているのです。どんな人も、自分の宇宙的な課題を引き受けています。そして良き意志さえあれば、その課題に応えることができます。

この霊学大学においては、かつて秘儀の中で栄えたすべてをふたたび甦らせなければなりません。私たちの時代と未来の時代とにふさわしい形で甦らせなければならないのです。秘儀文化の栄えた時代がすでに過去になってしまったときに最大の秘儀であるゴルゴタの秘儀が、その本質を秘したまま世界史上に現れました。人類の精神史の舞台から秘儀が退いたあと、人びとに自由を与えようとする潮流がますます大きな役割を演じるようになりました。

けれども今、必要な形態をとった秘儀がふたたび栄えるべき時が来たのです。世界史におけるこの事情を正しく考察するなら、ゲーテアヌムの課題を評価することができるはずです。ゲーテアヌムの課題は、秘儀を復興することにあるのですから。

愛する姉妹兄弟たち、この学級が秘儀の復興を目指していることをよくわきまえ、私たちの意志をもってこの方向を生きようとするとき初めて、私たちは正しい仕方で秘儀の中に、そしてまたこの学級の中に立っているのです。

皆さん、先回お話したことを思い出して下されば、今述べたことを正しく心の中に生かすことができます。先回、実際に瞑想を私たちの体験の問題として捉え、瞑想によって人格の狭い限界を突き破るための道が示されました。

先回の瞑想の三行の組み立ての中で示されたのは、今置かれている世界史的な状況の中で、瞑想を通して自分の魂から響いてくるものだけでなく、この魂に響いてくる宇宙からの言葉にも耳を傾ける、ということでした。私たちが自分の人格から離れて、より客観的な仕方で瞑想に集中するとき、人間認識の真の歩み、あの内密な、微妙な歩みを歩むことができるのです。しかしそのためには、それぞれがまったく異なる仕方で、与えられた真実に正しく眼を向けなければなりません。

愛する姉妹兄弟たち、皆さんは三分節化された人間の本性のことを御存知ですね。頭部に代表される神経－感覚系の人間、胸部の呼吸－循環系、もしくは律動系の人間、これらの組織は生体全体に存在していますが、特定の部分に顕著に現れています。それから第三に肢体－代謝系の人間が集中的に下へ、そして外へ向って位置づけられています。

この理論的に与えられた認識が今、瞑想によって対象化されます。そうすると、認識が秘教的になります。そのためには、この三分節化された人間を本当に集中して、内密に瞑想しなければなりません。

そうすれば、頭部系が本当に全宇宙の模像であることが分かります。胸部系、律動系の形態は、それほど直接的には宇宙の像を示していません。肢体–代謝系の組織になると、宇宙の像をほとんど示していませんけれども、人間のどの組織も宇宙に組み込まれているのです。このことを私たちはよく意識していなければなりません。

私たちが思考するとき、頭部が働いていますね。頭部が傷害を受けると、思考活動が妨げられます。頭部と地上生活とのこの明らかに深い関連は、さまざまな事情の下ではっきりと感じとることができます。頭部が地上活動の中心に位置している、というのではありませんが、私たちは日頃そのように感じとっていますね。

けれども、本来はどのような事情にあるのでしょうか。どうすれば正しい仕方で私たちの頭部を考察できるのでしょうか。愛する姉妹兄弟たち、頭部を正しく考察できるのは、次のことが意識できたときなのです。——「人間の頭部は、もしも私たちの頭上に星空が拡がっていなかったら、存在していなかったであろう。」

星空について天文学が何を語ろうとも、今それについて議論するつもりはありません。今は、夜空を、崇高な星空を、その見えるがままの姿で受けとめたいのです。

これまで何度も星空について、お話してきました。星々が上空で輝いています。それらの輝きは、見上げる私たちの方へ向っています。けれども、その輝きが私たちのところへ向ってくるだけでなく、私たちはその輝きを受容します。私たちは、星々の輝きを頭の中に受けとり、その輝きを頭の中に閉じ込めます。そうすると、地上でのもっとも人間らしい働きである私たちの思考が、その頭部から花を開かせるのです。

外には星々が光っています。私たちの頭は星々のその輝きの作用を受けとります。そうすると、その受けとったものは、私たちの頭の中で、それまで外にあったときとはまったく違ったものに思えるのですが、しかしそれは同じものなのです。いわば私たちの頭の中で、星空全体が円く圧縮された状態で存在しているのです。

しかし、星空だけなのでしょうか。そうではありません。星空だけではないのです。なぜなら、星々とはなんなのでしょうか。星々は神々の居住地なのです。神々の住み家なのです。本能的に見霊的であったあらゆる時代には、神々は星々の中にいる、星々は神々にふさわしい居住地だ、と思われてきました。

本能的な見霊能力のあった時代の人びとは、宇宙の中の燃える点を見上げたのではなく、神々の居住地を見上げたのです。そうすることで、現在の人びとよりも星々をもっと正しくイメージしていたのです。現在の人びとは天文学の知識をもって夜空を見上げ、そして光の点と点へ相互の位置や角度を計算するのです。

けれども、人間は三分節化された存在ですから、人間を統合する自我は、存在の三つの分肢である頭部の神経‐感覚系を通して、胸部の律動系を通して、代謝‐肢体系を通して語り、そして働きます。自我は、肉体のこの統一性によって、統合する働きができるのです。本来、自我はいつでもこの三つの分肢のそれぞれに働きかけています。そこで今日は、人間がどのようにこの自我を個々の分肢に送り込んでいるのかを考えてみようと思います。

まず人間は、自分の存在の内奥の部分から自我を、思考内容を通して頭の中へ送り込みます。このようにです［黒板絵］。

外には星々の輝きが現れています［青い弓形、黄色い星々］。その輝きは人間の頭の中に取り込まれ［黄色い弓形と星々の輝き］、頭の中で働いています［赤い点々］。人間は、頭の内部という、この円く圧縮された宇宙空間の中へ、自分の存在の中心から自我を送り込みます［黄色い矢印に「自我」という字が書き込まれる］。

人間がみずからの自我を神々の居住地の模像である頭の中に送り込むとき、神々の居住地にましますす神々自身が働いているのです。ですから、私たちが正しく瞑想できるのは、次のことをよくわきまえているときなのです。――「私たちが私たちの頭の力を通して私と言うとき、私たちの内部で、宇宙の空間と時間の神々が語っているのだ。」

そしてこのことは、地上での経験が私たちに与える教えなのではないのです。愛する姉妹兄弟たち、この人間自我のことは高次のヒエラルキアの本性たち自身が私たちに教えてくれるのです。はじめは私たち地上の人間と共にいる天使たちが、さらにその背後で指揮をとる大天使たちが私たちに教えてくれるのです。輝く星々である神々の居住地とこういう関係にある人間自我、神々自身のように語る、この自我なる存在は、天使たちからみずからの本性についての教示を受けているのです。

瞑想が正しく行われるのは、私たちが夜空を仰ぎ見て、星々の輝きから印象を受けとり、宇宙空間そのものが私たちに向って語りかけてくる言葉なのだ、と感じとるときなのです。そしてその言葉は、次の通りです——

宇宙なる—星々の—住まい
神々の—故郷なる—ところ

この言葉が周辺に響き渡ります。宇宙の果てから、それが聞こえてきます——

宇宙なる—星々の—住まい
神々の—故郷なる—ところ

この言葉が私たちの中で、こだまとなって響きます。その響きはまるで叫んでいるかのようです。天という天がこの言葉を響かせ、その響きが私たちの内部で、叫びとなって現れます。そのように瞑想して下さい。そうすれば、私たち自身が魂の奥底からそれに応えて語る言葉も意識できるようになります。私たちの魂の奥底からは、静かに、この宇宙のラッパの響きにこういう応答が返ってくるのです——

人間の——霊——輝きが
「私である」と
頭の高みへ語りかける。

私たちがこう語りますと、私たちに属する天使が、私たちの瞑想の中でこう応じるのです。自我が「私である」と語るときに、です——

そうだ、神々が地上の身体の中で、
人間本性となって生きる。

これがこの瞑想の意味なのです。私たちはこの言葉を宇宙のすべての方向から響き渡るラッパの響きのように聞きます――

宇宙なる―星々の―住まい
神々の―故郷なる―ところ

私たちは静かに祈りながら、心の内から応じます――

人間の―霊の―輝きが
「私である」と
頭の高みへ語りかける。

天使がラッパの響きが終わるのを待って、こう応じます――

そうだ、神々は地上の身体の中で、
人間本性となって生きる。

そして私たちは、この最後の二行を、私たちの瞑想のイメージの中では天使の教示として受けとります［第一節が板書される］。

宇宙なる―星々の―住まい
神々の―故郷なる―ところ
人間の―霊の―輝きが

――集められた星々の輝き、人間の輝きが――

「私である」と
頭の高みへ語りかける。

霊の教師である天使が語ります――

そうだ、君たちは

――つまり、宇宙なる―星々の―住まい、神々の―故郷なる――ところ、は――

地上の身体の中で、
人間本性となって生きる。

これは宇宙との、第三ヒエラルキアとの最初の対話です。非常に深く、人間の霊と魂と体の中にまで働きかけてくる瞑想が、この対話をこのように受けとったのです。

さらに人体の律動系を見てみましょう。肺と心臓のすばらしい脈動、呼吸のリズムを考えて下さい。呼吸も脈拍も、この上なく深い宇宙の法則を表現しています。私たちは自分の中に宇宙運動を感じとります。

瞑想によって自分の頭部に沈潜すると、そこに静止した状態が感じとれます。瞑想によって自分の胸部に沈潜すると、そこに運動が感じとれます。この運動は、惑星たち、月、太陽、火星、水星、木星、金星、土星の運行のあらわれです。しかしこれらの運動の代表は太陽です。太陽は、私たちにとって、もっとも身近な存在であり、一日に一度地球のまわりを回転しています。惑星たちの代表なのです。しかし、私たちが自分の中に、宇宙なる―星々の―住まい、神々の―故郷なる―ところを担っているように、星々が圧縮され、集められて私たちの内部に存在しているように、太陽を代表とする太陽系全体の諸運動も、私たちの呼吸と血液循環となって、生体のすべての運動となって現れているのです。

神々の住まいの壮麗な姿が宇宙のあらゆる方面から、ラッパの響きとなって聞こえてくるように、太陽に代表される諸惑星の運行の語る言葉は、私たちの身体を貫いて旋律のように聞こえてきます――

宇宙なる―太陽たちの―輪
霊たちの―働きの―道

これが第二の言葉です。その響きは、宇宙環境の声高なラッパの響きに較べると、おだやかです。

宇宙なる―星々の―住まい
神々の―故郷なる―ところ

あらゆる方向から、この壮大な響きが聞こえてきます。この言葉を瞑想して下さい。けれども、太陽の運行、諸惑星の運行に従いながら、私たちの呼吸と血液循環の中に響いている言葉は、何と私たちの内面を喜ばせてくれることでしょう――

宇宙なる―太陽たちの―輪
霊たちの―働きの―道

星々の輪から私たち自身の身体の中に響いてくるこの旋律に促されて、今私たちは心をこめてこう語ります――

人間の―魂の―いとなみが
「私は生きている」を
心臓の中心で響かせる。

そうすると、天使が惑星たちの軌道を巡る神々に呼びかけながら、応じるのです――

そうだ、神々は人間の創造力となって、
地球の歩みを共にして下さる。

神々の住まいからくる言葉が地上の人間本性の中に輝き入ると、それによって人間本性そのものが地上で生きていけるようになります。そのように、神々の作用が惑星たちの運行の中に流れ、人間の律動系全体がその流れを受容すると、それによって人間の創造力が地上を歩む人間の中で生きるようになるのです。

こうしてふたたびマントラは、三部に分けられます。一、惑星の運行に対応する私たちの身体の客観的なささやき、二、私たち自身の内密な言表、三、天使の応答、この三つです――

宇宙なる――太陽たちの――輪
霊たちの――働きの道
人間の――魂の――いとなみが
「私は生きている」を
心臓の中心で響かせる。
そうだ、神々は人間の創造力となって、

地球の歩みを共にして下さる。

［第二節が板書される］

宇宙なる―太陽たちの―輪
霊たちの―働きの―道
心臓の中心で響く。

前のところでは「語る」でしたが、ここでは「響く」になっています。前のところでは「頭の高み」でしたが、ここでは「心臓の中心」です［「語る」「響く」「高み」「中心」に下線が引かれる］。

人間の―魂の―いとなみ
「私は生きている」

前のところでは「私である」でしたが、ここでは「私は生きている」です［「である」と「生きている」に下線が引かれる」。

そうだ、神々は人間の創造力となって、
地球の歩みを共にして下さる。

これらのマントラを三つの部分に分けて感じとって、マントラの生まれた過程を一緒に考えて下さい。一、客観的な響き、二、私たちの内部でのこだまのような、私たち自身の内密な言表、三、天使の言葉。マントラは、この三つの部分を通して、正しく私たちの中で作用してくれます。

次に、腕や足の中で働き、内部の代謝活動につながる人体の肢体部分になると、広大な宇宙のラッパの響きでもなく、惑星たちの旋律を聴くのでもなく、宇宙根拠そのもののにぶい回転を聴くのです。宇宙根拠そのもののこのにぶい回転は、私たちを本来の地上を生きる人間にする働きです。肢体は私たちの霊的に生きる人間には関与しません。肢体はすべて地球の力に従って形成されています。腕と手の場合には、空気の力も働いていますが、すべては地球の力に従っており、下方の宇宙根拠から上がってきて、人間を貫いて流れる力に従って形成されているのです。

私たちはこのことをよく意識していなければなりません。第一の詩節では、宇宙そのものの言葉が宇宙の広がりから壮大な響きとなって聞こえてきます。第二の詩節では、周辺の言葉が聞こえてきます。そして第三の詩節では、宇宙根拠のぶつぶつ、ごろごろ言う言葉が地球の深層から聞こえてくるのです――

宇宙の―根拠なる―力たち
創造者の―愛の―輝き

これは光の輝きではなく、愛の輝きです。なぜなら、いつも広がりの中にあるものが中心点に集まるところに、愛の力の根源もあるのですから。このことによって、私たちは「語ったり」「響いたり」して、こだまに応じることはできません。行為で、意志の働きで応じなければなりません。「語る」のでも「聴く」のでもなく、「創る」のでなければなりません。ですから私たちは、自分の内部から、意志を自分の言葉の中に注ぎながら、こう応じます――

人間の―働きの―流れが
「私は意志する」を

からだの肢体の中に創造する。

そこで天使が応じます。天使は宇宙根拠からつぶやき上ってくるものに眼を向け、――つぶやくと言っても、反感の混じった意味ではなく、にぶい音をそう言っているのですが――、宇宙根拠の深みで支配しつつ響く力たちにこう応じるのです――

そうだ、その力たちは地球の仕事に
人間の―感覚の―行為となって励む

マントラがふたたび三つの部分に分かれます――

宇宙の―根拠なる―力たち
創造者の―愛の―輝き
　人間の―働きの―流れが
　「私は意志する」を
からだの肢体の中に創造する。

そうだ、その力たちは地球の仕事に
人間の—感覚の—行為となって励む。

［第三節が板書される］

宇宙の—根拠なる—力たち
創造者の—愛の—輝き

からだの肢体の中に創造する。

「語る」と「響く」と「創造する」です［「創造する」に下線が引かれる］。
「高み」と「中心」と「肢体」です。肢体は中心から外へ向って励む働きです［「肢体」に下線が引かれる］。

人間の—働きの—流れが
「私は意志する」を

「私である」と「私は生きている」と「私は意志する」です［「意志する」に下線が引かれる］。

そうだ、その力たちは地球の仕事に

「地球のからだ」と「地球の歩み」と「地球の仕事」です［この三つの言葉に下線が引かれる］。

人間の――感覚の――行為となって励む

「本性」と「創造力」と「感覚の行為」です。感覚の行為とは、感覚的に見ることのできる行為という意味です［三つの引用符のついた言葉に下線が引かれる］。

真の瞑想、魂の真の修行は、マントラの理論的、知的な内容の中にあるのではなく、マントラの性格の中にあります。マントラの性格が与えられるのは、意味が状況と出来事の中に解消され、人間が理論的、知的な内容から離れ、自分の中から抜け出て何かを思考するのではなく、天が、周辺が、地球の深層が響くのをイメージすることによって可能となるのです。人間が自分の内奥からその響きに応じ、天使が教示しつつ解釈することによって可能となるのです。

こういう理念上の出来事に正しく沈潜するのです。瞑想内容を考え、感じ、意志するものにするだけでなく、周りで漂い、浮遊し、ぶんぶん音を立て、流れ、輝くものにするのです。そしてその周囲でうなり、浮遊し、流れ、輝くものをふたたびこころのいとなみの中に戻して、こころの中で流れながら、漂いながら、励みながら、輝きながら、振動するものにするのです。

そのようにして私たちは、自分が宇宙のいとなみの中に組み込まれていると感じとれるようになります。私たちの瞑想は、私たちの中に生きていると感じるだけでなく、私たちの中に、そして宇宙の中に生きているのでなければなりません。そしてその宇宙を消し、私たちを消します。消す行為の中で、私たちと宇宙をひとつにするのです。私たちは「宇宙が語る」とも、「私たちが語る」とも言えなければなりません。これが次第に瞑想の、マントラの性格を拡げていくのです。

瞑想をこのような仕方で行いますと、次第に――通常の自己と思われていたものが内面の中で解消されながら――、自分自身で自分が霊的存在になったと思えるようになるのです。

こういう認識の道に踏み込み、誠実にこういう認識の道に近寄り、瞑想状態で宇宙の中にいるだけでなく、霊界と対話することもできるようになりますと、それによってますます秘儀の復興に関与できるようになります。

確かに外から見ることのできる神殿がかつては地上に立っていました。たぶん、もっとも未開の土地と言われているところに立っていました。以前の人びとは、外から見える神殿を必要としていました。しかし、そういう神殿だけが神殿ではなかったのです。そういう神殿がもっとも重要な神殿だったのではないのです。なぜなら、もっとも重要な、もっとも本質的な神殿は、所を選ばず、時を選ばないのですから。しかし、あと六〇マイルだけ乗り越えれば、その神殿に到ることができるのです。この場所で、そしてすべての時代に、秘儀の中で教えられてきた魂の修行を実践すれば、そこに到ることができるのです。

愛する姉妹兄弟たち、よく憶えておいて下さい。このようにして私たちがこういうマントラの中に生きるならば、そのことが可能になるのです。——

ここに私が立っています。——このことは誰についても言えます。——私の周りには、日常の世界があります。いつもの壁、いつもの椅子があり、外には森や木立や家が立っています。それが私の周りです。それがここにあります。私の環境のことは、私が一番よく知っています。それがあり、それを見、それをつかみます。私は、こういう乾いた感覚世界の中にいる一方で、魂の中では瞑想を行うのです。瞑想が私の中に現れます——

宇宙なる―星々の―住まい
神々の―故郷なる―ところ
人間の―霊の―輝きが
「私である」と
頭の高みへ語りかける。
そうだ、神々は地上の体の中で、
人間の本性となって生きる。

何が漂っていると私は感じるのでしょうか。頭上で何が蓋っていると私は感じるのでしょうか。それは何かであり、何でもありません。私は壁を感じます。私は壁を見ません。

瞑想はさらに続きます――

宇宙なる―太陽たちの―輪
霊たちの―働きの―道
人間の―魂の―いとなみが
「私は生きている」を

心臓の中心で響かせる。
そうだ、神々は人間の創造力となって、
地球の歩みを共にして下さる。

私が感じたもの、漂うもの、上方を蓋う神殿の穹窿、神殿の天井、周りを取り巻く神殿の壁、それが魂の感覚に見え始め、漂い始めます。そうすると、通常の世界、眼に見える樹木、雲その他は見えなくなります。新しい可視的な世界が眼の前にひらけます。以前は感じるだけだった神殿が、第二の詩節で現実になるのです。

そして下からは、ささやき、ざわめき、うなる音が聞こえてきます――

宇宙の――根拠なる――力たち
創造者の――愛の――輝き
人間の――働きの――流れが
「私は意志する」を
からだの肢体の中に創造する。

そうだ、その力たちは地球の仕事に
人間の—感覚の—行為となって励む

神殿は完成しました。みずからの地盤を得ました。そして、私たちが結びつきを求めている霊的存在たちがその神殿にましますのです。その神殿は魂の感覚には見えます。見えています。私たちの瞑想は、ヴィジョンを見るのではありません。私たちを霊界へ導き入れてくれるのです。霊界が新たに神殿となって甦るのです。

愛する姉妹兄弟たち、瞑想がどのような経過を辿るのか、述べてみましょう。広がり、漂う神殿の穹窿が第一の詩節によって感じとれます。魂の感覚が私たちの周囲に神殿を見ます。神殿はできあがっています。そして私たちが結びつくべき人間の師たち、神々の師たちがそこにいます。私たちも神殿の中にいます。マントラによる本当の瞑想が、この第一、第二、第三詩節を通して、それを可能にしたのです。これが神殿への道、真なる霊の道なのです。

神殿を見出したことが意識されたとき、この秘教講座の内容の意味するものを、はっきりと理解できるようになるでしょう。

＊

この秘教講義に参加しておられる友人たちの多くは、金曜日に出席することがしばらくの間できなくなります。それで金曜日の秘教講義を日曜日の午前十一時から十二時の間に変えなければならなくなりました。次回のこの時間は、日曜日の午前十一時から十二時に行うことになります。今週の日曜日ではなく、八日後の日曜日です。そうするのは、近郊から参加しに来られる友人たちの大抵の方は、土曜日の夜か午後までにはここへ来ることができ、そのあとこの時間を共にすることができるからです。金曜日ごとに参加するのは、多くの人にとって大きな犠牲を払うことになります。友人たちにそういう犠牲をずっと払わせるわけにはいきませんから、この時間を日曜日の十一時から十二時に変えたらいいと思ったのです。

霊学自由大学第一学級のための秘教講義

第 12 講

ドルナハ

1924 年 5 月 11 日

愛する皆さん、宇宙から自己認識を求める呼び声のように、私たちに警告を発するあのマントラから始めます――

おお、人間よ、汝自身を知れ！
宇宙からの言葉が響く。
魂を強く保ち、霊の力を働かせて
この言葉を聴くがよい。

宇宙の力にあふれ、こころの奥底から
誰がそう語るのか。

言葉は空間の拡がりを貫いて
お前の感覚体験に働きかけるのか。

時間の波打つ流れを貫いて
お前の生命《いのち》の生成に響いてくるのか。

空間を感じ、時間を体験しつつ
この言葉を創造するのは
お前自身なのか。

空間の中で魂のむなしさを感じ
時間の破滅の流れの中で
思考の力を失っているのは
お前自身なのか。

愛する姉妹兄弟たち、私たちは自己認識によって霊的な宇宙の認識へ導かれるのです。何度も述べてきましたが、真に霊的な宇宙の認識は、霊界そのものが可能にしてくれます。このことが理解できなければなりません。しかし霊的な宇宙を認識するためには、まず境域に導かれなければなりません。その境域には、境域の守護霊が立って、通常の意識で不用意に霊界に参入することがないように、人びとを守っています。

私たちは、はじめは健全な理性の力によって、この守護霊のことを学びます。そして、そのあとで――理性によるこの理解のあとで――その真の姿を、その真の本性を知るようになるのですが、そのとき、この守護霊は、私たちに警告を発します。正しい意味で霊界に参入しようと望み、さらに正しい意味で霊界の体験を積み重ねたいと願う私たちにです。

これまで何度も、霊界の体験を大抵の人は間違って考えている、と申し上げてきました。大抵の人は、霊界の中に本当にいるときの体験とはまったく違った体験を求めています。大抵の人は、感覚世界によく似た何かを、そのとき求めているのです。しかし、そういう何かは、決して霊界の体験の中にはないのです。超感覚的な直観は、感覚的な直観のようなものではないのです。

霊視のことを考えてみましょう。霊視《イマジネーション》という像《イメージ》の体験は、確かに霊界を本当に体験させてくれるのですが、愛する姉妹兄弟たち、皆さんの多くが、皆さんが考えているよりもはるかに多くの人が、すでに霊視体験をしています。ただそのことに注意を向けていないだけなのです。多くの人は、自分の魂の体験の中に霊的なものが働いていることに注意を払いません。霊的なものは、いつも魂の中で活発に働いているのですが、今私たちにとって大切なのは、その霊的な働きを知ることに細心の注意を払うことです。

愛する姉妹兄弟たち、この秘教講義では、そのことを感じとれるようにしなければなりません。何度も何度も、これからますます、そのためのよりどころを学んでいかなければなりません。そして以下は、そのようなよりどころのひとつです。

マントラのひとつを取り上げて、それを声に出してみて下さい。どんなマントラでもかまいません。皆さんのよく知っているマントラであれば、何でもいいのですが、瞑想のために、マントラを取り上げ、それをしっかりと声に出してみるのです。大声でそうするのではなく、しずかな落ち着いた口調でそうするのです――

おお、人間よ、汝自身を知れ！
宇宙からの言葉が響く。
魂を強く保ち、霊の力を働かせて
この言葉を聴くがよい。

皆さん、このマントラを声に出したなら、次に、その声に出すことがどのように皆さんの力になってくれるか、感じようと試みて下さい。黙っているときと声を出すときとでは、からだの中にどんな違いが生じるか。声に出すと、生体にどのような変化が生じるか、感じようと試みて下さい。皆さんが声に出すと、言語器官の中にいろいろな波打つ働きを感じるでしょう。そしてそれが感じとれたなら、こう自問してみるのです。——「私が誰かの語る言葉やある出来事について考えるときはどうだろうか。そういうときも何かを感じとることができるだろうか。」

声に出すときの体験が感じとれたなら、さらに、何かをきっかけにして考えるときの思考も容易に感じとれるでしょう。語ることよりも考えることの方が、もっと容易に、しかしもっとかすかに感じとれるはずです。そして声に出すことで、考えるのを感じとることもできるようになるはずです。

語るのを感じるように、考えるのを感じるとき、まるで触れているような感じがします。内的に触れているような感じです。その場合をこう描くことができます［板書。頭の輪郭が白く描かれる］。声に出すのを感じるのは、ほぼこの場所です。そして、考えるのを感じるのは、この場所です。ですから、ここの上のところで、考えるのを感じるのです［緑］。後頭部へ向かうあたりで、考えるのを感じるのです。こういう練習は大変役に立ちます。なぜなら、それによって内密な自己観察が行えるからです。

愛する姉妹兄弟たち、その場合、数日前、数週前、数か月前に考えた記憶内容を生きいきと思い出してみて下さい。生きいきとその記憶像を感じとって下さい。そうすればその記憶像を脳の言語領域の下のところに、ですから、この言語野［黄］の下のところに感じとれるでしょう。私がイメージを声に出して語るときは、そのイメージを言語器官の分野で体験します。考えるときは、その思考内容をその上のところで体験します。そして思い出すときは、それを言語野の下側で体験します。

このことを本当に内密に感じとることが、霊的体験の発端になるのです。ただ、そういう感じを持つには、日常の他の諸体験を排除できなければなりません。

次のような言い方は、よくありません。――「日常の諸体験を排除するために、数週間、どこか人のいないところに引きこもって、誰にもわずらわされることなく、まったくやすらかに、例えばモンブランの山小屋のようなところで過ごすことが大切である。」

そういう考え方はよくありません。そういう態度では、いつまで経っても先へ進めないでしょう。一番いいのは、日常の真っ只中で、朝から夜まで現実のすべてにさらされながら、しかも魂自身の力によって、少しの間であっても、世間の喧騒からまったく離れた時間を確保することなのです。**日常の現実の真っ只中にあって、しかも純粋に内面の力によってその外にいるのです**。これが最上のあり方です。平静であるために孤独の中に引きこもるというのは、有効な態度ではありません。自分自身だけの力で孤独を生み出すのです。そうすることは、無条件に、確実に目標に達することのできる態度になります。必要な瞑想を行うことができるのは、そういう態度で生きるときなのです。

愛する姉妹兄弟たち、はじめは静かに魂の中から語りかけてくるマントラを学びました。この秘教学級でのはじめの諸マントラはそうでした。しかし、次いで、一部分は魂から響いてきますが、他の部分は宇宙の彼方から響いてくるようなマントラを学びました。その諸マントラは、内的に瞑想しつつ、声を出すのではなく、内的に瞑想しつつ、聴くのです。宇宙の彼方から、または霊界の存在たちから私たちに向かって語りかけてくるものには、ただ耳を傾けるのです。他の本性たちの語りかけには、没頭することが大切なのです。霊界の中にいる、と感じられるようになるには、このことが必要なのです。

皆さん、今日のマントラは、この目標に到るためのマントラです。そのときの魂は、絶対的に沈黙していなければなりません。けれども魂はそのとき、すでに境域の彼方の霊界にあって、守護霊の前に立っているのです。そのときの魂は、自分がまったく沈黙することで三種類の音を聴くのです。最初の音は、遥かな宇宙から響いてきます。第二の音は守護霊から来ます。そして第三の音は、あとでマントラを記すときに申し上げるヒエラルキアの存在たちから来ます。今日のマントラは、そのように考えて下さい。

そのようにして、宇宙の彼方から、宇宙のあらゆる側から次の言葉が響いてきます――

思考の分野に耳を傾けよ。

つまり、思考の真の本性を霊と魂の宇宙体験を通して聴き取るように、というのです。

次いで守護霊が語ります。宇宙の彼方から響いてくる言葉が消えたあと、――私たちは今、この状況の中で霊的に生きています――守護霊が次の三行を語ります――

今語るものは、霊の光で
地上から地上への道を
お前に示そうとする。

これは守護霊の言葉です。

次いで地上から地上への道を私たちと共にする天使が語ります――

お前の感覚の輝きに眼を向けよ。

これは私たちを受肉から受肉へ導く天使の言葉です。私たちは心の内部でこの言葉を聴きます。

ふたたび守護霊が語ります――

今語るものは、天使の魂を羽ばたかせて、
素材から離れた存在領域の魂たちに
お前を引き合わせようとする。

次いで私たちに配慮する大天使が次の言葉を語ります――

お前の思考の働きに眼を向けよ。

この言葉は大天使の位階を指示しています。

はじめは「感覚の輝きに眼を向けよ」でした。つまり感覚生活の場合、例えば、太陽が輝いているのであって感覚が輝いているのではない、と思っています。しかし、本当は私たちの感覚も輝いています。感覚は輝きながら知覚活動をしているのですが、私たちがこの輝きを認めていないだけなのです。ですから、私たちに関わる天使が、「お前の感覚の輝きに眼を向けよ」と警告するのです。

ふだんの私たちは、通常の意識状態で考えますが、このときの私たちは、まだ思考の存在を感じとっていません。ですから大天使は、「お前の思考の力の働きに眼を向けよ」と警告するのです。

人格霊のところへ行きますと、守護霊が三行の言葉で警告します。私たちはその警告を聴かなければなりません――

今語るものは、地球から遠い
創造者の分野で生存の根拠を
お前に与えようとする。

「生存の霊座」と言ってもいいのですが、もっといいのは、「生存の根拠をお前に与えようとする」という言い方です。ですから、私たちに生存の根拠を与えようとする霊的存在は、霊界の分野で私たち自身を霊の地盤に置こうとするのです。ちょうど私たちが感覚の分野で物質の地盤に立っているようにです。

境域の守護霊がそう語ったあと、人格霊がこう語ります――

思い出の像の姿に眼を向けよ。

これは第三の警告です。第一に私たちは感覚の輝きに眼を向けなければなりません。第二に私たちの内部の思考の力の働きに眼を向けなければなりません。第三に奥深く、言語野の下の記憶の像に眼を向けなければなりません。「思い出の像の姿に眼を向けよ」なのです。

そのときの私たちの沈黙する魂は、三重の語りかけを聴きました。最初の一行は、宇宙からの語らい、「思考の分野に耳を傾けよ」でした。私たちは本来のヒエラルキアの警告と警告の間に存する三行の守護霊の語らいに耳を傾けます。そして、それから私たちに関わるヒエラルキア存在たちの、彼ららしい語らいに耳を傾けます。この言葉は、私たちの本性の奥底にまで語りかけてきます。このマントラ全体の関連は、次の通りです――

思考の分野に耳を傾けよ。

今語るものは、霊の光で
地上から地上への道を
お前に示そうとする。
お前の感覚の輝きに眼を向けよ。

今語るものは、魂を羽ばたかせて
素材から離れた存在領域の魂たちに
お前を引き合わせようとする。
お前の思考の力の働きに眼を向けよ。

今語るものは、地球から遠い
創造者の分野で生存の根拠を
お前に与えようとする。
　思い出の像の姿に眼を向けよ。

［マントラIが板書され、「思考」とそれぞれの最終行に下線が引かれる］

I　思考の分野に耳を傾けよ。

1　今語るものは、霊の光で
地上から地上への道を
お前に示そうとする。
　お前の感覚の輝きに眼を向けよ。

2　今語るものは、魂を羽ばたかせて
素材から離れた存在領域の魂たちに

お前を引き合わせようとする。
　お前の思考の働きに眼を向けよ。

3

今語るものは、地球から遠い
創造者の分野で生存の根拠を
お前に与えようとする。
　思い出の像の姿に眼を向けよ。

以上で私たちは、三つの低次のヒエラルキアから流れてくる自己認識のための警告を、内的、魂的に体験しました。

第1の句は天使の位階から、
第2の句は大天使の位階から、
第3の句は人格霊の位階からの警告です。

瞑想をはじめる前に、魂を集中させなければなりません。そのために特定のイメージを魂の前に呼び起こすのです。それはこういうイメージです［図が描かれる］。眼が上の方を見ています。その眼は高次のヒエラルキアの円に向かいます［円周］。このヒエラルキアは宇宙の作用力を眼に流し込みます［上方の放射線］。それから眼は低次のヒエラルキアの円［波状線］に向けられます。このヒエラルキアは高次のヒエラルキアの方へ向かって進む一方で、放射線を人間に向けて送ります［下方の放射線］。

このイメージを魂の前に呼び出すのです。上方を見る眼、二つの線——円い線と波状の線、下方へ向かう放射線です。瞑想しているときは、このイメージを考え続けないで、イメージが魂の前に立ち続けるようにします。上方を見る眼のイメージがです。

次に宇宙のすべての側から響いてくる音を聴きます——

感情の分野に耳を傾けよ。

それから守護霊は次の三行を語ります——

今語るものは、霊の太陽の輝きで
思考内容となって宇宙を生きよ
とお前に呼びかける。

「感情の分野に耳を傾けよ」は高次のヒエラルキアから響いてくる高次の言葉です。最初のマントラの場合は、すでに私たちの中にあるものに注意が向けられただけですが、このマントラでは、自分の感覚、思考、思い出を見るようにと私たちに呼びかけるだけでなく、私たちが自分で、宇宙そのものの中で、宇宙を聴きとるようにと呼びかけられます。それは形態霊から響いてくる言葉です。

次いで私たちに関わっている形態霊からの言葉が響きます――

お前の呼吸の生命《いのち》の活動を感ぜよ。

ふたたび守護霊が次の三行を語ります――

今語るものは、霊の国の

星々の生命で宇宙を生きよ
とお前に励ましを送る。

次いで運動霊のヒエラルキアの存在が語ります——

お前の血液の波打つ流れを感ぜよ。

そのとき私たちは宇宙のいとなみが自分の血液の波打つ流れの中で継続しているのを考えます。というか、本来、感じるのですが。

そしてふたたび、守護霊が私たちに警告しつつ、叡智霊の位階の存在が語る言葉に耳を傾けよ、と語ります——

今語るものは、明るい神々の高みで
地《つち》の意志から霊の感覚を創造しよう
とお前のために欲している。

次いで、叡智霊の位階の存在が語ります――

　地の強力な反抗を感ぜよ。

大地の力のこの強力な反抗が感じとれるときにのみ、人は純粋な霊界に参入できるのです。

ですから、このマントラの体験は、このように響くのでなければなりません――

　感情の分野に耳を傾けよ。

今語るものは、霊の太陽の輝きで
思考内容となって宇宙を生きよ
とお前に呼びかける。
　お前の呼吸の生命《いのち》の活動を感ぜよ。

今語るものは、霊の国の
星々の生命で宇宙を生きよ
とお前に励ましを送る。
　お前の血液の波打つ流れを感ぜよ。

今語るものは、明るい神々の高みで
地《つち》の意志から霊の感覚を創造しよう
とお前のために欲している。
　地の強力な反抗を感ぜよ。

第二ヒエラルキアの位階に上がっていくとき、形態霊の位階の私たちに関わっている存在による警告で、自己認識を目覚めさせられます。はじめ私たちは守護霊から、こういう存在が私たちに語りかけてくるであろう、と警告されます。

愛する姉妹兄弟たち、地上で考えるときの私たちの思考内容は、ほとんど無に等しいのです。しかし形態霊の存在が考えるとき、私たちの自我のことを考えています。ですから、私たちの自我は、形態霊の存在の思考内容なのです。地上を生きる私たちが自分に向かって「私」と言うとき、その私は何に眼を向けているのでしょうか。

私たちが「私」と言うとき［「私」という言葉と共に黄色い円が描かれる］、私たちはこの自我［赤い矢印］に眼を戻します。そして「私」と言います。けれども、形態霊の存在［緑の線］にとってこの自我は思考内容なのです。けれども現実の、本当の思考内容なのです。私たちの自我が存在しているのは、私たちが形態霊の思考対象になっているからなのです。ですから、自分に対して「私」と言うときの私たちは、自分が神々によって思考されている、と自覚しているのです。そして、私たちが高次の在り方をすることができるのは、神々に思考されていることによるのです。

次いで、運動霊の存在が私たちに警告を発します。その警告とは、私たちが霊的存在でありうるのは、運動霊が星々から受けとる生命力を働かせてそうしてくれているからだ、という警告です。次いで叡智霊の存在が私たちに警告します。その警告は、地上を生きる私たちの意志が天の高みへ引き上げられると、そのとき経験する変化の中でその地上の意志がふたたび私たちに与えられる、というのです。ですから、私たちは自分の意志を霊の意志としても用いることができるのです。つまり、地《つち》の意志は霊の意志の変化したものにすぎない、というのです。地の意志は絶えず引き下ろされたり、引き上げられたりします。地の意志は、上では天の意志であり、下では地の意志なのです。

守護霊は最後にあらためて、私たちにこのことを警告します。叡智霊の次の言葉に応じてです。――「地《つち》の強力な反抗を感ぜよ。」

地の反抗を感じとることで、私たちは恩恵を、天の高みからの働きを感じとります。

[マントラIIが板書され、「感情」とそれぞれの最終行に下線が引かれる]

II　感情の分野に耳を傾けよ。

1　今語るものは、霊の太陽の輝きで
思考内容となって宇宙を生きよ
とお前に呼びかける。
　お前の呼吸の生命《いのち》の活動を感ぜよ。

2　今語るものは、霊の国の
星々の生命で宇宙を生きよ
とお前に励ましを送る。
　お前の血液の波打つ流れを感ぜよ。

3

今語るものは、明るい神々の高みで
地《つち》の意志から霊の感覚を創造しよう
とお前のために欲している。
　地の強力な反抗を感ぜよ。

この第二のマントラをもう一度繰り返します。

　感情の分野に耳を傾けよ。

今語るものは、霊の太陽の輝きで
思考内容となって宇宙を生きよ
とお前に呼びかける。
　お前の呼吸の生命の活動を感ぜよ。

今語るものは、霊の国の

星々の生命《いのち》で宇宙を生きよ
とお前に励ましを送る。
　お前の血液の波打つ流れを感ぜよ。

今語るものは、明るい神々の高みで
地《つち》の意志から霊の感覚を創造しよう
とお前のために欲している。
　地の強力な反抗を感ぜよ。

第一の句は形態霊の位階から、
第二の句は運動霊の位階から、
第三の句は叡智霊の位階から
響いてきます。

そして最後に、すべてが私たちの内部で経過したあと、どんなイメージを魂の前に置いたかを思い出し、それをはっきりと体験します。そのために、私たちはふたたびイメージを魂の前に置きます。それは瞑想を通して魂の前に置いたイメージです［「思考の分野に耳を傾けよ」のマントラを板書したあと、黒板に描かれたイメージ、眼、円、上方の放射線、波状線、下方の放射線がもう一度描かれる］。

次回の秘教学級では、セラフィーム、ケルビーム、トローネの位階からの呼びかけが、このイメージに付け加えられるはずです。しかし今は、以上の全体にどんな意味があるのかを、はっきり理解しておかなければなりません。

愛する姉妹兄弟たち、今日の秘教講義は、宇宙の生命、宇宙の本質による私たちの自己認識への警告から始めました。自己認識は宇宙認識に通じる、と申し上げました。しかしそうなるのは、自己と宇宙とが結びついたときでなければなりません。

しかし自己は、外的な自然経過とではなく、霊界と独自の結びつきをもっています。霊界にはヒエラルキアの存在たちがいます。ですから本当に自分の自己、自分の自我の中に入ろうとするとき、その自己を外的な自然と一緒に体験するのではなく、ヒエラルキアの本性たちと一緒に体験するのでなければなりません。なぜなら、外的な自然が私たちの自我に語りかけるものは、いつでも外的な、無に等しい自我の残照にすぎないのですから。真の自我は、高次のヒエラルキアの本性たちのいる領域に存在しています。ですから、私たちが真の自己認識を始めるためには、高次のヒエラルキアの位階に参入して、その高次のヒエラルキアの言葉に耳を傾けなければならないのです。

この霊界参入を力を尽くして実行するように、単に貧血の理論にするのではなく、全力で実行するように、境域の守護霊はそう警告するのです。瞑想全体を必要な尊厳をもって体験するために、ふたつの――そして次回に述べるように――三つの強力な警告が宇宙から発せられます。――「思考の分野に耳を傾けよ」、「感情の分野に耳を傾けよ」はそのためにあるのです。

この三重の言葉を生きいきと感じとり、霊界の中にあってマントラを瞑想するときにのみ、私たちは前進できるのです。なぜなら、そのときにのみ、正しい心の在りようを持つことができるからです。この心の在りようが何よりも大切なのです。瞑想によって獲得できる本来の聖なる状態は、少しの間外の世界から抜け出て、もっぱら瞑想の内容に没頭するときのあの心のありようによってのみ得られるのですから。自己認識が内面への投入であるだけでなく、それが宇宙と守護霊とヒエラルキアとの打ちとけた対話になるとき、私たちは真の自己認識に到るのです。

この心の在りようが持てなければ、本来こういう事柄について考えることさえ避けなければなりません。今日述べたような事柄は、魂の内面で本当にこの心の在りようを持つことができたときにのみ、私たちはそれを考えることが許されるのです。この心の在りようが現れるのは、宇宙の壮大さ、轟音を響かせて私たちに迫ってくる宇宙の拡がりを感じとるときです。一方、境域の守護霊に由来するものは、穏やかに警告する声となって響きます。そしてヒエラルキアそのものの存在は切迫した口調で私たちに語りかけてきます。

私たちがどんなにこのことを思い出して、それに伴う感情を働かせるときでも、通常の乾燥した、俗物的な思考によってマントラを穢してしまうことがないように、マントラだけに意識を集中して、内的にマントラと結びつくのでなければなりませんが、ふさわしい心の在りようをもつことなしにそうすることは不可能です。

ですから私たちの自己認識が祝祭的であり、厳粛なものであり、聖なるものであると感じられるような、内なる心の在りようが持てなくてはなりません。そして本来、こういう事柄は、魂によって内的に受けとられるのでなければなりません。外的にではないのです。こういう事柄は、厳粛なもの、祝祭的なもの、神聖なものと感じられるのでなければならないのです。

秘教上の道をさらに進むことを妨げる大きな障害は、こういう事柄がいろいろと派閥に分かれて議論される、ということです。それはこの厳粛な、祝祭的な、神聖な気分を持つことができず、虚栄心に駆られてこういう事柄を話題にするときに生じます。しかし、どんな秘教生活においても、真実が、まったき真実が支配していなければならないのです。人はそのことを考えようとしません。秘教上の生活においては、真実が、まったき真実が支配していなければならないことに気づかぬ人は、そもそも秘教上の事柄のために働くことができません。そういう人は、真実について語ることができても、秘教の問題を外的な世俗生活でのようにしか捉えることができないのです。そういう人は、秘教の内容をいつものおしゃべりの対象と同じものにしてしまうのです。

こういう日常のおしゃべりはどこででも行われていますが、秘教の途上では大きな妨げになります。ですから、自己認識に関わるすべてに関しては、厳粛で祝祭的で神聖な気分で魂を充たさなければなりません。そうすれば、今最後にもう一度繰り返す言葉を、正しい意味で魂に作用させることができるでしょう——

おお、人間よ、汝自身を知れ！

そうです。これが自己認識への導きなのです——

おお、人間よ、汝自身を知れ！
宇宙からの言葉が響く。
魂を強く保ち、霊の力を働かせて
この言葉を聴くがよい。

宇宙の力にあふれ、こころの奥底から
誰がそう語るのか。

言葉は空間の拡がりを貫いて
お前の感覚体験に働きかけるのか。
時間の波打つ流れを貫いて
お前の生命《いのち》の生成に響いてくるのか。

空間を感じ、時間を体験しつつ
この言葉を創造するのは
お前自身なのか。

空間の中で魂のむなしさを感じ
時間の破滅の流れの中で
思考の力を失っているのは

お前自身なのか。

これは基本的にひとつの問いであり、その答は、黒板に記したマントラの中にあるのです。

霊学自由大学第一学級のための秘教講義

第13講

ドルナハ

1924年5月17日

愛する皆さん、はじめにまた、霊的な宇宙から私たちの魂に響いてくる言葉を語ります。この言葉は私たちが自分の本質を認識するように警告しています――

おお、人間よ、汝自身を知れ！
宇宙からの言葉が響く。
魂を強く保ち、霊の力を働かせて
この言葉を聴くがよい。

宇宙の力にあふれ、こころの奥底から
誰がそう語るのか。

言葉は空間の拡がりを貫いて
お前の感覚体験に働きかけるのか。

時間の波打つ流れを貫いて
お前の生命《いのち》の生成に響いてくるのか。

空間を感じ、時間を体験しつつ
この言葉を創造するのは
お前自身なのか。

空間の中で魂のむなしさを感じ
時間の破滅の流れの中で
思考の力を失っているのは
お前自身なのか。

愛する姉妹兄弟たち、先回はヒエラルキアとの結びつきを教える魂の内なる言葉を見出そうと試みました。人間の霊的‐魂的な存在は、ヒエラルキアに結びついているのです。

私たちは思考の分野に沈潜することによって、第三ヒエラルキアの天使、大天使、人格霊の領域へ参入することができます。

その場合の思考とは、日常行使している思考のことではなく、日常の思考の背後に働いている思考のことです。この思考は、瞑想によって、例えば先回の「思考の分野に耳を傾けよ」に始まるあの言葉に沈潜することによって、私たちの生存全体の中から生み出すことができます。

先回はまた、この思考は人間の言語領域の上方に感じとることができる、と申し上げました。一方、記憶という思考内容の分野は、言語領域の下方に感じとることができます。言語領域そのものは、私たちが内的に生命《いのち》を充実させて、つぶやいたり、はっきり声に出したりして、何かを言うときに、感じとることができます。言語は私たちの中に感じとれます。言語を自分の中に感じとる場所も明らかにすることができます。そしてそこから出発することもできます。実際、言語を体験するのは非常に容易なのです。

内なる思考は、言語の上方、後頭部に見出すことができます。この内なる思考によって、天使と出会うことができます。言語そのものの中には、大天使がいます。そして言語の下方に位置する記憶の中に、人格霊が感じとれます。

そしてこの第三ヒエラルキアの存在たちに私たちを導いてくれるマントラが、先回の秘教講義の中で取り上げられました。

あのマントラは、遥かな宇宙から私たちに語りかけてくるようにイメージして下さい。宇宙そのものが私たちに向かって響いてくるかのようにイメージします。そして次に、境域の守護霊の言葉がこの宇宙の中に響きます。そのとき私たちは、第三ヒエラルキアに属する天使の言葉をよく聴くように、と警告されます。

次に境域の守護霊は、大天使の言葉をよく聴くように、注意を促します。

そして第三に守護霊は、人格霊の言葉をよく聴くように警告します。ですからこれらのマントラは、遥かな宇宙から私たちに響いてくる言葉、守護霊が語る言葉、ヒエラルキアが語る言葉として聴くのでなければなりません――

思考の分野に耳を傾けよ。

今語るものは、霊の光で
地上から地上への道を
お前に示そうとする。
　お前の感覚の輝きに眼を向けよ。

今語るものは、魂を羽ばたかせて
素材から離れた存在領域の魂たちに

お前を引き合わせようとする。
　お前の思考の力の働きに眼を向けよ。

今語るものは、地球から遠い
創造者の分野で生存の根拠を
お前に与えようとする。
　思い出の像の姿に眼を向けよ。

遥かな宇宙が私たちに語りかけ、境域の守護霊が私たちに語りかけ、ヒエラルキアが私たちに語りかけます。この状況を繰り返して感じてみて下さい。この状況を生きいきと、私たちを取り巻いているかのようにイメージするのです。そうすれば、先回黒板に描いた図式と結びついて、後頭部に、言語野の上方に存在するあの思考を次第に感じとることができるようになります。私たちはこの思考によって、第三ヒエラルキアの働きに近づくことができるのです。愛する姉妹兄弟たち、このマントラを通して私たちは、第三ヒエラルキアの存在たちと結びつくのです。

同様に、第二のマントラを通して私たちは第二ヒエラルキアの存在たちと結びつきます。このマントラを同じように、霊的に感じとり、知覚するのですが、その場合、自分がマントラを唱えていることを完全に忘れなければなりません。私たちは今述べた状況の中に完全に身を置かなければなりません——

感情の分野に耳を傾けよ。

今語るものは、霊の太陽の輝きで
思考内容となって宇宙を生きよ
とお前に呼びかける。
お前の呼吸の生命《いのち》の活動を感ぜよ。

今語るものは、霊の国の
星々の生命で宇宙を生きよ
とお前に励ましを送る。
お前の血液の波打つ流れを感ぜよ。

今語るものは、明るい神々の高みで
地《つち》の意志から霊の感覚を創造しよう
とお前のために欲している。
地の強力な反抗を感ぜよ。

こうして私たちは、形態霊、運動霊、叡智霊と結びつくようになります。感情領域である呼吸、血液系と意志の発する領域、意志としてしか感じられない領域との間、私たち人間存在全体と第二ヒエラルキア存在との間に、内的な結びつきがそれによってつくられます。

愛する姉妹兄弟たち、今日は意志の分野の考察が残されています。意志の分野は人間をもっとも強力に支配し、作用する分野なのですが、同時に人間が意識して体験することのもっとも少ない分野でもあります。人間は通常、自分の意志がどのような在り方をしているか、あまりよく知らないのです。

まずはじめに、人体の運動という意志のあらわれを取り上げてみましょう。

愛する姉妹兄弟たち、秘教学級を通して語られる霊の道を歩もうとするのなら、この身近な体験をイメージしなければなりません。

どうぞ、歩いている自分をイメージしてみて下さい。通常の考え方ですと、自分のからだが足を動かし、足が自分を運んでくれるのです。そう考えれば一番簡単です。自分の見知らぬ力が足をそのように動かしているだけなのですから。実際、通常の意識ではこの力を捉えることができません。ただ一方の足がもう一方の足の前に出て、この世を歩いていく、と思っているのです。

しかし、そうではないのです。足は歩いて世の中を渡るために存在するのではないのです。ここでただちに通常の意識が幻影であることを示す例に出会います。私たちが足で歩くというのは、足が歩くためにあるというのは、幻影なのです。

愛する姉妹兄弟たち、足を使っても不自由な職業生活に入っていくだけだ、と言っているわけではありません。人間が足で歩くのは真実ではない、というのは、そういう意味で申し上げているわけではありません。確かにこういう言い方をしていては、何も理解してもらえないでしょう。通常の意識内容がすべて大きな幻影であり、錯覚であるということが、どれくらい深い意味で真実なのか、すぐには理解できません。大きな錯覚が生じるのは周囲を見回すときだけではなく、自分と世界との関係を体験するときにも生じるのです。

問題は次の点にあります。どうぞこの図を見て下さい［板書］。これが人間の足です。一方の足をもう一方の足の前へ出しながら歩を進めます［白］。しかしこの肉体の足の中には、エーテル体が含まれています［赤］。足に相当するエーテル体部分です。そこには足に相当するアストラル体も含まれ［黄］、さらには自我組織も含まれています［紫］。

私たちは肉体の足で歩くのではありません。私たちはエーテル体の足で歩くのでも、アストラル体の足で歩くのでもありません。自我組織の力を働かせて歩くのです。眼には見えない大地の重力［矢印のついた半円を描き加える］の中を自我組織の力で歩くのです。この自我組織の力［矢印のところの短い線］で大地のこの重力を体験します。そしてまず、運動意志に相当するものが眼に見えぬ自我組織の力と眼に見えぬ大地の重力との間に生じるのです。

大地の重力の働きを受けるときに、それを抵抗として感じとれるのは、自我組織だけなのです。それに対して足に相当するアストラル体、エーテル体、特に肉体は、自我組織が大地の重力を感じ、それを知覚できるようにするためにのみ存在しているのです。自我組織が知覚できなければ、人間が地球の組織に関わることはできません。自我組織が意識して地球の組織に関われなければならないのです。自我組織が歩きながら自分自身を実感し、人間が大地の力と結びつくことができるようになるために、肉体その他の組織が働いているのです。

ですから歩く行為は、まったく超感覚的な経過なのです。感覚組織は歩行を当人が知覚できるようになるために存在しています。人間は、知覚できたときにのみ行動できるのです。愛する姉妹兄弟たち、皆さんは靴下だけでは歩けないように、足だけで歩くこともできません。足の中の自我組織が歩くのです。靴下が足を温めてくれるように、足はその歩行を意識させてくれるのです。

今言ったことを、どうぞ感じとって下さい。歩きながら、歩行が超感覚的な経過であることを感じとって下さい。すべての感覚的存在は意識化できるようになるために存在しているのです。しかし、覚醒時の地上生活においては、完全に意識化することはできません。なぜなら私たちの足も重さをもっており、それによって大地の重力だけでなく、足の重みをも受けて歩くのですから。

眠っているときは、足を働かせていませんが、自我とアストラル体は地上を歩きまわるときよりもはるかに活発な仕方で、宇宙を渡り歩いています。私たちは睡眠中も行動しているのです。ただ、通常の意識はそのことを自覚していません。足で歩くときにのみ、歩行を意識しているのです。

睡眠中もしくは見霊体験中の私たちの歩行は、一体誰がそれを可能にしてくれているのでしょうか。地上での歩行においては、肉体である足によって運動が意識され、その結果歩くことができる、と私は言いました。愛する皆さん、それでは眠っているとき、何がその足の代わりをするのでしょうか。それは睡眠中の歩行のために私たちと結びついてくれる本性たち、すなわち第一ヒエラルキアのトローネたちなのです。

通常の意識では、睡眠中にトローネを知覚することができませんが、睡眠中に何が起こっているかを知覚する「直観力」があれば、ちょうど地上での私たちが足を通して通常の物質生活と結びついているように、睡眠中の私たちがトローネを通して高次の世界と結びついていることを知覚することができます。

こういう事柄は感情で内的に感じとらなければなりません。そうできれば本来いつでも、私たちがその中にいる霊界の活発ないとなみを知覚することができるのです。

思考と感情の分野で先回取り上げたマントラが述べていたように、遥かな宇宙から雷鳴のような大音声《おんじょう》で私たちに何かが迫って来ます。そして、境域の守護霊はトローネの声を聴くように、と警告します。これと同じ状況の中に身を置きながら意志を発動させるとき、魂の衝動から意志の中へ何が移ってくるのか、トローネはそのことについても私たちに語ってくれます。ですから、このマントラの第三部をも、遥かな宇宙から響いてくるように、受けとめてみて下さい――

意志の分野に耳を傾けよ。

次は境域の守護霊の言葉です――

今語るものは、おぼろな宇宙の力を
大地の暗い深みの中から
お前の肢体の働きへ導く。
　お前の衝動の火に眼を向けよ。

これが第一の部分です。第二の部分は私たちを魂の中へ導き入れます。人間の意志の働きをさらに辿っていくと、この内的な瞑想状態の中で、私たちは大きな発見をします。私たちが更なる進化を遂げようとするのでしたら、一度はこの発見に到らなければなりません。

愛する姉妹兄弟たち、ここで皆さんのよく知っていることに注意を促したいのです。通常の意識がよく知っている「良心の声」にです。「良心の声」、それは漠然と人間本性の中から意識に響いてきます。魂の道徳的な態度について魂の神秘的な奥底から響いてくるこの「良心の声」のことを、ふだん私たちはあまり意識していませんが、通常の意識で自分の方から良心の声に近づこうとするのではなく、良心の声は向こうから響いてきます。ですから、魂の表面で良心の声を感じとることはありません。

しかし私たちが瞑想を通して、宇宙を貫いて働くケルビームの叡智にまで達するとき、大きな発見をするのです。ケルビームの世界から私たちの中に働きかけてくる作用の中に良心の声が生きている、という発見です。

そうなのです。良心の声は、高次の本性に由来するのです。良心の声は本来、ケルビームの世界に生きているのです。良心の声は、ケルビームの世界から人間本性の中へ作用します。人間本性の深みから漠然と響いてくるのです。しかし、私たちの直観がケルビームの世界、良心の働いているその世界と出会うとき、その出会いはまさに圧倒的なものになります。それは私たちの人格にとっての最大の発見であるとも言えます。

境域の守護霊は、そのために次のような言葉で私たちに警告を発します——

今語るものは、明るい霊の光を
恩寵に充ちた神の働きから生じさせ、
お前の血の中に循環させる。
　良心による魂の導きに眼を向けよ。

本当に、ケルビームの分野から生じて、血の中で循環し、良心の声となるものは、霊なのです。血は人体のあらゆる部分に物質として働いています。しかし、血が人間存在のあらゆる部分においで物質的であるからこそ、この良心の声をも同時に担うことができるのです。良心の声は血の中でケルビームの生命《いのち》の波動となって働くのです。

次のような状況を思い浮かべてみると、この瞑想をよりよく行うことができます。

まず遥かな宇宙からこういう言葉が響いてきます――

意志の分野に耳を傾けよ。

境域の守護霊が私たちに警告を発します――

今語るものは、おぼろな宇宙の力を
大地の暗い深みの中から
お前の肢体の働きに導く。

次いでこのようにイメージをつくります［板書］。――雲の動き［青］。雲の動きはトローネを象徴しています。そして、この雲のイメージの中で第一ヒエラルキアのトローネの声を聴きます――

お前の衝動の火に眼を向けよ。

境域の守護霊はさらに語り続けます――

今語るものは、明るい霊の光を
恩寵に充ちた神の働きから生じさせ、
お前の血の中に循環させる。

今、この雲がピカッと光ります。稲妻〔赤〕です。実際、稲妻はケルビームの道具なのです。ケルビームの火の剣《つるぎ》なのです。この稲妻が雲の中でピカッと光ります。私たちはこの稲光りを次の言葉の中に感じとります――

良心による魂の導きに眼を向けよ。

次いで境域の守護霊が語ります――

今語るものは、生死を繰り返しつつ、
成熟していく人間存在を意味深く
今のこの呼吸の中にもたらす。

「生死を繰り返しつつ」というのは、これまで繰り返されてきた地上生活のことです。このマントラの場合、こういうイメージを持って下さい。――天上のすべてが熱の働き［黄］を伴った稲妻を地上に送り込むのです。そして、遥かな宇宙から来るこの稲妻の熱の中に、セラフィームの言葉が感じとれるのです――

お前の運命の霊の試練に眼を向けよ。

運命は地上生活から地上生活へ、今のこの地上生活に到るまで力を及ぼし続けます。

マントラは、このような仕方でイメージできたとき、特別有効に働きます。まさにこのマントラの場合、意志というもっとも神秘的な問題を扱っていますので、このことが当てはまります。言葉に含まれている一切の日常的な内容を取り除いて、トローネの代わりに、「席《ジッツェ》」（複数）というドイツ語の言葉を用いることも、イメージをつくる助けになると思います。席という言葉に、一定の居場所、宇宙での居場所という意味を与えることで、イメージをつくるのに役立たせて下さい。

愛する姉妹兄弟たち、「席」という言葉で雲の居場所をイメージして下さい。

席　　　［と黒板に記される］

私たちの前に雲が立ち現れます。そして「稲妻《ブリッツェ》」（複数）という言葉で「稲光り」がさし込むようにイメージします。

稲　妻　　　［と席の上に記される］

稲妻が雲の中でピカッと光ります。そして「熱《ヒッツェ》」という言葉で宇宙の熱をイメージします。

熱　　　［と稲妻の上に記される］

この三重の「イ」という母音の中に、雲の居場所から稲妻へ、稲妻から稲妻を生じさせる宇宙の熱へと上昇していく力を感じとって下さい。「席《ジッツェ》」、「稲妻《ブリッツェ》」、「熱《ヒッツェ》」という言霊《ことだま》を、マントラのための準備として感じとって下さい。

そして、このイメージと共に、マントラの力を感じとって下さい。

［マントラⅢが板書され、「意志」とそれぞれ最終行に下線が引かれる］

Ⅲ　意志の分野に耳を傾けよ。

1　今語るものは、おぼろな宇宙の力を
大地の暗い深みの中から
お前の肢体の働きへ導く。
　お前の衝動の火に眼を向けよ。

2　今語るものは、明るい霊の光を
恩寵に充ちた神の働きから生じさせ、

お前の血の中に循環させる。
　良心による魂の導きに眼を向けよ。

3

今語るものは、生死を繰り返しつつ、
成熟していく人間存在を意味深く
今のこの呼吸の中にもたらす。
　お前の運命の霊の試練に眼を向けよ。

このマントラの中には、決まった文言《もんごん》が使われているのではなく、「肢体の活性化」のための言葉が用いられています。それには、上述したように自我組織と大地の力との共同作業が大切なのですが、この作業はまったく超感覚的な経過をとります。マントラの第一の部分でそのことが暗示されています。

第二の部分では、生体の全体を貫く血液の循環を意識しなければなりません。この循環の流れの中には良心が働いています。しかし運命は、基本的に私たちの呼吸の中に働いています。律動系のもっとも上の部分で、今の私たちの呼吸だけでなく、以前の地上生活（複数）からの呼吸がなされているのです。

境域の守護霊は、この第一の部分でトローネを、第二の部分でケルビームを、第三の部分でセラフィームを示唆しています［第一部の横に「トローネ」、第二部の横に「ケルビーム」、第三部の横に「セラフィーム」と記す］。

必要な内なる力と霊の集中とをマントラに与えるために選ばれた象徴を、第一ヒエラルキアが見事に表現しています。雲、トローネですが、雲の中に霊を見てとるトローネは、みずからの本性をそこに見ているのです。

雲——トローネ——本性　［「本性」に下線が引かれる］

私たちは稲妻に眼を向けます。ケルビームはすでに覆い隠されています。トローネの場合は、雲の中で働いているのを感じとることができました。湧き起こる雲塊は、トローネの本性をあらわしていました。ケルビームはそれほど容易には姿を見せてくれません。トローネよりも姿を隠していて、なんらかの形姿の中にみずからをあらわすことはないのです。稲妻の中にみずからの道具を示すだけなのです。みずからはその道具の背後にいます。稲妻はケルビームの本性ではなく、道具をあらわしているのです。

稲妻――ケルビーム――道具　［「道具」に下線が引かれる］

そして宇宙の熱にまで到りますと、その熱の奥深くにセラフィームがひそんでいます。道具である稲妻の背後のケルビームよりも、さらにはるか奥深くにひそんでいます。この宇宙の熱は、セラフィームの単なる仮象、単なる見せかけにすぎません、トローネはその本性をあらわしています。ケルビームはその道具を通してみずからをあらわします。セラフィームは自分の中から生じる輝き（仮象）によってしかみずからをあらわそうとしません。

宇宙の熱――セラフィーム――仮象　［「仮象」に下線が引かれる］

こうして意志の分野で、人間と第一ヒエラルキアとの結びつきがつくられます――

意志の分野に耳を傾けよ。

今語るものは、おぼろな宇宙の力を
大地の暗い深みの中から
お前の肢体の働きへ導く。
　お前の衝動の火に眼を向けよ。

今語るものは、明るい霊の光を
恩寵に充ちた神の働きから生じさせ、
お前の血の中に循環させる。
　良心による魂の導きに眼を向けよ。

今語るものは、生死を繰り返しつつ、
成熟していく人間存在を意味深く
今のこの呼吸の中にもたらす。
　お前の運命の霊の試練に眼を向けよ。

しかし大切なのは、私たちが自分で語ったり、考えたり、感じたり、意志したりするのではなく、自分自身のことをすっかり忘れて、この状況の中で三重の仕方で私たちに響いてくるものを全身全霊で感じとることなのです。

愛する姉妹兄弟たち、どうぞこのマントラを真剣に受けとって下さい。そうすれば、マントラは私たちに必要とする力を与えてくれます。そして霊界の三重の分野で、思考と感情と意志の分野で、私たちを前進させてくれます。大切なのは、私たちが本当に真剣な態度で、これらの事柄に向き合うことなのです。

そのためには、さらにもうひとつのことが顧慮されなければなりません。瞑想する人も、しばしば日常生活を惰性で過ごしています。生まれてから死ぬまで地上の人間なのですから、そうであるのは当然です。通常の意識をいつも働かせていなければいけないのですから。けれどもその一方で、こういう生き方もできるはずです。例えば――今、否定的な場合を例にとりますが――、習慣性の痛みや、慢性になった痛みのあるとき、私たちはその痛みをいつも感じています。ときにその痛みを忘れることがあるかも知れませんが、その痛みは持続しています。

瞑想の力に捉えられるときも、それと同じような仕方で体験すべきなのです。今、自分は日常的な意識を持っているが、その意識の中で一度は瞑想に集中したことがある。一度は瞑想の力に捉えられたことがある。そう感じるべきなのです。瞑想したこと、私たちが一度瞑想状態にあったことをいつも感じているべきなのです。瞑想は私たちを別の存在にする、と感じることによって、私たちは別人になるのでなければなりません。一度、瞑想を始めたことによって、愛する姉妹兄弟たち、私たちは自分が瞑想する存在であることを、人生の中で片時たりとも忘れることができなくなるのです。そして、これこそが瞑想する者の正しい心の在りようなのです。

私たちは瞑想に集中します。もちろん日常生活の妨げにならないように、短い時間だけ瞑想するとしても、本来私たちは自分を瞑想する者である、といつも感じているべきなのです。私たちが瞑想する者であることを忘れたなら、そのあとで、その忘れていたことを思い出すのです。そのとき、着物を着ないで、裸のまま人通りのはげしい往来に出てしまったときのように、恥ずかしい思いをしていただきたいのです。そういう習慣を身につけていただきたいのです。瞑想しない人から瞑想する人への移行を、このように考えていただきたいのです。私たちが瞑想する者であることを意識しなくなり、あとでそのことを恥ずかしいと思わなくなった、という瞬間が来ないことが大切なのです。問題の本質はこのことの中にあります。

そうなれば、私たちはすでに始めたあの宇宙の言葉を通して、本当に進歩するでしょう――

おお、人間よ、汝自身を知れ！

宇宙からの言葉が響く。

魂を強く保ち、霊の力を働かせて
この言葉を聴くがよい。

宇宙の力にあふれ、こころの奥底から
誰がそう語るのか。

言葉は空間の拡がりを貫いて
お前の感覚体験に働きかけるのか。
時間の波打つ流れを貫いて
お前の生命《いのち》の生成に響いてくるのか。

空間を感じ、時間を体験しつつ
この言葉を創造するのは
お前自身なのか。

空間の中で魂のむなしさを感じ

時間の破滅の流れの中で
思考の力を失っているのは
お前自身なのか。

けれども、認識が真剣な問題であること、大いなる幻影であるマーヤーの世界は認識を提供しないということ、私たちがまず守護霊の立つ境域に到らなければならないこと、私たちはこのことを繰り返して何度でも意識し続けなければなりません。境域では、通常の感覚的現実と通常の思考が対象とするすべての幻覚とが消えるのだ、ということを意識していなければなりません。

今述べた宇宙の言葉が響いてくるその同じ宇宙の深みから、さらに以下の言葉が私たちに響いてくるとき、私たちはこのことを意識して感じとることができるのです――

厳しい守護霊をしっかりと見よ。
霊界の門に立ち
お前の感受性と認識力の
働きを拒んでいる。

今お前は感覚と思考を働かせて
空間の虚妄と
時間の錯覚の中から
みずからの真実を
みずからの手で
獲得しなければならない。

この言葉を聴いた私たちは、畏敬の念と共に、私たちの魂の奥底から応答の言葉を語ることができるのです——

私は思考の遺産を身につけて
この感覚世界に生まれてきた。
神の力が私をここに導いた。
死が道の終わりに立っている。
私はキリストの存在を感じたい。
キリストは素材の死の中で

霊の誕生を可能にする。
私は霊の中に宇宙を見出し
宇宙生成の中に私自身を認識する。

*

それではこれから、この講義はいつも土曜日の同じ時間に行うことにします。

霊学自由大学第一学級のための秘教講義

第 14 講

ドルナハ

1924 年 5 月 31 日

愛する皆さん、これまでは境域の守護霊に対する人間の立場を考察してきました。そして境域の守護霊と人間との関係を、認識の道として、一段一段その道を歩みながら、問題にしてきました。今日はこの秘教考察をさらに先へ進めるために、あらためて、もう一度、境域の守護霊を前にしたときの状況を生きいきと心に思い浮かべようと思います。

これまでに述べてきた状況をもう一度繰り返しますと、人間はこれまで通常の意識を発達させてきた物質界を離れても、この感覚的‐物質的な世界の偉大さを認め続けます。この世界は、喜びに充ち、悩み苦しみにも充ちているゆえにこそ、偉大でありうるのです。私の意識はこの地上世界で育ちました。けれども、もしもこの物質界だけに眼を向け、物質界だけを考察し、物質界だけを心に感じとっていたなら、自分自身を認識することは決してできません。ですから、こう言わざるをえないのです。――「色と色の配列、形と形の組み合わせが、たとえどんなに偉大な印象を与えようとも、私自身が何ものなのか、どんな由来をもち、どんな本質を担っているのか、この環境の広がりからは、その答えを見出すことはできない。」

そういう思いの中で、人生のもっとも重要な課題である自己認識の言葉が、あらゆる方向から響いてくるのです。――「おお、人間よ、汝自身を知れ」と。

人間は、通常の生活においては、不用意に自己本来の本質世界、つまり霊界に参入することがないように守られています。夜毎に眠りながら霊界へ参入する人間がその霊界を意識することがないように、境域の守護霊が人間を守ってくれています。実際、もしも人間が睡眠中の自分の環境を不用意に知ってしまったら、覚醒時の人生を集中して生き抜くことができなくなるほどに、恐ろしく心を震撼させられてしまうでしょう。

境域の守護霊は、それだけでなく、自分が真の認識の唯一の門であることをも人間に打ち明けます。しかもそのとき、認識の国へ入るためには、その前に、奈落に向き合わなければならない、と警告します。この奈落は、はじめ底なしの場所となって現れます。しっかりと立つことのできる足場もなくなります。ですから、歩いて奈落を越えていくことはできません。この奈落を渡るには、物質から解放され、象徴的な言い方をすれば、「翼をひろげて」、霊的－魂的な存在となって奈落を飛び越えなければなりません。

境域の守護霊はまず、この奈落に注意するように呼びかけるのです。特に霊の形姿をとった動物たちがこの奈落から立ち昇ってくるのに注目するように、と言います。この動物たちは不純な意志、感情、思考が外に現れたときの姿です。まずこの動物たちを克服しなければならない、と人間に呼びかけるのです。奈落を前にした人間の眼に、人間自身の意志と感情と思考とが三匹の動物の姿で、妖怪じみた恐ろしい姿で、姿を現すのです。

次いで境域の守護霊は、思考と感情と意志が自分の似姿であるこれらの動物を克服しようと決心するように求めます。そしてそう決心するなら、みずからの中にそのための力を見出すことができる、と語ります。ですから私たちは、霊界に参入する以前に、霊界を見るためのマントラによる状況瞑想を行い、宇宙（霊界）がどのように語りかけてくるか、ヒエラルキアがどのように語りかけてくるか、彼方の霊界で人間に期待を寄せている存在たちがどのように語るか、マントラによる状況瞑想によって知っておく必要があるのです。

私たちはマントラが私たちの魂に伝える内容によって、奈落を渡ります。そして、奈落の向こうで生きようとするとき、自分をどう変化させなければならないかを、自覚するようになります。この地上での私たちは鉱物、植物、動物並びに人間と交流しますが、向こうでの私たちは、身体をもたない魂たち、高次のヒエラルキアの霊たちと交流します。環境がまったく別の環境になります。この別の環境は、私たちに別の魂の在り方を求めます。このことを自覚しなければなりません。

奈落を渡り、霊界の現実に接することができるようになるためには、魂の在り方を変えなければならないのです。境域の守護霊はあらためてこのことを力説して、今の私たちがこの事実に対してどういう態度をとるべきなのかを教えます。

私たちははっきり理解します。二つの魂の在り方が私たちには必要なのだ、と。奈落の手前では、通常の意識を持っていた魂が、奈落の向こうでは、肉体、エーテル体から離れて、純粋に霊的な世界にいるときの魂の在り方に変わるのだ、と悟ります。

しかし、この二つの魂の在り方の違いに気がつくとき、大きな危険が私たちを待ちうけています。通常の魂の在り方からわずかにそれただけでも、魂が病的に形成されてしまうのです。もちろん、高次の世界への道を、『いかにして超感覚的世界の認識を獲得するか』やいくつかの小論文や『神秘学概論』の第二部で注意深く述べたような仕方で辿るときには、通常の魂の在り方から迷い出ることはありません。完全に意識的な態度で、健全な常識を失わずに、霊界を認識し、霊界に参入することができます。けれども、霊界への正しい道標である地、水、風、火の四大に注意を向けないと、人生にしっかりと私たちを結びつけてくれる、日常の魂の在り方からさまよい出てしまうことを、よくわきまえていなければなりません。

私たちは今、境域のこちら側で、大地にしっかりと立っています。堅い床が足下にあります。周囲には水分もあって、私たちの身体形成のために役立ってくれています。この水分は通常の生活では、私たちの身体を支えてはいませんが、私たちに浸透して、血液成分になっています。水は私たちの成長のための養分の中にも含まれています。私たちは空気を呼吸します。気体成分は私たちの周囲にあります。熱は、熱エーテルは私たちを取り巻いています。

通常の生活の中でのこれらは、それぞれに分かれて存在しています。固い大地には液体が見られませんし、水のあるところには空気はなく、空気のあるところには水はありません。火（熱）だけは、すべてに浸透しています。火はすべての中に浸透する唯一のものです。

愛する皆さん、私たちが肉体からちょっとでも外へ出ていきますと、その瞬間に四大元素のこの区分はなくなります。私たちはどんどん大きく拡がり、同時に地、水、風、火の中にいます。私たちはこの四つをもはや区別しません。四大元素の特質はなくなり、地はもはや私たちを支えてくれません。固体という性質がなくなるからです。水分はもはや私たちを形成してくれません。形成力がなくなるからです。水の中に飛び込んだら、水の中で泳ぐのではなく、ただちに熱い湯の中の氷のように、水の中に融けて水とひとつになってしまいます。そのように、霊界に参入するときの私たちは、もはや血を血管の中の血液として持っていません。血は宇宙に遍在する水分とひとつになります。空気も同じです。空気は私たちが吐いたり吸ったりするものではなくなります。熱は私たちを自我にまで燃え上がらせることをやめます。私たちは熱の中でも、自分を自分とは感じなくなります。そういうすべては、なくなるのです。地水風火の区分がなくなるのです。このことを正しく感じとらなければなりません。

こうして私たちは奈落を飛び越えます。愛する姉妹兄弟たち、こうして私たちは向こう側に行きます。そうすると、境域の守護霊がこう呼びかけてきます。「振り返って、私にお前の顔を見せなさい」と。

愛する姉妹兄弟たち、どうぞ生きいきとイメージして下さい。霊界の真実を認識させてくれる向こう側に今、私たちは到達します。今、向こうにいるのです。境域の守護霊は、私たちが今必要とする警告を聴かせるために、守護霊の方に顔を向けさせます。私たちはすでに、境域の彼方の霊界での魂の在り方を必要としています。私たちは今、地水風火の四大元素の中を生きています。

そのとき、ひとつの危険が迫ってきます。愛する姉妹兄弟たち、卑俗な言い方で申し訳ありませんが、人間は幻想に駆り立てられて、固い大地や形成する水の力や創造する空気の力や覚醒させる熱作用の自我性から解放されて、霊的な浄福感に充たされていたいと願うのです。霊の喜びに没頭して、霊のこの浄福感にすがりついていたいのです。

この思いが人間を襲うのは、ルツィフェルの誘惑の結果です。カルマ次第で、人間は多かれ少なかれ、このルツィフェルの誘惑に陥ります。地水風火全体の中に融合する体験だけに恋焦がれるとき、ルツィフェルの力がその人を捉え、もはや魂のこの気分から抜け出せなくしてしまうのです。そして、ふたたび日常生活に立ち返るときにも、この気分を維持しようとする危険に陥るのです。ですから、境域の守護霊は人間にこう呼びかけます。――

「そんなことではだめだ。ルツィフェルの手に落ちてはいけない。地水風火全体の中に融け込んで、浄福感を感じてばかりいてはならない。お前は、ふたたび物質界に戻って、物質界の通常の意識を保つ決意を固めなければならない。そうでないと、物質界でのお前は、今後立ち位置を失ってしまうだろう。」

霊界から、境域の彼方から戻ってくるとき、混乱状態になってしまうのは、ルツィフェルのしかけた罠なのです。そのとき私たちは世間の常識を忘れ、夢想家になってしまいます。そういう人は夢想を理想と取り違え、通常の意識を軽蔑します。そうなってはなりません。ですから境域の守護霊は、地上の世界であれ、超地上の世界であれ、どんな世界にもその世界にふさわしく生きようと決心しなさい、と警告するのです。

けれども境域の守護霊は、さらに第二の警告をも発します。――思考と感情と意志をもって境域の彼方に達した人は、この自分の思考と感情と意志の中に、多くの地上への好み、地上への傾きが存在することをよく意識していなさい、と言うのです。

そのときの私たちは、こちら側で固い大地に支えられながら経験したことに固執して、唯物的な態度で境域の彼方へ行こうとします。水の形成力に固執して霊界に到ろうとします。そのときの私たちは地上的な高慢さに陥って、こう語るでしょう。――「私は地上で生き、呼吸してきた。かつて父なる神がそこから人間の魂を創り、人間の生命《いのち》を創ったところのあの息をしてきた。私が地上の制限を脱したときも、そうすることができるはずだ。」

けれども、人間が息を通して得た創造的な神の力を霊界の中へ持ち込もうとしますと、アーリマンの誘惑に陥ってしまいます。そしてふたたび戻ってこられなくなってしまいます。なぜなら、人間が戻ってこようとする前に、向こうの霊界で失神してしまうからです。人間は多かれ少なかれ意識を失い、意識を麻痺させてしまいます。意識が麻痺してしまいますと、霊界で多かれ少なかれアーリマン勢力の道具になってしまうのです。

こんにち、ミカエル時代の霊的な生活は、粗野で唯物主義にこり固まっている人間をもそのまま霊界へつれていこうとします。愛する皆さん、人間の意識は、完全に目覚めた状態のまま麻痺させられているのです。このことがどういうことなのかが、世界大戦の勃発時に、強烈に示されました。

大戦が始まったとき、何人かの人にこう申し上げました。――この戦争の歴史は、物質界の観点だけから書くことはできないだろう、と。文書の上では真実が十分に語られないのです。なぜなら、ヨーロッパでこの大戦を引き起こすのに関与した三〇人、四〇人の人物たちは、その大部分が決定的な瞬間に意識を曇らされていたのですから。地上界でアーリマン勢力の手先になってしまっていたのです。つまり、世界大戦の中で生じた多くの事柄は、アーリマン勢力によってつくり出されたのです。今次の世界大戦について述べるのなら、眼に見えぬものについて述べなければなりません。この大戦勃発時の何人かの指導的な立場の人たちは、この世の魂の習慣を境域の彼方にまで持ち込み、そしてそこで麻痺させられ、意識を暗くさせられ、アーリマン勢力の手先にされてしまった人たちだったのです。

人間は魂の在り方を、境域の彼方からこちら側へ持ち込むことは許されませんし、境域のこちら側から境域の彼方へ持ち込むことも許されません。奈落のこちら側でもあちら側でも、それぞれ人間らしい強さを持った魂を発達させなければならないのです。私たちはこのことを十分に意識していなければなりません。

このことは四大元素についての境域の守護霊の警告の中で語られています。私たちは瞑想によって、この警告を自分のものにしなければなりません。

愛する姉妹兄弟たち、今境域の彼方にいる、と考えて下さい。守護霊が自分を見るように、と合図します。皆さんが守護霊の顔を見ますと、守護霊はまずこう警告を発します――

お前を支えていた固い大地はどこにあるのか。

そういう支えはもはやありません。しかし内なる心は答えようとします。しかも心は三重の仕方で答えるように、と宇宙から促されます。

心は第一にキリストから、キリストの力から促しを受けます。そうしてこう答えます――

霊が私を担う限り、支えの地盤から私は離れている。

――つまり大地の固さから離れているのです。

これは正しい気分です。――私は大地の支えから離れています。霊の領域で霊が私を担っている限りは、私がからだの外にいる限りは、です。しかし心はルツィフェルからも促しを受けます。そうすると、こう答えるのです――

もはや支えを必要としないのが私は嬉しい。

このときの私たちは、高慢と誇りの中で語るのです。物質界に戻っても、まるで支えが不必要であるかのようにです。

アーリマンからの促しを受けた心は、次のように答えます――

霊の力でもっとしっかり支えを固めたいと私は欲する。

――固い支えを向こうへ持っていこうというのです。

瞑想によってこの三つの答を繰り返して魂の前に置くのです。このことを恐れないで下さい。そして自由な選択によって、第一の答えの側に立って下さい。なぜなら、私たちの内面が揺れていて、ルツィフェルに傾いたり、アーリマンに傾いたりするのを感じていただきたいからです。このことを瞑想の中でイメージしていただきたいのです。

したがって、瞑想は地の元素を扱わなければなりません［マントラの最初の部分が板書される］。

I　守護霊

守護霊が語る――

お前を支えていた固い大地はどこにあるのか。

人間の心が答えます。キリストに促されるときの答えはこうです――

キリスト――

霊が私を担う限り、大地から私は離れている。

魂がルツィフェルに促されるときの答えはこうです――

ルツィフェル――

もはや支えを必要としないのが私は嬉しい。

このときの心は、「限り」という限定から離れて、状況の代わりに普遍を選ぼうとし、そして命題をこう変えたのです。

心がアーリマンに促されるときの答えはこうです――

アーリマン――

霊の力でもっとしっかり支えを固めたいと私は欲する。

さらに、そこに立ち現れる第二のものに魂が帰依するように、と境域の守護霊の第二の警告が響いてきます。この警告は水の形成力に関わるものです。水の形成力は、私たちの内部で、液体元素によって形のある諸器官をつくります。私たちの摂取する養分も、すべてはじめに流動化され、さらにその流動物から諸器官がつくられます。はっきり輪郭づけられた器官のすべては、液体元素から生み出されたのです。水のこの物（身）体形成力は、境域の向こう側の領域に入ると、すぐに働きをやめます。守護霊は、このことに注意するように、と警告します。そして、私たちが境域の向こう側の領域に足を踏み入れたとき、すぐに守護霊は自分の厳格な顔に眼を向けるように、と私たちに呼びかけます［マントラの第二部が板書される］。

II　守護霊――

お前の内部に浸透していた水の形成力はどこにあるのか

心にキリストの促しを受けた人はこう答えます――

霊が私を形成する限り、
私の生命《いのち》は水の形成力を求めない。

向こうに、体の外にいるときは、霊の形成力が働き始めるからです。

キリスト――
霊が私を形成する限り、
私の生命は水の形成力を求めない。

ここでも「する限り」、と目立たずに条件が述べられています。

しかし魂がルツィフェルの促しを受けますと、「する限り」を除いて、高慢な言い方に変わります――

ルツィフェル――
水の形成力を受けずにすむように、

私の生命はその形成力を否定する。

今は求めなくても、必要なときはふたたび見出せますが、否定してしまったものは否定されたままです。私の生命は、水の形成力を否定する、水の形成力を受けずにすむように、というのです。

アーリマンの促しを受けると、魂はこう答えます――

アーリマン――
水の形成力を霊の領域に移すように、
私の生命《いのち》はその形成力に固執する。

愛する姉妹兄弟たち、マントラではすべての言葉が内的に確かめられ、意味深く選ばれています。第一の地のマントラでは、「私は離れる」、「私は嬉しい」、「私は欲する」とありますように、答えるとき自我が語っています。第二の水のマントラでは、自我はもはや自己中心的に語らず、「私の生命は」と言います。「私の生命は求めない」、「私の生命は否定する」、「私の生命は固執する」。

霊的に正しく語る場合、現実に踏み込んで事実に即して語るのです。物質界では許されるような、作文における無造作な表現を霊の領域に持ち込んではなりません。霊の領域では、正確に、厳密に語らなければなりません。

愛する皆さん、この秘教学級は人間の意志で始められたのではなく、はじめのときに申し上げたように、霊界の意志で始められました。ゲーテアヌムの秘教学級で生じる事柄はすべて、私の口を通して語られてはいても、霊界の意志を口述しているだけなのです。ですから、すべては現実に応じているのです。この点、正当な秘教学級であれば、現代でも将来でも、太古の秘儀の場においても、同じでなければなりません。そして、私たちのこの秘教学級は本当のミカエル学級であり、ミカエルの宇宙意志を直接受けた霊的本性たちの霊感の伝達機関なのです。

境域の守護霊は、空気の領域に対しても、警告を発します――

お前を目覚めさせた空気の刺激力はどこにあるのか。

「目覚めさせた」はお前を実存在へ目覚めさせた、という意味です。

ヤハヴェは人間に生命の息を吹き込むことで、その呼吸の刺激によって、単なる生きるものから感知するものへ人間を創造しました。そのように人間は感覚を通して、外界が感覚に与える刺激によって、感知することのできる存在に創られています。では一体、感覚とは何でしょうか。

愛する姉妹兄弟たち、感覚とは分化した呼吸器官のことにほかなりません。眼、耳、すべては精妙化された呼吸器官なのです。息はすべての感覚にまで拡がります。息は、肺の中で生きるように、眼の中でも生きます。ただ肺の中では、炭素と結合し、眼の中では精妙化された珪素と結びつきます。生体の中では炭酸ガスが作られ［図の赤。炭酸ガスと書き添えられる］、そして感覚の中では非常に精妙化された珪酸が作られます［図の黄。珪酸と書き添えられる］。人間は、酸素を炭酸ガスにするときには、下の方へ向かっていきます。酸素を珪素と結びつけて精妙な硫酸を作る［緑］ときには、感覚－神経系の領域へ上がっていきます。息は血液の中へ入って炭酸ガスを形成し、感覚の中へ入って珪酸を形成します［黄色の矢］。下へ、外へ息を通して炭酸ガスが働きかけ、感覚へ、そして感覚から逆に呼吸過程へ微妙な量の珪酸が働きかけます。

境域の守護霊は空気の中にあるものを前にして、私たちにこう呼びかけます――

お前を目覚めさせた空気の刺激力はどこにあるのか。

キリストによって心に促しを受ける人は、こう答えます――

霊が私のまわりに存在する限り、
私の魂は天上の空気を呼吸している。

――もはや地上の空気ではなく、天上の空気を、です。

ルツィフェルに促される心は答えます――

霊の浄福の中にいるので、
私の魂はその刺激力に注意しない。

アーリマンに促される心は答えます――

神となって創造することができるように、

私の魂はいつもその刺激力を吸い込む。

エホヴァがかつて空気で創造したように、アーリマン的に考える人は、空気を一緒に霊界へ持ち込むために、空気を吸い込みます。

守護霊は人間に語りかけます――

［マントラの第三部が板書され、キリストの行の中の「する限り」に下線が引かれる］

III　守護霊――

お前を目覚めさせた空気の刺激力はどこにあるのか。

キリストに促される心は語ります――

キリスト――

霊が私のまわりに存在する限り、

私の魂は天上の空気を呼吸している。
ルツィフェルに促される心は語ります――
　ルツィフェル――
　霊の浄福感の中にいるので、
　私の魂はその刺激力に注意しない。
――この魂は空気の刺激力に注意を払わないのです。
アーリマンに促される心は語ります――
　アーリマン――
　神となって創造することができるように、
　私の魂はいつもその刺激力を吸い込む。

守護霊は火（熱）の元素に対して最後の元素の言葉で警告し、人間が熱元素の中で自分を見失わないように、そして物質界に働く熱元素を霊界の中に持ち込まないように、と語ります。愛する姉妹兄弟たち、先程私は高まり方がどうなのかに注意を向けようとしました――

人間はまず「私は」と語り
人間は「私の生命《いのち》は」と語り
人間は「私の魂は」と語る。

そこで守護霊は、火の元素についてこう警告するのです――
［マントラの第四部が板書され、キリストの行の「する限り」に下線が引かれる］

Ⅳ　守護霊――

お前の自我を燃え立たせた
火の浄化はどこにあるのか。
――または純化はどこにあるか――

私たちの自我は、私たちに浸透する熱または火の中に生きています。愛する姉妹兄弟たち、この秘教学級で以前述べたことですが、固体元素は人間の無意識の中に留まっています。液体元素も同様です。たとえ液体元素の中で生きる充足感を味わうにせよ、満腹感、飢餓感の中で液体元素の特徴を実感するにせよ、です。人間の魂は気体元素を体験します。空気中の酸素が不足していると、呼吸困難に陥ります。そのときは魂に作用します。熱は、人間がその中で自らの存在を感じとれる元素です。人間は暑さ、寒さを自我全体で感じとります。火は自我を燃え立たせるのです。

キリストに促される心は答えます――

キリスト――
霊が私に火を点じる限り、
私の自我は神の火の中で燃え上がる。

霊が人間の自我に点火し、自我を燃え上がらせるとき、人間は地上的‐物質的な熱を必要としなくなります。そのとき、自我は地上の熱、地上の火の中でではなく、神の火の中で燃え上がるのです。

しかしルツィフェルに促される心は答えます——

私の自我は霊の太陽の力によって燃える。

ルツィフェルに誘惑された自我は、恐るべき高慢さで霊的に太陽から来る火の元素を自分のものにしようとします。そしてこの火の元素を——霊に燃え立つ間だけでなく——永久に保持して、決して手放そうとはしないのです。

ルツィフェル——

私の自我は霊の太陽の力によって燃える。

アーリマンに促される心は、まるで地上で受けとった火を自分の所有物にして、それを霊界に持ち込み、霊界を物質界の自我の火で支配しようとするかのように答えます。

アーリマン――
私の自我は自分の働きで燃え上がる固有の火をもっている。

自我は霊において燃え上がろうとするのではなく、自分で自分の火に点火しようとするのです。

ふたたびこの方式化の中で高まりが生じました。

人間はまず「私は」と言います――

私は離れている
私は嬉しい
私は欲する

自分に関わることを「私の……」と言うことで、より客観的になります――

私の生命《いのち》は求めない
私の生命は否定する
私の生命は固執する

今、人間はふたたびみずからの中に入っていき、内面が客観的になります――

私の魂は呼吸している
私の魂は注意しない
私の魂はそれ（空気の刺激力）を吸い込む

今、人間はもっと自分の中に入っていきます。愛する姉妹兄弟たち、この違いに注意して下さい。前は単純に「私は」と言いました。今、この「私は」は客観的になり、「私の自我は」になります。まるで自我が自分ではないかのように、です。まるで他の所有物と同じであるかのように、です。自分がもっと外にいるのです。肉体から離れて、外にいるのです。はじめ人は、まったく利己的に「自我」について語ろうとし、そして――

私の自我は

と語り出します。まるでひとつの対象について語るときのように、です。これがこの場合の正しい言い方なのです。

愛する姉妹兄弟たち、死の門を通過し、すでにしばらく霊界にいるような魂たちと共に語るときには、この言い方を真剣に深く学ばなければなりません。死者たちは決して「私は」とは言わず、「私の自我は」と言うのです。

私は死者たちが「私は」と言うのを聞いたことがありません。あるとすれば、死後しばらくの間だけのことです。死後しばらくすると、死者は「私の自我は」と言うようになります。なぜなら、死者は神々の眼で自分を見るからです。自我は客観的になるのです。このことは特徴的です。ですから、かなり以前に世を去った死者が、もしも「私は」と語り、「私の自我は」と言わなかったなら、その死者の言葉は真実ではありません。今、魂は、境域の守護霊の前で、第四のところでこの「私の自我は」を語ります。

愛する皆さん、これは境域の守護霊と人間本性との境域でのすばらしい対話です。この対話は一風変わっていますが、正しい瞑想によって、すでにお話した状況で境域の守護霊の前に立つときのこの対話の特異さをよく聴きとり、感じとって下さい。

愛する姉妹兄弟たち、ですから今日、ここで述べたマントラを正しく瞑想するには、守護霊の言葉を私たちの魂が聴きとり、そのあとで、このマントラを自分で語りながら、耳を傾けることが大切なのです。ですから、境域の守護霊が四度《たび》、地水風火について、Ⅰ、Ⅱ、Ⅲ、Ⅳで語るのを実際に聴いているように瞑想するのです。それから自分の魂がそれに応えているように瞑想します。しかもその際、自分の内面がキリストによって充たされているように第一の答えを聴き、第二の答えを誘惑者の声のように聴き、第三の答えをうぬぼれた唯物主義的アーリマンの声として、人間の鉱物化した本性を霊界に持ち込めと人間に要求し、迫ってくるアーリマンの声として聴くのです。

ですから、今日の秘教講義の終わりに、この瞑想の仕方を私たちのこころに響かせたいと思います――

お前を支えていた固い大地はどこにあるのか。
霊が私を担う限り、支えの地盤から私は離れている。
もはや支えを必要としないのが私は嬉しい。

霊の力でもっとしっかり支えを固めたいと私は欲する。
お前の内部に浸透していた水の形成力はどこにあるのか。
霊が私を形成する限り、私の生命《いのち》は水の形成力を求めない。
水の形成力を受けずにすむように、私の生命はその形成力を否定する。
水の形成力を霊の領域に移すように、私の生命はその形成力に固執する。

お前を目覚めさせた空気の刺激力はどこにあるのか。
霊が私のまわりに存在する限り、私の魂は天上の空気を呼吸している。
霊の浄福の中にいるので、私の魂はその刺激力に注意しない。
神となって創造することができるように、私の魂はいつもその刺激力を吸い込む。

お前の自我を燃え立たせた火の浄化はどこにあるのか。
霊が私に火を点じる限り、私の自我は神の火の中で燃え上がる。
私の自我は霊の太陽の力によって燃える。
私の自我は自分の働きで燃え上がる固有の火をもっている。

*

この秘教講義の次回は、六月二一日の土曜日にさせていただきます。シレジアで農業講座を行う仕事があるからです。ですから次の秘教講義は六月二一日の土曜日八時半からです。

霊学自由大学第一学級のための秘教講義

第15講

ドルナハ

1924年6月21日

愛する皆さん、今日もマントラから始めようと思います。宇宙のあらゆる側面から人間に響いてくるマントラです。このマントラを聴くためには、宇宙の個々の本性、個々の経過が語る言葉を、内なる心で理解しようとするのでなければなりません――

おお、人間よ、汝自身を知れ！
宇宙からの言葉が響く。
魂を強く保ち、霊の力を働かせて
この言葉を聴くがよい。

宇宙の力にあふれ、こころの奥底から
誰がそう語るのか。

言葉は空間の拡がりを貫いて

お前の感覚体験に働きかけるのか。
時間の波打つ流れを貫いて
お前の生命《いのち》の生成に響いてくるのか。

空間を感じ、時間を体験しつつ
この言葉を創造するのは
お前自身なのか。

空間の中で魂のむなしさを感じ
時間の破滅の流れの中で
思考の力を失っているのは
お前自身なのか。

愛する姉妹兄弟たち、愛する友人たち、これまでこのクラスに参加されなかった多くのメンバーがここに来ておられます。ですから今日も、この秘教講義の内容を理解し、受容するのに必要な事柄を、話の全体に見通しを持っていただくために、予め申し上げておかなければなりません。

愛する姉妹兄弟たち、これまで私たちは、人生の諸相を心の中に思い描き、そして真の現実を認識するために、今私たちが生きているこの環境世界と私たちの真存在が生きている霊界との間に横たわる深淵に眼を向けました。

私たちの周囲のこの環境世界を正しく知覚するには、私たちの最大限の注意力を働かせなければなりません。地上を這い廻る虫たちから夜空に輝く星々にいたるまで、注意深く眼を向けなければなりません。そのいたるところに自然の諸領界が現れています。そしてその諸領界の多くの構成要素は、私たち自身の中にも存在しています。私たちは太陽の光の輝きの偉大さ、その宇宙的意味、その壮麗さを徹底して心に感じとることができます。なんらかの秘教に関与することで、地上を這いまわる虫たちから夜空の星々にいたる自然界のすべてを禁欲的な態度で拒否するようになってはなりません。そういう態度は間違った禁欲です。可視的世界に属するどんな現象も、拒否してはなりません。そしてその現象の偉大さ、壮麗さ、崇高さを、私たち自身にとってのその意味を、感じとれなければなりません。

私たちは、霊学を志すものとして、周囲の世界現象に完全に没頭できなければならないのですけれども、その一方で、世界の事物、本性、経過を知れば知るほど、私たちの真の、最高の人間本性が自然界のどこにも見出せない、とも思えなければなりません。自然界がどんなに偉大で崇高であるとしても、太陽に照らされたこの世界のどこにも、私たちの本性を見出すことができないのです。私たちはそれを別の世界に、深淵が私たちの知覚力をそこまで及べなくしているあの彼方の世界に求めなければならないのです。深淵の彼方の世界で私たちの本性は生じたのです。けれどもその世界は、はじめは真っ暗闇なのです。そしてその手前には深淵が横たわっています。

何度でも繰り返さなければなりませんが、私たちは毎夜眠ると、この領域にいる自分を見出します。実際、私たちは本当にそこにいるのです。そして私たち人間の内なる真存在は、この領域に属しているのですが、魂を十分に成熟させることなしに、この領域に参入することは許されないのです。未熟な状態のまま入っていくことがないように、境域の守護霊が私たちを守っているのです。この根源の世界に眼を向け、この世界に参入しようと真剣に意志するときの私たちが出会う最初の霊的な存在が境域の守護霊なのです。

さらに言えば、私たちが自分の故郷であるこの霊の世界まで深淵を超えて道を進もうとしますと、境域の守護霊がまず警告を発します。まず自分のことをよく反省しなさい、自分を振返って、自己を認識することから始めて、宇宙認識にまで到りなさい、と警告します。

しかし、境域の守護霊はまた、私たちの内なる魂の本質である意志と感情と思考とが、神的－霊的な世界から見ると、どんな姿で現れるかを示します。意志、感情、思考のこの形姿は、私たちの時代においては、三つの獣の姿で深淵の中から立ち現れます。そして、その獣の姿を前にした私たちに境域の守護霊からの警告が響いてきます。すなわち、この三つの獣に対して、つまり私たち自身に対して正しい向き合い方をするのでなければ、私たちの故郷である霊の世界に出会う道は見出せない、という警告がです。

この秘教講義に参加してこられた人たちは、以上のすべてをマントラとして受けとり、そして先回、ここで述べた事柄にまで到ったのです。

先回の私たちは、すでにこのマントラによる状況瞑想を取り上げました。そのときの私たちは、自分がすでに深淵の彼方に立っていると瞑想するように求められました。すでに深淵の向こう側に立っていても、境域の守護霊の警告はまだ響いています。その警告は、深淵を飛び越えて、暗黒の闇の領域へ入っていくときの私たちの状況を理解できるようにしてくれる言葉でした。

この地上の世界は、私たちの故郷ではありませんが、この地上にいる限り、足下の固い大地が私たちを支えてくれています。私たちは全身でこの大地を感じとっています。この大地が「地」の元素です。

霊学が「水」と呼ぶ、一切の液体要素を自分自身の中に感じとり、この要素が私たちの身体を形成し、成長させ、一切の身体器官を生じさせるのを感じとるとき、私たちは自分の中に水の元素を見出します。血液をも含めたこの水の元素についても、私たちは守護霊の警告を受けるのです。

呼吸によって受容する風（空気）の元素や火（熱）の元素についても、境域の守護霊は大事な警告を私たちに発します。

そして、この守護霊の警告の問いに私たちの魂が応じられるように、私たちの内なる宇宙の力が語るのです。宇宙の力が内から私たちの心に語りかける言葉がキリストから来るとき、その答えは正しいのですが、答えがルツィフェルから発せられると、正しくなくなります。答えがアーリマンから来ることもありますが、そのときも正しくありません。

キリストの答えは、個々の元素と結びついてなされます。キリストは、私たちが霊界でまさに霊的な感じ方をするように、と語ります。霊的な要素と完全に一致するように、自分をまったく霊的に感じとるように、と語るのです。けれども私たちは、自分が地上の人間でいる間は繰り返して、また深淵を超えて、地上に戻ってこなければなりません。キリストは、彼方の霊界にいる間だけ霊界の特質を自分のものにしよう、と教えます。

キリストは、こう警告します。――霊界にいる間は、霊界とひとつであらねばならない。ふたたびこの世に戻ってきたら、地上の人間にふさわしく生きなければならない。霊界にいる間だけ、霊的存在と一緒にいたいと望むのでなければならない。

ルツィフェルはいつも私たちを扇動して、霊界の中に留まっていたい、霊界の喜びにふけっていたい、と思わせようとします。

アーリマンは人間に、自分の言うことをよく聴いて、霊界を物質界の中に取り込んでしまえ、と言います。

霊界に対する人間の立場を正しく認識するために、私たちはこれらの言葉を自分の魂に作用させなければなりません。

こうして深淵の彼方にいる私たちは、まだ極度の闇に包まれていても、すでに霊界の中にいるのです。深淵の傍らに立つ境域の守護霊は、警告するように右手を私たちの方へ向けながら、私たちの心に深い印象を刻みつける問いを発します。私たちは、どんな問いにも、三つの答え方をすることができるのです。キリストの答え、ルツィフェルの答え、アーリマンの答えです。

守護霊が語ります――

お前を支えていた固い大地はどこにあるのか。

――彼方には何も地盤がありません。私たちは霊界にいるのです。

守護霊がたずねます――
お前を支えていた固い大地はどこにあるのか。

私たちの中のキリストが答えます――
霊が私を担う限り、大地から私は離れている。

私たちの中のルツィフェルが答えます――
もはや支えを必要としないのが私は嬉しい。

アーリマンが答えます――
霊の力でもっとしっかり支えを固めたいと私は欲する。

守護霊が語ります――
お前の内部に浸透していた水の形成力はどこにあるのか。

私たちの中のキリストが語ります――

霊が私を形成する限り、
私の生命《いのち》は水の形成力を求めない。

私たちの中のルツィフェル——
水の形成力を受けずにすむように、
私の生命はその形成力を否定する。

私の中のアーリマンが語ります——
水の形成力を霊の領域に移すように、
私の生命はその形成力に固執する。

守護霊が語ります——
お前を目覚めさせた空気の刺激力はどこにあるのか。

私たちの中のキリスト——

霊が私のまわりに存在する限り、
私の魂は天上の空気を呼吸している。

私たちの中のルツィフェル——
霊の浄福の中にいるので、
私の魂はその刺激力に注意しない。

私たちの中のアーリマン——
神となって創造することができるように、
私の魂はいつもその刺激力を吸い込む。

守護霊が語ります——
お前の自我を燃え立たせた
火の浄化はどこにあるのか

私たちの中のキリスト――
霊が私に火を点じる限り、
私の自我は神の火の中で燃え上がる。

私たちの中のルツィフェル――
私の自我は霊の太陽の力によって燃える。

私たちの中のアーリマン――
私の自我は自分の働きで燃え上がる固有の火をもっている。

守護霊の警告の問いかけによって、私たちは試されているのです。――大地の固い支えにどういう態度をとるのか。私たちの中の液体の形成力にどういう態度をとるのか。私たちの空気のアストラル成分を生み出す力、私たちの火の自我を担う力にどういう態度をとるのか。それを守護霊の警告の問いが試しているのです。そして、私たちの中で正しい人間性を喚起するキリストが答えます。そして、まるで私たちが一切の喜びを永遠に自分のものにしようとするように誘惑するルツィフェルが私たちの中で答えます。しかし本来、私たちは自分を霊に委ねる瞬間だけにそういう喜びを喚起すべきなのです。そして私たちが霊界で関与するものを地上に持ち込もうとするかのように、アーリマンが私たちの中で答えるのです。

私たちはできることなら、自分の魂の声として、キリストの声、ルツィフェルの声、アーリマンの声を聴きとらなければなりません。瞑想の中でそういう状況に身を置くのです。愛する姉妹兄弟たち、そうすれば魂の内奥でそれらの呼び声に耳を傾けることによって、私たちの魂は、霊の要素を自分の要素として実際に持つことができるようになります。

今日も私たちは、瞑想することで、この状況に身を置かなければなりません。自分が深淵の境域の彼方に立っているように、はっきりと感じなければなりません。そこでは警告する境域の守護霊が私たちの横にいます。私たちの内部では、私たちを正反対の方向へ引っぱっていくルツィフェルとアーリマンの声が響きます。ルツィフェルとアーリマンが正反対の方向へ引っぱっていこうとする一方で、私たちに正しい道を示してくれるキリストの声が響きます。次いで私たちは、霊界の中での感情体験を可能にする心の在りようを知るようになります。

愛する姉妹兄弟たち、私たちは次第に、ちょうどこの地上世界で自然の三領界の存在たちに向き合うときと同じ感じ方で、霊的存在たちを感じとる能力を身につけるようになります。

地上の感覚世界にいるときの私たちは、外に石の本質、鉱物の本質を感じとります。鉱物の本質は私たちの内部にも生きています。私たちは自分の内部に塩の本質を持っています。その塩の本質として、私たちの中に鉱物が生きています。この鉱物が、地上において生きていくことを可能にしてくれているのです。

私たちは植物を摂取します。植物は皮膚の中で成長力になり、器官形成力になり、睡眠中も私たちの生体を活発に働かせています。私たちは自分の周囲に植物を見るとき、その同じ植物が自分の生命《いのち》のために働いていると感じます。

私たちは動物を見て、私たちのアストラル体の中に、私たちの呼吸過程の中に、動物の本性が生きて働いていると感じます。多種多様な動物を見て、自分の中に同じ動物本性が生きていると感じ、それらの動物と共に生きている自分を感じます。私たちは動物たちの本性を人間性に組織し直しているだけなのです。

ですから私たち人間は、この感覚界の中では、自然の三領界、鉱物界、植物界、動物界の本性たちの下に立っているのです。同様に霊界の中では、霊的 - 魂的な人間としての私たちは、霊的な本性たちの下にいるのです。ちょうどこの地上で、エーテル的 - 物質的な人間としての私たちが、自然の三領界の本性たちの下にいるようにです。自分の身体を他の人びとの身体を通して知るように、自分の霊的 - 魂的人間を他の霊的 - 魂的本性たちを通して知るようになります。

私たち人間に関わりのある霊的－魂的世界を、私たちは三つのヒエラルキアの形で知っています。ちょうど感覚界の本性たちを自然の三領界として知っているようにです。私たちのエーテル的－物質的本性は、自然の三領界に属しています。私たちの霊的－魂的本性はヒエラルキアの三領界に属しています。感覚界にいるときの私たちは、自然の三領界に属しています。この三領界が私たちの中を貫いて流れており、私たちはこの三領界の下で生きています。霊的－魂的な世界にいるときの私たちは、高次のヒエラルキアの本性たちの下で生きています。地上では自然の三領界の本性たちの下で行動するように、霊界では高次のヒエラルキアの本性たちの下で生きているのです。

ふたたび守護霊が私たちにそのことを示唆してくれます。守護霊の声の魔力によって、霊界からマントラの言葉が響いてきます。私たちはこのマントラの言葉を繰り返し繰り返し何度でも瞑想し、魂の中に響かせなければなりません。そうすれば、この言葉の力が感じとれるでしょう。言葉の単純な構造により、言葉の繰り返しにより、言葉の独特な形式により、私たちの魂は霊界のヒエラルキアの下に立っているという感情を、魂の中に強く呼び起こすことができるのです。

ですから、まず守護霊が語ります。私たちはまだ依然として、霊界の境域の彼方で闇につつまれています。霊界での私たちは、見ることを学ぶ前に、まず感じとることを学ぶのです。守護霊はふたたび四大——まず地と水と風——について語ります。火は次の秘教講義で取り上げます。始め守護霊は、地、水、風について語ります。つまり固体のすべて、液体のすべて、特に私たちの血と体液について、私たちの中の気体のすべて、外から取り込む空気、私たちの呼吸作用について語ります。守護霊はこういうすべてをヒエラルキアの世界からの言葉として語るのです。

守護霊がその言葉を私たちに向けて語ったあと、ヒエラルキア存在たちが次々に語ります。第一のマントラの場合は、第三ヒエラルキアの天使、大天使、人格霊が語ります。私たちは今、そういう状況にいるのです。境域の守護霊が私たちに語りかける言葉は、まるで地下からの声のように、闇から響いてきます。

守護霊が語ります——
お前を支えていた固い大地から何が生じるのか。

第三ヒエラルキアから天使が語ります——
お前の思考の中でわれわれがどう感じているのか感じとれ。

第三ヒエラルキアから大天使が語ります――
お前の感情の中でわれわれがどう体験しているのか体験せよ。

第三ヒエラルキアから人格霊が語ります――
お前の意志の中でわれわれがどう見ているのか見よ。

境域の守護霊の問いを受けて、私たちは宇宙から重要な三重の教えを受けとります。守護霊の言葉の魔力で、天使、大天使、人格霊の答えが呼び起こされるのです。

天使は私たちに何を教えるのでしょうか。私たち人間は思考します。私たちは自分の思考内容を体験していると思っています。しかし、私たちの思考内容が自分の魂の中を通っていくとき、天使が私たちのその思考内容の中に、本当にその中に生きているのです。私たちが感覚で感じ、何かを掴むように、天使は私たちの思考の中で生きているのです。それが天使の感覚なのです。天使は私たちにこのことを意識させます。そして、私たちの思考の中で天使が感覚を働かせているように、同様に大天使は私たちの感情の中で体験し、そして、そのように人格霊は私たちの意志の中で見るのです。

愛する姉妹兄弟たち、何かの思想が皆さんの魂に生じたとき、その思想の中で天使のひとりが何かを感じている、と思ってみて下さい。皆さんが考えるとき、ある天使が何かを手探りしているのです。皆さんが感情を働かせるとき、大天使のひとりが何かを体験しているのです。皆さんが欲するとき、皆さんが意志を行使するとき、人格霊のひとりが何かを見ているのです。人間の思考、人間の感情、人間の意志は、人間の中の働きに留まってはいません。私たちが考えるとき、天使がそれを感じています。私たちが感情を働かせるとき、大天使がそれを体験しています。私たちが欲するとき、人格霊がそれを見ています。

［マントラの第一部が板書される］

守護霊が語ります――

守護霊――
お前を支えていた固い大地から何が生じるのか。

天使の位階、第三ヒエラルキアから天使が答えます――

［「第三ヒエラルキア」と板書され、下線が引かれる］

天使——
お前の思考の中でわれわれがどう感じているのか感じとれ。

大天使のヒエラルキアから響いてきます——

大天使——
お前の感情の中でわれわれがどう体験するのか体験せよ。

人格霊のヒエラルキアから響いてきます——

人格霊——
お前の意志の中でわれわれがどう見ているのか見よ。

これが霊界における、いわば地の元素の代わりになるものです。実際、大地の支える力は霊界にはありません。地盤はなくなっています。鉱物が固い地盤を形成するようにではなく、天使、大天使、人格霊の第三ヒエラルキアが固い支えになっているのです。

しかし、私たちの思考の中で天使が働かず、その中で天使が感じていなかったとしたら、私たちは下へ沈むだけでなく、あらゆる方向へ沈んでしまったでしょう。私たちの感情の中で大天使が生きなかったなら、私たちはあらゆる側面へ向かって形態を持たずに飛び散ってしまったでしょう。私たちが意志の中に人格霊の見る力を持たなかったなら、いたるところで私たちの意志は無の中に沈んでしまったでしょう。

第二の元素は水です。水は私たちに形成力を提供します。私たちの中の液状のものが身体を形成するのです。私たちはここでも次のようなイメージを作ります。――私たちは深淵の彼方で、まだ霊界の闇の中にいます。はじめに私たちは霊界を感じることを学びます。守護霊は警告し、問いを発します。しかし今は第二ヒエラルキアの本性たち、形態霊、運動霊、叡智霊が液体の力、水の元素について、次のように答えるのです。

守護霊が語ります――

お前の内部に浸透していた水の形成力から何が生じるのか。

第二ヒエラルキアの形態霊が答えます――

人間－身体－創造の中で霊－宇宙－創造を認識せよ。

第二ヒエラルキアの運動霊が答えます――

人間－身体－生命《いのち》の中で霊－宇宙－生命を感じとれ。

第二ヒエラルキアの叡智霊が答えます――

人間－身体－存在の中で霊－世界－出来事を欲せよ。

このことによって私たちは、自分の置かれている環境のすべての中で決して孤立しているのではない、と意識できるようになるのです。私たちの皮膚で包まれている身体存在の中には、宇宙存在の一部分が生きています。第二ヒエラルキアは私たちの中にあり、私たちの中で働いています。まるで私たちが宇宙存在であり、宇宙の一部分であるかのように、私たちの中で働いているのです。

マントラによって、このことを意識しなければなりません。私たちは宇宙の出来事の中に生きているのです。私たちの細胞組織の微小な振動から私たちの血液の圧倒的で崇高な波動にいたるまで、私たちの呼吸系のリズムにいたるまで、昼夜を交替させるあの覚醒と睡眠のリズムにいたるまで、そのすべてが私たちの内部での出来事であるだけでなく、そのすべてが宇宙の出来事の一部分なのです。このことを意識しなければなりません。

［マントラの第二部が板書される］

守護霊が語ります。

守護霊――

お前の内部に浸透していた水の形成力から何が生じるのか。

第二ヒエラルキアの形態霊、運動霊、叡智霊が答えます――

［第二ヒエラルキアに下線が引かれる］

形態霊――
人間－身体－創造の中で霊－宇宙－創造を認識せよ。

運動霊――
人間－身体－生命《いのち》の中で霊－宇宙－生命を感じとれ。

叡智霊――
人間－身体－存在の中で霊－世界－出来事を欲せよ。

しばしば述べたように、マントラの一言一句は厳密に受けとらなければなりませんから、次のような問いかけをすることもできます。――なぜ、ここでは「世界－出来事」に「身体－存在」が対置されているのか。

マントラを正しく魂に作用させるには、一語一語正確に感じとらなければなりません。外では世界の出来事が――私たちがそれを出来事として感じとるとき――現れては消えていきます。

この世の出来事は、いたるところに現れて、世界を充たしています。その出来事を私たちの内部で継続するとき、私たちの内部にも出来事が生じるとき、私たちはそれを閉ざされたことと感じます。なぜなら、私たちはそれぞれ自分の皮膚によって区切られていて、自分をひとつの全体、ひとつの完結した存在であると感じているからです。私たちは外界で感じるときのように、内部でもすべてが波立ち、波打っているとは感じません。ですから、ここでは「出来事」に「存在」を対置しなければならないのです。一方そうでないときは、「創造」に「創造」を、「生命」に「生命」を対置することがまったく正しいのです。

そして、境域の守護霊は警告の問いを空気の元素に向けます。第一ヒエラルキアの存在たち、意志霊、ケルビーム、セラフィームが答えます。この存在たちは私たちに警告して、宇宙が私たちの中でどう働いているのかに意識を向けよ、と言います。第一ヒエラルキアの存在たちは、単なる意識化から自己意識化へ導くのです。

守護霊が語ります——

お前を目覚めさせた空気の刺激力から何が生じるのか。

第一ヒエラルキアの意志霊が答えます――

お前の神－宇宙－存在の中で認識しつつ内部－存在を捉えよ。

第一ヒエラルキアのケルビームが答えます――

お前の神－宇宙－生命《いのち》の中で内部－生命を温めよ。

第一ヒエラルキアのセラフィームが答えます――

お前の神－宇宙－光の中で内部－光を目覚めさせよ。

私たちが宇宙に帰依し、第二ヒエラルキアの魔法の言葉によって宇宙に身を委ねるとき、私たちはより高次の段階で自我意識をふたたび目覚めさせよ、と警告されます。

［マントラの第三部が板書される］

守護霊――
お前を目覚めさせた空気の刺激力から何が生じるのか。

第一ヒエラルキアから、宇宙の答えが響いてきます。
［第一ヒエラルキアと板書され、下線が引かれる］

意志霊――
お前の神‐宇宙‐存在の中で認識しつつ内部‐存在を捉えよ。

ケルビーム――
お前の神‐宇宙‐生命《いのち》の中で内部‐生命を温めよ。

セラフィーム――
お前の神‐宇宙‐光の中で内部‐光を目覚めさせよ。

愛する姉妹兄弟たち、この最後のマントラの作用を感じとって下さい。雷光の火の烈しさをもつセラフィームから響いてくる、「お前の神 ‐ 宇宙 ‐ 光の中でお前の内部 ‐ 光を目覚めさせよ」というこの焔の言葉が、燃え上がるセラフィームの雷光から響いてくる以前には、どのようにして私たち自身の魂から力が目覚めてくるのか、感じとることはできないでしょう。その力とは、今深淵の彼方で闇の中に立つ私たちが、まだ周囲を手探りしながら、宇宙が次第に近づいてくるのを感じとることのできる力です。その力は次第に私たちの中から出ていき、きらめく光になります。そしてその輝きはますます空間の中に拡がって、空間を明るくします。そしてその輝きはますます明るく、大きくなっていくのです。私たちは自分自身の力によって、霊界を覆っていた闇を次第に明るくしていくのです。そうしなければいけないのです。私たちは自分の人間本性の輝く力、みずからを発光させる力を獲得しようと試みなければなりません。なぜなら、この光は、闇に覆われた霊界を照らす光になるのですから。

この地上の感覚世界で私たちが自然界の諸存在に感情を移入するように、今私たちは天使と形態霊と意志霊という三重の霊の世界に感情を移入するのです。

私たちはちょうど感覚世界の環境の中で私たちの感覚人間を感じとるように、私たちの真なる人間本性を、霊界の環境の中に感じとることを学ぶのです。第三ヒエラルキアは私たちの内部で霊を、みずからの霊を発揮してくれています。第三ヒエラルキアは私たちの霊の中に生きています。私たちはこの第三ヒエラルキアから第二ヒエラルキアへ、私たちの内部で創造し、生き、形成しながら霊を発達させてくれる第二ヒエラルキアへ昇っていくことを学びます。そして最後に第一ヒエラルキアにまで到ります。第一ヒエラルキアにおいて、ふたたび支えを得ます。上にあって下にはない支え、霊の支えをです。第一ヒエラルキアでの私たちは、ケルビームという支配的な叡智に出会います。この叡智は、自己認識と自己感情において、私たちの内面をふたたび温める力を意識させてくれます。そしてこの温められた自己が、これまで闇であったものを明るくするのです。この温められた自己が輝きの要素となるのです。

このようにして私たちは、境域の守護霊の傍らに立って、宇宙のあらゆる本性から、宇宙のあらゆる事象から私たちに響いてくるあの警告を深く感じとることを学びます。その警告は、私たちが自己認識から宇宙認識を、宇宙認識から人間認識を獲得するように、そして自然本性の中に立ち、また霊の本性の中に立って、私たちの自我が現実の両側面、自然の側面と霊の側面を受け容れるようにと諭《さと》します。

そして今、あの宇宙の言葉が、新しい形姿となって、ふたたび響いてくるのです。――言葉の上では変わっていませんが、私たちの根源の場である霊界のすべてのヒエラルキアの警告によって強められた私たちなら、今この言葉を別様に感じとることができるはずです――

おお、人間よ、汝自身を知れ！

宇宙からの言葉が響く。
魂を強く保ち、霊の力を働かせて
この言葉を聴くがよい。

宇宙の力にあふれ、こころの奥底から
誰がそう語るのか。

言葉は空間の拡がりを貫いて
お前の感覚体験に働きかけるのか。
時間の波打つ流れを貫いて
お前の生命《いのち》の生成に響いてくるのか。

空間を感じ、時間を体験しつつ
この言葉を創造するのは
お前自身なのか。

空間の中で魂のむなしさを感じ
時間の破滅の流れの中で
思考の力を失っているのは
お前自身なのか。

*

次回の講義は八日後の次の土曜日、八時半からです。明日は建築事務所で子どものためのお絵かきがあります。

霊学自由大学第一学級のための秘教講義

第16講

ドルナハ

1924年6月28日

愛する皆さん、今日も始めにあのマントラの言葉を私たちの心に響かせようと思います。この言葉は宇宙を正しく理解するように、宇宙の遠くから、そして近くから、一人ひとりの魂に響いてくるのです。しかし、今日も多くの人が新しく秘教学級に採用されて、今日ここに来ておられますので、少なくともこの学級の意味についてだけは、はじめにもう一度触れておかなければなりません。

今日はごくかいつまんで申し上げるのですが、この学級は、霊界から人間の魂に送られてくる通信の仲立ちをしようとしています。この学級で人びとの魂に伝えられるのは、霊界からのメッセージにほかなりません。ですから、この学級のメンバーになったということを最高度に厳粛な事実として受けとめていただかなければなりません。

この学級を貫いている厳粛さは、人智学協会がクリスマス会議以来とるようになった立場そのものに由来するのです。このクリスマス会議以降、人智学協会そのものがまったく公開の組織をとっていますが、同時にその公開の組織全体に秘教としての特徴が行きわたっています。人びとの心はこんにち、これまで以上に、顕教的な特徴よりも秘教的な特徴の方に関心を寄せているのです。

しかし、そもそも人智学協会の会員たちは、人智学の叡智を聴くために集まってきているのです。人びとは、いわば礼儀正しい人が市民生活の中で許される範囲内の事柄をこの協会から求めているのです。

けれどもこの学級に参加するときには、この学級の厳粛な諸条件を認めなければならなくなります。その際の基本条件は、この学級に参加しようとする各人が、いかなる点においても、どんな瑣事、細事においても、人智学問題の代表として社会の前に立つことなのです。世間の前で人智学問題を代表するということは、なんらかの関連において、たとえどんなに遠い関連においてであっても、人智学問題のすべてに秘教学級の指導者と結びつこうとすることなのです。つまりゲーテアヌムの秘教理事と結びつくことなのです。ですからこの学級を通して、人智学協会に代表される人智学運動のための原動力を生じさせるべきなのです。

この学級に属するということは、その人の全存在において人智学を生きるということですが、このことはこの地のゲーテアヌムから生じる現実の運動に加わるということでもあります。愛する皆さん、こういう要求を人間の自由の侵害であるとは思わないで下さい。なぜなら、この学級に属することは、相互の関係性の上に成り立っていることなのですから。この学級の指導者は、与えるべきものを、与えることが正しいと思える人だけに与える、という自由をもっていなければなりません。

　誰もが秘教学級のメンバーである必要はないのです。秘教学級のメンバーになることは自由意志によることなのですから、秘教学級の指導者もまた、誰かに自由意志を侵害されたと言われることなく、条件を出すことができなければなりません。このことは秘教学級の指導者とメンバーになろうとする人との間の自由なとりきめなのです。

　その一方で、秘教学級は本当に真剣な態度で進められなければなりません。ですからメンバーが何かの不都合を起こしたとき、必要であれば除名せざるをえない場合もありえます。学級の指導者はそうする権利を持っています。愛する皆さん、そういう理由で、まだ始まってからあまり時間が経っていないのに、すでに一六名のメンバーが短期間か長期間にわたって、参加できなくなりました。もう一度強調しますが、私たちはもっともっと深く秘教に入っていくつもりですから、将来も無条件に約束を厳格に守っていただかなければなりません。当人の個人的な事情がどうであっても、です。

＊

　では、いつもの私たちの秘教作業の始めに語られる言葉から始めましょう。この言葉は、それを理解する心を持った人に、宇宙のすべての本性たちからの警告として、宇宙認識の真の基礎となる自己認識へ促す警告として響いてくるのです――

おお、人間よ、汝自身を知れ！
宇宙からの言葉が響く。
魂を強く保ち、霊の力を働かせて
この言葉を聴くがよい。

宇宙の力にあふれ、こころの奥底から
誰がそう語るのか。

言葉は空間の拡がりを貫いて
お前の感覚体験に働きかけるのか。
時間の波打つ流れを貫いて
お前の生命《いのち》の生成に響いてくるのか。

空間を感じ、時間を体験しつつ

この言葉を創造するのは
お前自身なのか。

空間の中で魂のむなしさを感じ
時間の破滅の流れの中で
思考の力を失っているのは
お前自身なのか。

愛する皆さん、私たちは霊界から受けとったマントラを学んできて、秘教状況を感じとる状況瞑想のマントラにまで来ました。この秘教状況は、まず存在の深淵の傍らに立つ境域の守護霊から私たちに語られる言葉を瞑想するところから始まります。

もう一度、次のマントラのイメージに集中して下さい。でも、このマントラを十分に、かつ繰り返してイメージするのは、本当に難しいことです。――私たちは好んで、周囲に自然の諸領界を見ようとします。天の星々を見、雲の動きを見、風の動き、波、稲妻を見ます。地を這う虫から輝く星空の崇高な啓示にいたるまで、好んですべてを見ようとします。真の秘教とは程遠い、間違った禁欲的な態度ですと、感覚に訴えかけてくる地上世界を軽蔑しようとしますが、正しく生きようとするなら、地面を這い廻る虫から崇高な星空まで、感覚的、知的に把握できるすべての現実を身近に感じとろうとしなければなりません。魂の奥底までも震撼させられて、「お前の周りに見えるすべては、偉大で圧倒的で壮麗である」と言わざるを得ない瞬間があります。「だからお前は、そういう周囲の事物のどれをも軽蔑してはならない。お前はすべてを受け容れなければならない。お前は一歩一歩この世の道を歩みながら、眼で見、耳で聞き、知性で把握することのできるすべてについて、ますます理解を深めるように努めなければならない。」そう語るのは当然です。

しかし私たちは、周囲を見渡し、時間の流れに眼を向けて、地上の環境の中にすばらしく美しい、崇高なものを体験しているときにも、「お前の存在の内奥の本質をそこに見出すことはないであろう。お前の存在の内奥の泉は、別のところに求めなければならない」と言わざるを得ない瞬間があるのです。

限りなく崇高な自然界のどこにも、私たち自身の本質は見出せません。そして私たちの前方に眼を向けますと、日の光に輝く野原、美と崇高に充ちた感覚対象の彼方には暗黒の闇に包まれた壁が立っていて、まるでその深い闇に吸い込まれそうになります。その闇の中からたぶん光が現れるだろう。そこに私たちの真の存在があるはずだ、という予感はあるのですが、まだその闇を見通すことができません。

以上は状況瞑想の出発点ですが、イメージの道をそこまで辿っていきますと、霊界への境域に横たわる存在の深淵が見えてきます。私たちはまずこの深淵を渡らなければならないのですが、そこに守護霊が立っていて、深淵を渡るには、そうするにふさわしいだけ成熟していなければならない、と警告するのです。実際、地上界での私たちの思考習慣、感情習慣、意志習慣では、存在のこの深淵を越えて、私たちの本質のある霊界にまでは達することができないのです。

初めて私たちが出会う霊の姿は、境域の守護霊です。私たちは毎夜、眠っているとき、霊界の中にいますが、そのときの霊界は、私たちの自我とアストラル体を取り巻く闇でしかありません。なぜなら、この霊界が見えるものになるには、それにふさわしい成熟を遂げていなければならないのですから。境域の守護霊は、未熟な状態で参入しようとしないように私たちを護ってくれています。ですから、私たちがこの守護霊の前に来たとき、守護霊は私たちに警告を発するのです。この警告が、これまでの秘教講義のマントラとなって私たちに響いてきました。

このマントラをまだお持ちでない人は、学級のメンバーから受けとって下さい。けれどもマントラを受ける人ではなく、それを与える人は、そうしてもいいかどうか配慮することを忘れないで下さい。

マントラは、存在の深淵を超えるにはどのような心構えが必要かを示していますが、それだけでなく、深淵の彼方で、次第に周囲の闇がどのようにして明るくなっていくかをも示しています。はじめは見るのではなく、感じるだけなのですが、感じるようになったとき、私たち自身の現在の在りようが分かってくるのです。

はじめに霊界が明るくなるのが感じられます。はじめに霊界が明るくなると感じ、それから地水火風の四大元素が今までとは違ったものになり、自分は今別世界に生きている、と感じられます。そして私たちは別世界の中で、私たち自身の真存在を、そして四大の真の姿を認識したい、と願います。

先回は、守護霊が存在の深淵の傍らに立っていること、しかし私たちはすでに深淵の彼方に移っていて、闇が明るくなっていくのを――まだ見てはいなくとも――、感じていることをイメージしました。そのとき守護霊は、私たちに問いを発します。守護霊はすでにその前に、どのように四大に向き合えばいいか明らかにしてくれました。そして今、この四大がどのように変化するかを語ってくれます。その守護霊が私たちに問いかけるとき、誰がそれに答えるのでしょうか。ヒエラルキアが答えてくれるのです。一方の側からは第三ヒエラルキアの天使、大天使、人格霊が、第二の側からは第二ヒエラルキアが、第三の側からは第一ヒエラルキアが答えてくれます。

第三ヒエラルキアの天使、大天使、人格霊は、「固い大地から何が生じるのか」という境域の守護霊の問いに答えます。第二ヒエラルキアの形態霊、運動霊、叡智霊は、境域の守護霊が、私たちの中で働き、私たちを内的に形成する水の形成力から何が生じるのかと問うときに答えます。そして第一ヒエラルキアのトローネ、ケルビーム、セラフィームは、守護霊が私たちを暗い植物存在から知覚する生存へ目覚めさせる呼吸（空気）の刺激力から何が生じるのかと問うときに答えます。

このマントラによる瞑想は、状況全体の中での自分を感じられるように、私たちの魂の中に働きかけてくるのです。瞑想の中で境域の守護霊は、吟味し、警告する問いを私たちに投げかけます。ヒエラルキアはこう答えるのです。

守護霊——
お前を支えていた固い大地から何が生じるのか。
天使——
お前の思考の中でわれわれがどう感じているのか感じとれ。
大天使——
お前の感情の中でわれわれがどう体験しているのか体験せよ。

人格霊――
お前の意志の中でわれわれがどう見ているのか見よ。
守護霊――
お前の内部に浸透していた水の形成力から何が生じるのか。
形態霊――
人間―身体―創造の中で霊―宇宙―創造を認識せよ。
運動霊――
人間―身体―生命《いのち》の中で霊―宇宙―生命を感じとれ。
叡智霊――
人間―身体―存在の中で霊―世界―出来事を欲せよ。

守護霊――
お前を目覚めさせた空気の刺激力から何が生じるのか。
トローネ――
お前の神―宇宙―存在の中で認識しつつ内部―存在を捉えよ。

ケルビーム――
お前の神－宇宙－生命《いのち》の中で内部－生命を温めよ。
セラフィーム――
お前の神－宇宙－光の中で内部－光を目覚めさせよ。

愛する姉妹兄弟たち、境域の守護霊とヒエラルキアとが共同で語るこれらの警告の言葉は、私たちが正しくそれを瞑想し続けるなら、私たちの魂を次第に遠くにまで導いてくれるでしょう。

私たちは現在の、そして未来の人間にふさわしい仕方で、古代の秘儀が求めた四大の中の地水風の本性の中に参入しようと努めています。

しかし第四の元素である熱は万物に浸透しており、私たち人間を固く支える地の要素の中にも、私たちの身体を形成する水の要素の中にも、熱が働いています。水は私たちの器官に形態を与え、器官を成長させます。そして熱の元素は、かつてヤハヴェの霊たちが人間に魂を吹き込んだときに用いた風（空気）の要素の中にも生きています。今でも人間は風を通して、暗い植物的生存から自分の魂を目覚めさせています。熱はいたるところで生き、働いています。熱は万物を支配する元素なのです。熱元素に沈潜するとは、万物を支配する元素に沈潜することです。熱は私たちにとって、もっとも身近に感じられる元素でもあります。

地の固い元素は、大地の確かさを感じさせるときにも、私たちにとっては遠い存在に感じられます。水の元素もまだ遠くに感じます。風の元素になると、かなり身近です。空気が十分に私たちを充たしていないとき、あまりに多くを吸い込んだり、十分に呼吸できなかったりしたとき、風の元素がどんなに私たちと深く結びついているかを実感させます。私たちは、息を吸いすぎると、不安になりますし、十分に息が吸えないと、失神状態に陥ります。私たちの魂は、風の元素に左右されています。

しかし、私たちは熱の元素とは、さらに深く結びついています。暑い、寒いというのは、私たち自身のことです。生きるためには、自分の中に熱を保たなければなりません。この熱の元素に結びつくためには、ひとつのヒエラルキアの言葉だけでは足りなく、すべてのヒエラルキアの警告が共に響かねばならないのです。

ですから、境域の守護霊が熱元素に関わる警告の問いを私たちに向けて発しますと、宇宙から返ってくる答えは、これまでとは違うのです。境域の守護霊は問いかけます——

お前の自我を燃え立たせた火の浄化作用から何が生じるのか。

この問いは私たちを熱または火の元素に導き入れるための問いです。

しかしそれに対する答えは、特定のヒエラルキアからではなく、天使と形態霊とトローネの合唱となって返ってきます。守護霊の第二の問いには、大天使、運動霊、ケルビームが答え、第三の問いには、人格霊、叡智霊、セラフィームが答えるのです。熱元素が普遍的なので、三つの答えは、三つのヒエラルキアの合唱となって響いてくるのです。

ですから、熱元素に関する境域の守護霊の警告の問いを聴いたその瞬間に、私たちの自我から響いてくる答えは、すべてのヒエラルキアの働きで惹き起こされるのです。その答えは、あらゆる側から、始めは天使、形態霊、トローネにより、第二に大天使、運動霊、ケルビームにより、第三に人格霊、叡智霊、セラフィームによって語られます。いつでもすべての三つのヒエラルキアが共に語るのです。その答えは、宇宙的に私たちに向かって響いてくるのです。

守護霊が語ります――

お前の自我を燃え立たせた火の浄化作用から何が生じるのか。

天使、形態霊、トローネ――

遥かな宇宙エーテルの拡がりの中に生命《いのち》の焔の文字を読みとれ。

すべての三つのヒエラルキアは、地上生活の間に生じるすべてが宇宙エーテルの中に記入されており、そして死の門を通ったときに私たちはその記入されたすべてを宇宙エーテルの中に見出すことを考えるように、と警告します。私たちが地上生活の中で考え、感じ、行動したことが、死の門を通ったあとで、霊界の中にふたたび立ち現れるのです。私たちは自分の地上での生活を、遥かな宇宙エーテルの拡がりの中にふたたび見るのです。地上生活の間に考え、感じ、行なったことがそこに記されています。それが「生命の焔の文字」なのです。

大天使、運動霊、ケルビームが私たちの内部で答えます――
時の渦巻く波の中に魂の償いの力を創り出せ。

死の門を通ったあと、私たちはそれまでの体験を逆に辿ります。この世で行なったすべてを鏡像の中で辿り直します。公正な償いとして、です。この世で誰かにあれこれの態度をとったとき、時の流れを遡行しつつ、相手が私たちによって体験させられたことを体験するのです。私が今述べたように、大天使、運動霊、ケルビームは、私たちが死後経験するこの第二段階のことを考えるように、と私たちに警告するのです。

さらに第三段階として、私たちの魂が他の人の魂や高次のヒエラルキアの本性たちと一緒に働いたときに生じさせた私たちのカルマに対して、人格霊、叡智霊、セラフィームが警告します――

人間の永遠に消えることのない行為の中で霊の救済者の力を請い願え。

私たちはこの状況の中にいる自分をよく感じとらなければなりません。――境域の守護霊が厳粛な身振りで、私たちの方に向かって警告するのです。そして宇宙の拡がりから私たちの方へ向かって、私たちの心を捉え、私たちを人生の謎に結びつける言葉が響きます。

［ここでマントラの第四部分が板書される］

守護霊が語ります――

お前の自我を燃え立たせた火の浄化作用から何が生じるのか。

天使、形態霊、トローネ――

遥かな宇宙エーテルの拡がりの中に生命《いのち》の焔の文字を読みとれ。
大天使、運動霊、ケルビーム――
時の渦巻く波の中に魂の償いの力を創り出せ。
人格霊、叡智霊、セラフィーム――
人間の永遠に消えることのない行為の中で霊の救済者の力を請い願え。

これまで私たちの前に立っていた黒く覆われた夜の闇は、魂の眼にはまだ光に照らされていません。けれども、この黒く覆われた夜の闇の中に立って、私たちははじめにほのかな光を感じとります。ただ感じとるだけのこのほのかな光の中で、私たちは自分自身のことを知るようになります。私たちは今、自分が境域の守護霊に向き合っている、と感じます。感覚の分野にいたときの私たちは、この守護霊をまだ見ていませんでした。なぜなら、私たちは闇の中で彼の警告する問いかけを聴いていたのですから。

この問いかける警告の言葉は、今やわらかく、そして生きいきとした光の働きかけを感じとれるところにまで私たちを導いてくれました。この光の働きに助けられて、私たちは境域の守護霊に直接向き合います。それは独特な体験です。まだ明るくはありませんが、明るさを感じさせる光の中で、境域の守護霊が姿を現すのです。このときの守護霊は、私たちと親しくなったかのようです。私たちの方に一層身を寄せ、私たちも守護霊の方に近寄ります。
守護霊の語る言葉は、信頼を込めて誰かの耳元にそっとささやきかけるかのように響きます。はじめは警告する厳粛な言葉が守護霊から響いてきました。ラッパのように高々と、宇宙のあらゆる側から私たちの心に訴えかけてくる言葉が、今光の下での守護霊との内密な語らいとなっています。今の守護霊は、私たちに向かって語るのではなく、私たちにそっとささやきかけるのです――

お前の霊は理解してくれたのだろうか。

「お前の霊は理解してくれたのだろうか」と守護霊が語るとき、私たちの内面はこの信頼のこもった言葉のゆえに、暖かく、熱くなれます。熱の体験になるのです。
そして私たちの内面は、答えなければならないと感じます。どうぞ、この情景を瞑想して下さい。敬虔な気持ちで、静かに、こう答える私たちの内面の情景を、です――

私の中で宇宙霊がじっと
息を凝らしています。
この霊の働きで
私の自我が輝けますように。

「お前の霊は理解してくれたのだろうか」という問いに、私たちの自我は、高慢な態度で「私は理解した」とは答えず、自我はこう感じるのです。——神的存在が人間の内奥の本質の中を流れている。人間の中の神的な呼吸が静かに、息を凝らして、理解する用意をしている。
［新しいマントラの第一部分が板書される］

守護霊——
お前の霊は理解してくれたのだろうか。

自我——
私の中で宇宙霊がじっと
息を凝らしています。

この霊の働きで
私の自我が輝けますように。

そして、二度目に守護霊は信頼を込めて問いかけます――

お前の魂は納得してくれたのだろうか。

自我は答えます――

私の中の宇宙魂たちは
星の働きの下に生きてきました。
その魂たちの調和の響きが
私の自我を創造してくれますように。

守護霊が「お前の魂は納得してくれたのだろうか」と問うとき、自我は高慢な答え方をしようとは決して思いません。魂は、自分の中で宇宙のヒエラルキア存在の魂たちが語っているのを知っているのです。その語らいは、個々のヒエラルキア存在の魂によるのではなく、惑星系の星々が公転しながら、相互に輝きを送り合っているように、ヒエラルキア同士の話し合いによるのです。宇宙の魂たちが助言の言葉を送り合っているのです。その声を合唱として人間の魂が聴きます。その合唱を聴きながら、魂は自我がその響きから創られるのを期待しています。自分の自我は、宇宙和声の反響なのです。惑星系の中を公転する星々のように、宇宙魂たちが宇宙霊の形をとって互いに話し合います。そして、その話し合いの和声が人間の魂の中に響くとき、この宇宙和声が自我となって現れるのです。

［第二の詩句が板書される］

守護霊――
お前の魂は納得してくれたのだろうか。

自我――
私の中の宇宙魂たちは
星の働きの下に生きてきました。
その魂たちの調和の響きが

私の自我を創造してくれますように。

そして、この状況で守護霊が人間に信頼を込めて語りかける第三の問いはこうです――

お前のからだは体験してくれたのだろうか。

魂は自分のからだの中に宇宙の力が生きている、と感じます。この宇宙の力はいたるところにあって、空間の一点であるからだに集中します。しかし、そのときの宇宙の力は、物理上の力となって現れるのではありません。外なる物質の力は重力となり、電力、磁力、熱力、光力となって現れますが、この諸力が人体の中で働くときは、道徳の力となり、意志の力に変わるのです。魂は、この宇宙の力が一連の地上生活を通して、永遠の宇宙正義を構成する力になるであろうと感じます。魂はそれを裁きの力であるとも感じます。この裁きの力は、その評決の言葉の中でカルマを、そして、それと共に本来の自我を織り上げるのです。

境域の守護霊が信頼を込めて問います――

お前のからだは体験してくれたのだろうか。

そうすると人間は、謙虚に、宇宙の公正さを信頼して、答えようとします――

私の中の宇宙の力は
人間の行為を裁きます。
その評決の言葉が
私の自我を導いてくれますように。

［第三の詩句が板書される］

守護霊――
お前のからだは体験してくれたのだろうか。

自我――
私の中の宇宙の力は

人間の行為を裁きます。
その評決の言葉が
私の自我を導いてくれますように。

境域の守護霊、ヒエラルキアと共に、宇宙元素の変化を体験した魂は、守護霊のこの三つの問いかけに対して内的に敬虔になります。魂の中に注ぎ込まれた霊界の力が人間の魂の本性とひとつに結ばれました。ですから、謎の言葉「おお、人間よ、汝自身を知れ！」に答えるのにも、さらに一歩前進したのです。

さて、ここで始めの言葉と、熱元素の中に感情を移入して、宇宙の霊的な内容に対する敬虔な気分の下に、私たち自身に立ち戻ることができたときのマントラを、始めの言葉と較べてみましょう。そして、始めの偉大な警告である「おお、人間よ、汝自身を知れ！」に従う方向で、さらに先まで前進できたと感じようと思います。私たち人間は、宇宙の一切の経過、一切の宇宙存在から響いてくる自己認識への要請と、今日の秘教時間に魂の前に響かせたマントラとの中間に立っているのです。

おお、人間よ、汝自身を知れ！

宇宙からの言葉が響く。
魂を強く保ち、霊の力を働かせて
この言葉を聴くがよい。

宇宙の力にあふれ、こころの奥底から
誰がそう語るのか。

言葉は空間の拡がりを貫いて
お前の感覚体験に働きかけるのか。
時間の波打つ流れを貫いて
お前の生命《いのち》の生成に響いてくるのか。

空間を感じ、時間を体験しつつ
この言葉を創造するのは
お前自身なのか。

空間の中で魂のむなしさを感じ
時間の破滅の流れの中で
思考の力を失っているのは
お前自身なのか。

お前の自我を燃え立たせた火の浄化から何が生じるのか。
遥かな宇宙エーテルの拡がりの中に生命《いのち》の焔の文字を読みとれ。
時の渦巻く波の中に魂の償いの力を創り出せ。
永遠の存在の行為の中に霊の救済者の力を請い願え。

――――――

お前の霊は理解してくれたのだろうか。

私の中で宇宙霊がじっと

息を凝らしています。
この霊の働きで
私の自我が輝けますように。

お前の魂は納得してくれたのだろうか。

私の中の宇宙魂たちは
星の働きの下に生きてきました。
その魂たちの調和の響きが
私の自我を創造してくれますように。

お前のからだは体験してくれたのだろうか。

私の中の宇宙の力は

人間の行為を裁きます。
その評決の言葉が
私の自我を導いてくれますように。

霊学自由大学第一学級のための秘教講義

第17講

ドルナハ

1924年7月5日

愛する皆さん、今日もあのマントラから始めます。この言葉は、存在し、生成するすべてのものの中から宇宙を正しく把握しようとする人の心に響いてくるのです。真の宇宙認識に到るために不可欠な自己認識を求め続ける人の心に、言葉となって響いてくるのです——

おお、人間よ、汝自身を知れ！
宇宙からの言葉が響く。
魂を強く保ち、霊の力を働かせて
この言葉を聴くがよい。
宇宙の力にあふれ、こころの奥底から
誰がそう語るのか。
言葉は空間の拡がりを貫いて

お前の感覚体験に働きかけるのか。
時間の波打つ流れを貫いて
お前の生命《いのち》の生成に響いてくるのか。

空間を感じ、時間を体験しつつ
この言葉を創造するのは
お前自身なのか。

空間の中で魂のむなしさを感じ
時間の破滅の流れの中で
思考の力を失っているのは
お前自身なのか。

先回の講義内容をもう一度思い起こしてみましょう。先回の講義内容はひとつの状況瞑想でした。宇宙との関連、霊界との関連を感じとる人の体験に端を発する瞑想でした。まず私たちは、境域の守護霊の傍らに横たわる深淵への道を見ました。次に私たちは、守護霊が境域を乗り越えていく人たちに与える教えを聴きました。境域の彼方に達するものは、まず光の中に自分を感じます。そして守護霊が語り、ヒエラルキアの本性たちが語る言葉に耳を傾けながら、宇宙を新たに体験します。そして、最後の対話はこうでした。まず守護霊が問いかけます。そして熱元素、深淵の彼方から道徳要素となって現れる熱元素を指示しながら、天使−形態霊−トローネ、大天使−運動霊−ケルビーム、人格霊−叡智霊−セラフィームが次々に語るのです。そして守護霊がそのあともう一度、自我に深く訴えかけてくる問いを発しますと、自我は、謙虚に、しかし自分の思いを込めて、守護霊に答えるのです。

守護霊が語ります——
お前の自我を燃え立たせた火の浄化から何が生じるのか。

天使−形態霊−トローネ——
遥かな宇宙エーテルの拡がりの中に生命《いのち》の焔の文字を読みとれ。

大天使−運動霊−ケルビーム——
時の渦巻く波の中に魂の償いの力を創り出せ。

人格霊－叡智霊－セラフィーム――
永遠の存在の行為の中に霊の救済者の力を請い願え。

守護霊――
お前の霊は理解してくれたのだろうか。

自我――
私の中で宇宙霊がじっと
息を凝らしています。
この霊の働きで
私の自我が輝けますように。

守護霊――
お前の魂は納得してくれたのだろうか。

自我――
私の中の宇宙魂たちは
星の働きの下に生きてきました。
その魂たちの調和の響きが
私の自我を創造してくれますように。

守護霊――
お前のからだは体験してくれたのだろうか。

自我――
私の中の宇宙の力は
人間の行為を裁きます。
その評決の言葉が
私の自我を導いてくれますように。

守護霊の立つ境域の彼方で、人間の本性は生命《いのち》に充ちた光の中にいる自分を感じとります。

そして次第にゆっくりとその感じとった光になるだけでなく、次第にゆっくりと霊眼に映じる光にもなるのです。いわば思想の霊的理解の中にのみ存在する光の中から、霊眼に映じる光が次第に立ち現れてくるのです。

しかし霊眼に映じる光の中に入っていけるのは、この場合にも深い意味をもつ守護霊の警告を聴くときだけなのです。この警告は、ひとつの力強い宇宙的な霊視内容を示唆しています。感覚世界に身を置く人間も――そのための心を持つとき――限りなく壮麗なその霊視内容を肉眼でも体験できる、と示唆しているのです。なぜなら、壮麗な虹が天空に現れるのを見ることができるのですから。その虹が暗雲の中に非現実的な美しさでみずからを光と化すとき、まるでこの虹の色を通して、物質的な感覚現象の彼方の霊たちが光輝いて現れるかのように感じるのです。虹は万象の中から現れて、みずからの存在を提示し、そしてふたたび万象の中に消えていきます。力強い霊視内容のように、万象の中に現れるのです。

守護霊は、霊界において霊視を体験すべきこの瞬間に、虹のこの印象を思い出させます。

［虹が黒板に描かれる］

守護霊は、霊界に参入した者が、万象の中に現れる虹のこの印象を、感覚世界への思い出として内部で生きいきと保っているように、と語ります。なぜなら、愛する姉妹兄弟たち、物質的－感覚的世界から霊界へ入っていくとき、虹の姿はもっとも容易に思い出すことのできる地上の姿なのですから。この虹の姿は、今光となって現れる霊界と、物質的－感覚的世界との間の関連を、もっとも容易に思い出させてくれるのです。

ですから境域の守護霊は、虹の姿を思い出すように、と言うのです。そしてさらに、こう教示します。――「地上でものを見ているときの眼のエーテル的な力をこの虹に浸透させようと試みなさい。お前が地上でアーチの向こう側を見るときのエーテル的な力を。」

つまり、こういうイメージをもつのです［黒板絵］。地上から見上げますと［向かって右上の小さい矢印］、雲の中に虹がこう現れます［雲の中の赤］。ですから、守護霊は虹を貫いていくように教えます［雲を通って小さな円まで線が引かれる。そしてその円の横に Warte と書き加えられる］。この立場は彼岸にあるのですが、ここに到るのです。そこから、その宇宙の彼方から虹をふり返って見るのです。守護霊は、先回述べた意味で到達した地点から私たちがさらに先へ進もうとするとき、私たちの霊視を瞑想によってさらに深めるように、と教えます。

この立場からふり返って見るとき、ですから愛する姉妹兄弟たち、皆さんがこの黒板の枠の外にまで行って［白い矢印が左の図左上へ向けて引かれる］、虹をふり返って見るのです［赤い矢印が図の左上から右へ向けて引かれる］。

虹が思い出の中に現れるとき、それを裏側から見るのです。そうすると虹は、巨大な器《うつわ》に、宇宙の器になって現れます。もはやアーチが見えるのではなく、天空に拡がる巨大な鉢が現れ、そしてその中にはいろいろな色が入り混じって溢れています。

これが守護霊の喚起する最初の霊視内容です――

エーテルの虹の
明るく力強い光輪を見よ。
光を生み出すお前の眼の力によって
お前の自我をこの光輪に浸透させよ。
そうすれば彼岸の立場から
色の流れの中に
宇宙の器が見えてくる。

［第一のマントラが板書される］

守護霊――

エーテルの虹の
明るく力強い光輪を見よ。
光を生み出すお前の眼の力によって
お前の自我をこの光輪に浸透させよ。
そうすれば彼岸の立場から
色の流れの中に
宇宙の器が見えてくる。

守護霊はこの力強い言葉を語ります。愛する姉妹兄弟たち、どうぞこのイメージに集中して下さい。境域の守護霊の親しい弟子は、多彩な光を盛った宇宙の器を見るように、このイメージの世界に身を置くように求められているのです――

エーテルの虹の
明るく力強い光輪を見よ。
光を生み出すお前の眼の力によって
お前の自我をこの光輪に浸透させよ。

そうすれば彼岸の立場から
色の流れの中に
宇宙の器が見えてくる。

こういうイメージを生きなければいけないのです。このイメージが内的に、そして深く自我に作用していくとき、人間は器を充たすこの色彩の横溢の中に、第三ヒエラルキアの本性たち、天使、大天使、人格霊を体験します。この本性たちは色彩を吸収しています。そして第三ヒエラルキア独自の天使性の中に色彩を取り込むのです。

このイメージは感覚世界の背後にあって、高次のヒエラルキアの本性たちが演じる宇宙創造についての概念を与えてくれます。どのようにして霊的本性たちが虹の彼方で働いているか、どのようにしてはじめ宇宙の器の色彩を吸い込み、そして色彩そのものの本質を受容するかについての概念を、です。

地上からどのような流れが虹の中に浸透し、虹の背後で思想となって現れるのか、どのようにしてそれが天使たちによって吸収され、受容されるかが体験できたとき、人は虹の本性を知るようになります。どこかの地方で生きている人間から生じる思想のすべてが、時代から時代へ繰り返して虹の橋を通って集められます。そして第三ヒエラルキアの本性たちによってそれが吸収され、霊界の中に持ち込まれます。

宇宙において魅惑的な現れ方をするものは、物質上の意味を持つだけでなく、霊的－内的な意味も持っています。物質的－感覚的な世界の内部に留まっている限り、魅惑的なエーテルの虹を認識することは不可能です。境域の彼方に立って――すでに学んだように――、境域の守護霊の警告を受けたとき、それが初めて可能になるのです。

彼岸の立場から宇宙の器としての虹の印象を受けとるとき、どのようにして光が次第に夜の闇の境域に拡がっていくかが、はっきり見えてきます。私たちは今その中にいるのです。光が明るさを増していきます。そのとき、宇宙の器が、虹の彼方にあって色彩の横溢する宇宙の器が、太陽になるのです。

次いで天使、大天使、人格霊は、人間の魂にみずからの意識を映し出そうとします。この本性たちは横溢する色彩を吸い込み、そうすることで、地上の感覚的仮象といえども、霊界にとって有用である限りは、霊界の中に持ち込まれる、ということを人間の魂に示すのです。

そして第三ヒエラルキアの本性たちは、感覚世界に属するもの、虹を通して自分たちのところにまで来たもの、霊界に受容されうるように虹に変容されたものを吸収し、そしてその吸収し、受容したものをもって第二ヒエラルキアの高級霊たちに奉仕します。第三ヒエラルキアの霊たち、天使、大天使、人格霊は、霊界では奉仕する霊たちなのです。私たちが、虹という色彩溢れる宇宙の器の彼方に魂の眼を向けるとき、そこに見えてくるものを、今私たちはこの霊たちから聴き取ることができます。

天使、大天使、人格霊――
器の横溢する光の中に
色彩を呼吸する
われらの思想の生命《いのち》を感じとれ。
われらは感覚の輝きを
霊の本質領域へ担っていく。
そして宇宙を貫いて
高次の霊たちへの奉仕につとめる。

［この第二のマントラが板書される］

天使、大天使、人格霊――
器の横溢する光の中に

色彩を呼吸する
われらの思想の生命《いのち》を感じとれ。
われらは感覚の輝きを
霊の本質領域へ担っていく。
そして宇宙を貫いて
高次の霊たちへの奉仕につとめる。

愛する姉妹兄弟たち、もう一度このイメージを心の前に置いてみましょう。宇宙の器が天空に大きく広がります。その中には横溢する色彩が見えます。いつもはその色彩を虹として平面的に見ていますが、今は色彩が生き、互いに働きかけ、第三ヒエラルキアの天使、大天使、人格霊のところへ向かっていくのです。第三ヒエラルキアの本性たちが生きて働くこの色彩を呼吸するとき、私たちの魂は、色彩を呼吸する第三ヒエラルキアの本性たちの思想を見ているのです。

しかしまた私たちの魂には、この宇宙思想に浸透された第三ヒエラルキアの本性たちが、第二ヒエラルキアの形態霊、運動霊、叡智霊に奉仕する姿も見えます。その姿は圧倒的なまでに偉大なイメージとなって私たちの前に現れます。純粋な霊的存在たち、太陽の居住者たちの姿が現れるのです。この霊的存在たちの姿が現れるのは、太陽の描き出す物質像が消え、あの小さな――どれほど偉大であるとはいえ、霊的な太陽に較べれば――小さな像であるにすぎないあの小さな太陽――この太陽は像にすぎません――が消えるときだけなのです。壮大な仕方で万象を実現させる太陽は、物質界での巨大な太陽像よりも無限に大きい存在なのです。

次いで第二ヒエラルキアの本性たちが現れます。純粋な霊界の中に生きて働くこの本性たちは今、天使、大天使、人格霊のもたらすものを受けとります。今私たちが心の中に持っているような記憶像という死んだ思考内容を受けとるのではありません。死んだ思想が感覚的仮象の中から取り出され、天使、大天使、人格霊の呼吸の中で、生きた思想になったのです。天使、大天使、人格霊は、この生きた思想を第二ヒエラルキアの形態霊、運動霊、叡智霊の前に供犠として捧げます。地上では仮象にすぎなかった思想が生きた姿に甦り、第二ヒエラルキアの本性たちを新たな存在へと目覚めさせるのです。

第二ヒエラルキアの本性たちがどのようにして第三ヒエラルキアの本性たちから生命化した思想を受けとるのか、そして天使、大天使、人格霊によって感覚的仮象から取り出された思想が、今どのようにしてひとつの新しい世界にまで壮大な復活を遂げるのか、私たちは見てとります。この新しく復活した世界は、形態霊、運動霊、叡智霊の働きの下で生じたのです。

次に宇宙《コスモス》の注目すべき秘密がどのように働くのかを私たちは見ます。形態霊、運動霊、叡智霊が第三ヒエラルキアの本性たちから受けとったものをどのように地上の光、太陽の光線、星々のきらめきに委ねるのかを、私たちは見るのです。今、生命化され、目覚めさせられた宇宙思想のいとなみが、輝きを放つすべてのものに託されます。

事実、光の輝きは物質ではありません。霊が光の中で輝くのです。しかし光線が私たちの中にさし込むとき、この光線に、第二ヒエラルキアの本性たちの領域から、逆の方向から何かが託されたのに、私たちはそれを見過ごしているのです。すべての光り輝くもの、星々のきらめき、太陽の輝きには、第二ヒエラルキアの本性たちが織りなす宇宙思想が託されているのです。けれどもまた、第三ヒエラルキアの本性たちによって生命化された思想から——死せる感覚的仮象においては死せる思想から——、甦らせたすべても託されるのです。

そして今、第二ヒエラルキアのこの本性たちが宇宙の創造的な愛を、星々のきらめきと太陽の輝きの中でいとなまれる愛を、どのようにこの光り輝く霊の力に託すのか、私たちはそれを聴きます。この愛は、宇宙を貫いて流れる全宇宙の本来の創造力、生産力なのです。第二ヒエラルキアの本性たちは、星々のきらめき、太陽の輝きに愛を託します。第二ヒエラルキアの本性たちが霊の輝き、愛の促し、愛の力をどのようにして宇宙に組み入れるのかが、今私たちの霊眼に映じます。

こうして私たちは第二ヒエラルキアの本性たちが今語るのを聴くのですが、私たちへの語りかけではありません。私たちは第二ヒエラルキアの本性たちと第三ヒエラルキアの本性たちとの対話の証人になるのです。その対話は彼方にまで響いていきます。私たちはそれを傍らで聴くのです。私たちは今はじめて、状況瞑想によって、高位のヒエラルキアの本性たち同士の話し合いを聴くのです——

あなたたちが受けとったもの
死せる感覚の影から甦らせたもの——
われらはそれを存在の中で目覚めさせる。
われらは光の輝きにそれを贈る。
光の輝きは霊の本性の中で
愛を働かせて
素材のむなしさを開示する。

こうして私たちが天上の対話の証人になります。そして夜を覆っていたかつての闇が、次第に明るく霊眼に映じるのです。闇が柔らかな優しい光に浸透されるのです。

［第三のマントラが板書される］

形態霊、運動霊、叡智霊――
あなたたちが受けとったもの
死せる感覚の影から甦らせたもの――
われらはそれを存在の中で目覚めさせる。
われらは光の輝きにそれを贈る。
光の輝きは霊の本性の中で
愛を働かせて
素材のむなしさを開示する。

私たちがこのことを聴き、このことを深く実感できたなら、霊眼でさらなる出来事を見るようになります。そのとき私たちは、大地の思想が第三ヒエラルキアによって生命化され、吸収されるのを見、さらにそれが第二ヒエラルキアによって受容され、そして星々のきらめき、太陽の輝きに伝えられ、愛に変化されるのを見るのです。それだけではありません。私たちはそれが第一ヒエラルキアの本性たちに受容され、この本性たちによって素材に、新しい宇宙を創造するための素材にされるのを見るのです。天使、大天使、人格霊がまず吸収し、形態霊、運動霊、叡智霊がそれを受容し、トローネ、ケルビーム、セラフィームがそれを新しい宇宙創造のための力にするのです。

その際注意していただきたいのは、次の点です。第一に私たちは天上における、第二ヒエラルキアの本性たちと第三ヒエラルキアの本性たちとの対話の証人でした。今私たちの霊なる耳はさらに聴き続けます。第一ヒエラルキアの本性たち、トローネ、ケルビーム、セラフィームが宇宙の言葉を語り始めます。はじめその天上の語りかけを、ただ傍聴人として聴いているだけのようです。しかし、そうではないことが、すぐに分かります。

はじめ天使、大天使、人格霊が声を発しました。次いで形態霊、運動霊、叡智霊と天使、大天使、人格霊との対話が始まりました。続いてトローネ、ケルビーム、セラフィームがこの対話に加わります。霊界に大合唱が響きます。今九つの声が合唱となって響き、その響きはふたたび私たち人間に向けられます。最後には霊界全体が私たちに向かって語るのです。しかし、はじめのうち霊界内で語られる言葉は、セラフィーム、ケルビーム、トローネの宇宙の言葉となって、私たち人間の本性の中に響いてきます——

お前の意志の世界の中に

われらが宇宙の働きを感ぜよ。
われらが思考によって創造するとき
霊が素材の中で輝く。
われらが意志によって生きるとき
霊が素材の中で創造する。
宇宙は自我が求める霊の言葉なのだ。

宇宙は自我が求める霊の言葉なのです。そして宇宙はセラフィーム、ケルビーム、トローネによって創造されたのです。

［第四のマントラが板書される］

トローネ、ケルビーム、セラフィーム――
お前の意志の世界の中に
われらが宇宙の働きを感ぜよ。
われらが思考によって創造するとき
霊が素材の中で輝く。

われらが意志によって生きるとき
霊が素材の中で創造する。
宇宙は自我が求める霊の言葉なのだ。

自我が求める霊の言葉が宇宙なのです。そして、その言葉が霊の合唱となって私たち人間の本性のところに響いてくるのです。その合唱を聴くとき、霊界の中が明るくなります。これまでの柔らかな光が霊の明るさに変わるのです。

私たちは霊界が明るくなるのを、守護霊と共に体験するのです――

エーテルの虹の
明るく力強い光輪を見よ。
光を生み出すお前の眼の力によって
お前の自我をこの光輪に浸透させせよ。
そうすれば彼岸の立場から
色の流れの中に
宇宙の器が見えてくる。

器の横溢する光の中に
色彩を呼吸する
われらの思想の生命《いのち》を感じとれ。
われらは感覚の輝きを
霊の本質領域へ担っていく。
そして宇宙を貫いて
高次の霊たちへの奉仕につとめる。

あなたたちが受けとったもの
死せる感覚の影から甦らせたもの――
われらはそれを存在の中で目覚めさせる。
われらは光の輝きにそれを贈る。
光の輝きは霊の本性の中で
愛を働かせて
素材のむなしさを開示する

お前の意志の世界の中に
われらが宇宙の働きを感ぜよ。
われらが思考によって創造するとき
霊が素材の中で輝く。
われらが意志によって生きるとき
霊が素材の中で創造する。
宇宙は自我が求める霊の言葉なのだ。

そしてそのときは、まるで境域の守護霊がその霊の器官で私たちにそっと触れてくるようです。私たちは守護霊の本性が私たちの霊の眼を閉ざすかのように感じます。一瞬私は、それまで明るい霊の空間の中にいたのに、何も見えなくなったかのようです。次いで私たちの内部から言葉が湧いてきます。今日はまだその言葉をマントラとしては取り上げませんが、この時間の終わりに書き記し、次回にその内容を考察しようと思います。

この純粋に霊的な事実を感覚的にイメージするとしますと、境域の守護霊が手をそっと私たちの眼に置くので、周囲の霊の明るさが何も見なくなってしまい、その代わりに霊界認識を獲得するために離れ去った感覚世界への思い出が、私たちの中に立ち現れるのです――

私は思考の遺産を身につけて
この感覚世界に生まれてきた。
神の力が私をここに導いた。
死が道の終わりに立っている。
私はキリストの存在を感じたい。
キリストは素材の死の中で霊の誕生を可能にする。
私は霊の中に宇宙を見出し
宇宙生成の中に私自身を認識する。

＊

愛する皆さん、この秘教講義を始めたときに申し上げたこと、クリスマス会議でも強調したことを思い出して下さい。深い意味をもって始めた事柄を、外から手を加えて変更し、これまでと違ったやり方をするようであってはなりません。ですから、ここではっきり申し上げますが、将来――そしてすでに秘教学級におられる皆さんはこのことをこれから入ろうとする人にはっきり伝えていただきたいのですが——、将来ゲーテアヌム理事の書記であるヴェークマン女史か私かに直接申し込まなければ、この学級に加わることはできないのです。ただこの二人の個人的なメッセージがあるときだけ、この学級への参加が顧慮されるのです。始めからそう決めたことですので、将来も変わりありません。秘教会員がなすべきことは、このことを守ろうとするのではなく、事柄そのものの求めに応じることなのです。

愛する皆さん、この機会にもうひとつ別のことにも注意を向けたいのです。それは人智学協会が本当に権限を維持するために必要なことです。繰り返して私たちは次のような内容の手紙を受けとりました。もしも私が返事しなければ、私はそれを認めていることになる、というのです。

そう書いた人はきっと分かったことと思いますが、そう書いた人、これからそう書こうと思っている人にお願いするのですが、「返事のないことは認めたことと見做す」という文章を含んだ手紙はすべて、それだけで否定されています。将来こういう手紙には返事をいたしません。なぜならこういう要求が出されると、うまく事を運ぶことができなくなるからです。そういう手紙には、始めから否定的な返事をするしかないのです。

霊学自由大学第一学級のための秘教講義

第 18 講

ドルナハ

1924 年 7 月 12 日

愛する皆さん、自然界並びに霊界のいとなみのすべてに、そのすべての存在と出来事に捉われることなく耳を傾けるとき、私たちの魂は、自己認識への呼び声を聴くことができます。その呼び声を、今回も考察のはじめに、私たちの魂に響かせようと思います――

おお、人間よ、汝自身を知れ！
宇宙からの言葉が響く。
魂を強く保ち、霊の力を働かせて
この言葉を聴くがよい。

宇宙の力にあふれ、こころの奥底から
誰がそう語るのか。

言葉は空間の拡がりを貫いて

お前の感覚体験に働きかけるのか。
時間の波打つ流れを貫いて
お前の生命《いのち》の生成に響いてくるのか。

空間を感じ、時間を体験しつつ
この言葉を創造するのは
お前自身なのか。

空間の中で魂のむなしさを感じ
時間の破滅の流れの中で
思考の力を失っているのは
お前自身なのか。

愛する姉妹兄弟たち、私たちはこの問いかけに答えを見出そうとして、境域の守護霊への、存在の奈落への道を辿ってきました。そして境域の守護霊の導きの下に、それまで自分の生存の源泉を包んでいた暗黒が明るくなるところにまで達しました。そしてこの明るさの中で、私たちは守護霊の呼びかけを聴くのです――

エーテルの虹の
明るく力強い光輪を見よ。
光を生み出すお前の眼の力によって
お前の自我をこの光輪に浸透させよ。
そうすれば彼岸の立場から
色の流れの中に
宇宙の器が見えてくる。

そして天使、大天使、人格霊が境域の守護霊のこの言葉を受け、人間の魂に向けて声を発します――

器の横溢する光の中に
色彩を呼吸する
われらの思想の生命《いのち》を感じとれ。

われらは感覚の輝きを
霊の本質領域へ担っていく。
そして宇宙を貫いて
高次の霊たちへの奉仕につとめる。

そして前回学んだ宇宙の横溢する光を受けて、第三ヒエラルキアの存在たちが照らし出されて、輝きを発します。天使、大天使、人格霊という第三ヒエラルキアの存在たちの集まりが、より高次の霊たち、形態霊、運動霊、叡智霊に向かい、仕えます。形態霊、運動霊、叡智霊は自分たちに仕える霊たちに、人間のために必要なことを果たすように、と語ります。私たちはこの語らいの証人なのです。

形態霊、運動霊、叡智霊は語ります――

あなたたちが受けとったもの
死せる感覚の影から甦らせたもの――
われらはそれを存在の中で目覚めさせる。
われらは光の輝きにそれを贈る。

光の輝きは霊の本性の中で
愛を働かせて
素材のむなしさを開示する。

次いで私たちは内なる衝動に駆られて、第一ヒエラルキアの至高の霊たちに眼を向けますと、この霊たちは今、みずから人間に向かって祝福を贈ります――

お前の意志の世界の中に
われらが宇宙の働きを感ぜよ。
われらが思考によって創造するとき
霊が素材の中で輝く。
われらが意志によって生きるとき
霊が素材の中で創造する。
宇宙は自我が求める霊の言葉なのだ。

私たちは、高次の世界の存在たちのこの語り合いの証人になります。至高の存在たちが人間の魂に注ぐ宇宙の言葉に貫かれ、私たちの心はその言葉に打ち震えます。私たちは自分が支配する万物に内在する宇宙の光の中で、自分が生き、働くのを感じます。

今、私たちにひとつの真実が明らかになります。それが真実だと感じとれるのは、受肉していない霊たちが生きるところ、霊たちが真実を考えるところ、霊たちが美を輝かせるところ、霊たちの働きが霊的に働くところにおいてです。偉大な、万有を包括する、霊界に働く真実がそのとき明らかになり、霊の存在が強く実感できるようになるのです。私たちは霊の中に立ち、そこに生き、そこで働くのです。こうして霊の存在が実感できるようになります。

私たちは、自分が今生きているところこそが霊であり、その霊だけがすべてである、と実感します。私たちの生きているところは、感覚的仮象の世界であっても、霊だけが存在しているのです。霊だけが存在するのです。この真実が今、私たちの魂の前に、揺るぐことのない、すべてを支配する力となって現れます。すべてが霊なのだ、という真実がです。今の私たちにとって大切なのは、この真実をイメージとして魂の前に置くことです。

［板書、赤く線を引く］

図のこの部分が霊です。霊だけがあるのです。

［語りながら、いろいろな箇所で「ある」という言葉を赤い記しの中に書き込む］

ここに現れているものは、あるのです。これが霊です。そしてこの赤以外のところには、何もありません。この真実が私たちの魂の前に立っています。そして霊界は私たちに、ここにある、ここにある、ここにある、ここにある、と言います。霊の働くいたるところに、何かがあるのです。

［語る間に「何もない」という言葉が、赤い記しの間のいろいろな箇所に書き込まれ、さらに「鉱物」「植物」「動物」という言葉が書き込まれる］

そして霊のないところには、何もありません。この真実を深く心に留めておかなければなりません。霊のあるところには、どこでも何かがあります。そして霊のないところには、何もありません。

そこで問題が生じます。感覚的な仮象世界のすべては、どのように私たちの前に現れたのでしょうか。私たちはその仮象界から境域を超えて、霊界にやってきました。霊界でこそ、真の存在である霊が私たちの魂の前に立っています。感覚界での私たちは、ここに赤く記したものを見ていませんでした。赤く記されたものを見るには、感覚界での私たちは、あまりにも弱いのです。感覚界には何が残っているのでしょうか。何も残っていません。何もないのです。そこでの私たちは、無だけを見ていたのです。鉱物も一種の無であり、植物も第二の無であり、動物は第三の無なのです。

何かを見るにはあまりにも弱いので、私たちは何も感じとれません。ですから私たちは、無を自然界であると思っていますが、それは大きな錯覚であり、幻想です。私たちが身体を通して見るとき、さまざまな種類の無だけが私たちの眼の前に現れています。そして私たちは、感覚界の基本的に無であり、かつ大いなる幻想であるものに名前をつけ、感情の中に深く印象づけています。そして今、名前をつけられた感覚界での無が、無に与えた名前の集合体のように現れるのです。

霊界に参入した今、すべての存在が真実としてそこにあります。感覚界での私たちは、さまざまな名称を非本質的な無のために使ってきました。私たちが属している、属すべきである神々の世界に由来するのでない無の存在たちは、私たちが名づけた名前を自分のものにしているだけなのです。

地上での私たちは無に名前をつけているのです。それが分からないと、名前と一緒に巨大な幻想の中に落ち込みます。私たちは無に名前をつけている、と認識して下さい。この事実が、光の中で生きて働いている今の私たちの魂の上に重くのしかかっています。ですから、こちらに留まっている私たちの心の霊力は、深く、深くこう感じるべきなのです。――われわれは今、幻想の国から真理の国へ移ってきた。真理に対する聖なる真剣さが私たちの魂の内部を支配しようとしている。

今、私たちは存在の奈落の際に立つ境域の忠実な守護霊に眼を向けます。守護霊は語ろうとしません。守護霊は暗闇から語りました。私たちが明るさをやっと感じ始めたときに語りました。闇が明るみ始めたときに語ったのです。「霊だけがある」という偉大な真実の前で、明るさの中で、心を震撼させられて立っている今の私たちに、守護霊は何も語ろうとはしません。上方で高次のヒエラルキアの存在たちが互いに語り合うのを、ただ黙って示すだけです。

一瞬、私たちは霊の働きを受けて、こう考えます。――下の地上生活でのわれわれは、鉱物、植物、動物、地上の人間から印象を受けとった。雲が語り、山が呼び、泉がささやき、稲妻が照らし、雷鳴がとどろき、星々が宇宙の秘密を漏らすのを聴いた。それが地上でのわれわれの経験であり、体験だった。今、存在の奈落の彼方ではすべてが沈黙している。今、神々が互いに語り合っている。そして天使の大合唱が響き始める。

私たちは、第二ヒエラルキアの高次の霊たちに仕えようとしている、愛に充ちた天使、大天使、人格霊を見上げます。形態霊、運動霊、叡智霊に向かって奉仕する第三ヒエラルキアの群れの姿が今見えています。

さらに私たちは、宇宙を創造し、支配し、宇宙に輝きを与える第二ヒエラルキアの群れを見ます。そして、霊の光を発しながら、神的な意志をあらわす第三、第二ヒエラルキアの存在たちの語り合いを聴きます。

天使たちが発する言葉を聴きます。人間の魂を導こうと配慮しつつ、天使たちはこう語ります——

人間が思考しています!

これが天使には重荷なのです。人間が考えるとき、人間の魂をどう導いたらいいのか、天使はそのことで心を患わせています。思考する人間を正しく導ける力を持つために、天使は運動霊に願います。

天使——

人間が思考しています!

私たちにはその思考を明るくする

高みの光が必要です。

輝き、支配し、作用する領域の運動霊は、愛と共感をもって答えます——

人間が思考するのなら
その思考を明るくする
高みの光を受けとりなさい。

あふれ出る光、思考の輝きの力、それが運動霊から天使へ流れていきます。天使が受けとる光——人間はそのことを知りませんが——、それが人間の思考を明るくします。今私たちは、人間の思考の働きが天使の輝きなのだ、と悟ります。しかしこの輝きを可能にする光の力は、運動霊から得たものなのです。

［マントラの第一部が板書される］

I　天使——

「人間が思考しています！」――これは天使の配慮の言葉です。それが語られます。

人間が思考しています！

天使は人間に配慮しつつ、運動霊に向かいます――

私たちにはその思考を明るくする
高みの光が必要です。

運動霊が答えます――

運動霊――
人間が思考するのなら
その思考を明るくする
高みの光を受けとりなさい。

私たちの霊の眼ざしは、さらに先へ向かいます。大天使の群れが奉仕しつつ第二ヒエラルキアの霊たちに近寄るのが見えます。大天使は形態霊と叡智霊という、第二ヒエラルキアの二つの位階の霊たちに向かいます。天使は運動霊に向かいました。大天使は形態霊と叡智霊に向かいます。大天使の配慮は、人間の感情に向けられます。大天使は人間の感情を導くのに必要なものを形態霊と叡智霊に求めます――

大天使――
人間が感情を働かせています！
私たちにはその感情の中で生きられる
魂の熱が必要です。

大天使は感情に生命《いのち》を吹き込まなければなりません。二つの合唱の力強い響きで、霊的宇宙の中の叡智霊と形態霊が答えます――

人間が感情を働かせるのなら
その感情の中で生きられる

魂の熱を受けとりなさい。

［マントラの第二部が板書される］

II　大天使――

人間が感情を働かせています！
私たちにはその感情の中で生きられる
魂の熱が必要です。

叡智霊と形態霊が答えます――
人間が感情を働かせるのなら
その感情の中で生きられる
魂の熱を受けとりなさい。

私たちは第三ヒエラルキアの第三の群れである人格霊に向かいます。人格霊は人間の意志のために配慮しています。第三ヒエラルキアの第三の配慮です。

私たちはこう感じとります。――天使が運動霊に向かうとき、運動霊は遥かな高みに働きかけ、自分の創造する高みの光を人間の思考に配慮する天使に与える、と。

さらに私たちは感じとります。――宇宙の周辺に広がる宇宙の熱のすべては、形態霊と叡智霊が創造したものなのですが、その熱が大天使に委ねられます。大天使が人間の感情のすべてを導くことができるためにです。

今、下方の奥深く、深みの神霊たちの支配するところで、多くの悪が支配する奈落の底から、ずっと下方から、善なる深淵の力を引き上げなければなりません。そのとき、第二ヒエラルキアのすべての神々が協力して一緒に引き上げるのです。なぜなら、人間の意志を配慮する人格霊は、深みの力を求めているのですから。その人格霊はこう語ります――

人間が意志しています！
私たちにはその意志の中で働く
深みの力が必要です。

第二ヒエラルキアの霊たちの声の集まりである強力な宇宙の声が、それに応えます。叡智霊、運動霊、形態霊の三つのグループの合唱がひとつにまとまってこう響いてきます――

人間が意志するのなら
その意志の中で働けるように
深みの力を受けとりなさい。

［マントラの第三部が板書される］

III　人格霊――

人間が意志しています！
私たちにはその意志の中で働く
深みの力が必要です。

叡智霊、運動霊、形態霊が一緒に答えます――

叡智霊、運動霊、形態霊――
人間が意志するのなら
その意志の中で働けるように
深みの力を受けとりなさい。

これは聖なる創造者の言葉です。私たちは瞑想の中で、その言葉の響きの、霊界における証人になります。私たちがこの地上における鉱物界、植物界の生きた証人であるようにです。そして証人としての私たちは、次のように聴くのです――

人間が思考しています！
私たちにはその思考を明るくする
高みの光が必要です。

人間が思考するのなら
その思考を明るくする
高みの光を受けとりなさい。

人間が感情を働かせています！
私たちにはその感情の中で生きられる
魂の熱が必要です。

人間が感情を働かせるのなら
その感情の中で生きられる
魂の熱を受けとりなさい。

人間が意志しています！
私たちにはその意志の中で働ける
深みの力が必要です。

人間が意志するのなら
その意志の中で働けるように
深みの力を受けとりなさい。

私たちは霊界の中で成長していきます。この地上での私たちの周囲の環境の代わりに、霊界の合唱が私たちを取り巻きます。そして私たちは神々の語らいの証人になります。人間界を配慮しつつ、人間界のために創造しつつ、神々が語ることの証人になります。

さて、私たちが真の現実を体験するのは、瞑想がこの地上でのすべてを完全に排除し、そして上なる神々が神々の言葉でひとつの宇宙を存在させている、と感じとれるようになったときだけです。この現実が体験できたら、誕生から死にいたるまでの間、本当に私たちの周囲にあるものが体験できるようになるでしょう。なぜなら、誕生から死に到るまでの諸現象の中に生きるすべての背後には、死から新しい誕生に到るまでの私たちが生きる世界が、真の現実として立っているからです。

かつての時代の人間は、暗い、夢幻的な見霊状態で地上を生きていました。その人たちの魂は、霊界についての夢幻的なイメージに充ちていました。古代のその頃の人を考えてみましょう。その人が――まだ日が天空にあるのに――仕事をやめて休息し、もの思いにふけるとき、魂の中にイメージが立ち現れました。そのイメージは生まれる以前の霊界で体験したことの思い出でした。その人は、今の地上生活と見霊的な夢の中に現れるかつての生活との関連を理解していませんでした。しかし秘儀参入者の教えがありました。その教えは、弟子たちに、そして弟子たちを通してすべての人に、この関連を明らかにしました。ですから当時の人は、地上の世界を生きながら、生まれる前の生存を思い出していたのです。

現在の地上生活では、生まれる以前の生存の思い出は消えています。今は秘儀参入者が地上生活と生まれる以前の生活との関連を解明してくれません。なぜなら人びとは、生まれる前に体験したことを忘れてしまったからです。そういう教えは受け容れられないのです。宇宙的な記憶についての教えは必要ないのです。なぜなら、そういう記憶はこんにち存在していないのですから。

しかし、まさにそのような現在にこそ、感覚的生存の背後で神々の語る言葉に、秘儀の学を通して、耳を傾けなければならないのです。そうすれば、人びとに宇宙的な記憶が甦ってくるに違いありません。死の門を通ったときの霊界を人びとが理解するには、次のことを知らなければなりません。――

死の門を通って超地上的な生活に入り、そして霊界の現実の中に参入したとき、天使、大天使、人格霊、形態霊、運動霊、叡智霊、トローネ、ケルビーム、セラフィームの世界の中にいます。そのときの死者が死後の体験を理解できなかったり、暗いままに留まったりすべきでないのなら、この地上で秘儀の学によって経験したことを思い出さなければなりません。

そして地上で学んだことを想起できるようになるためには、地上ではまだ理解できなかった次のマントラを天上で聴くことが、計りがたく重要なのです――

人間が思考しています！
高みの光を受けとりなさい。

人間が感情を働かせています！
魂の熱を受けとりなさい。

人間が意志しています！
深みの力を受けとりなさい。

私の姉妹兄弟たち、今日の秘教講義では、この言葉を聴いていただきたかったのです。この言葉は、ミカエル時代の力で、秘教学級を導くものたちの教えを通して響いてくるのです。ですから秘教学級では、まず天使の声が、地上を生きる私たちのことをこう語ります――

人間が思考しています！

運動霊が答えます――
　　高みの光を受けとりなさい。
大天使の声が響きます――
　　人間が感情を働かせています！
叡智霊と形態霊が答えます――
　　魂の熱を受けとりなさい。
人格霊の言葉です――
　　人間が意志しています！

第二ヒエラルキアの形態霊、運動霊、叡智霊のすべてが答えます――

深みの力を受けとりなさい。

秘教学級でこれらの言葉を聴いた人たちは、死の門を通ったとき、天上でこれらの言葉の響きをふたたび聴くでしょう。地上の秘教学級と、死から新しい誕生までの天上での生活の両方で共に響くのを聴くでしょう。その人たちは、天上で響くこれらの言葉を理解するでしょう。けれども、一般人智学の準備のあとで行われる秘教学級の内容に感受性を働かせることができず、そのことを快く思えない人たちは、高次の領界からの秘儀の学を通して聴きとることのできる言葉が耳に入りません。その人たちも、死の門を通ったとき、すでにこの世で聴くべきだった内容をふたたび天上で聴きますが、理解することができません。神々が互いに話し合うときの力の言葉が理解できぬ響きとして、単なる音響として、宇宙の雑音として聞こえてくるのです。

このことを福音書が語っています。人はキリストの教えによって霊界での死から守られねばならない、とパウロは語ります。実際、死の門を通ったあとで、そこで響いてくる言葉が理解できなければ、たちどころに霊界での死に到ります。魂が生きる代わりに、魂に死が襲ってくるのです。神々の言葉を理解する代わりに、意味不明な雑音しか聞こえてこないのです。秘教の学が存在するのは、魂が死後も生き続けるためなのです。死の門を通ったあとでも魂が生き続けられるように、そのために秘教学級があるのです。このことを深く感じとれなければなりません。

今私たちは、これまで霊の中で辿ってきた道を、もう一度思い出したいのです。――私たちは守護霊のところに行きました。そして、どのように人間が存在の奈落を超えていくのかを学びました。そして奈落の彼方の印象を魂に作用させた今、私たちは魂の前に現れる自己認識の内なるドラマを魂の中で受けとります。

私たちが辿ってきた道には、三つの板が立っていました。神々の会話のすべての深みを自分の魂の中に受容した今、私たちは第三の板の前に立っています。第一の板には、私たちが存在の奈落に到る遥か以前に、次の言葉が記されていました――

おお、人間よ、汝自身を知れ！
宇宙からの言葉が響く。
魂を強く保ち、霊の力を働かせて

この言葉を聴くがよい。
宇宙の力にあふれ、こころの奥底から
誰がそう語るのか。

言葉は空間の拡がりを貫いて
お前の感覚体験に働きかけるのか。
時間の波打つ流れを貫いて
お前の生命《いのち》の生成に響いてくるのか。

空間を感じ、時間を体験しつつ
この言葉を創造するのは
お前自身なのか。

空間の中で魂のむなしさを感じ
時間の破滅の流れの中で
思考の力を失っているのは

お前自身なのか。

守護霊に近づいたときの私たちの眼の前には、第二の板が立っていました。そこにはこう記されていました――

厳しい守護霊をしっかり見よ。
霊界の門に立ち
お前の感受性と認識力の
働きを拒んでいる。
今お前は感覚と思考を働かせて
空間の虚妄と
時間の錯覚の中から
みずからの真実を
みずからの手で
獲得しなければならない。

次いで私たちは、厳粛な守護霊の傍らを通って、その彼方に立ち、次の言葉を聴きました
――

人間が思考しています！
高みの光を受けとりなさい。

人間が感情を働かせています！
魂の熱を受けとりなさい。

人間が意志しています！
深みの力を受けとりなさい。

そのとき私たちは、こちらの感覚界にあらためて眼を向けるのです。そしてこの感覚界に対して、こういう言葉を感じとるのです――

私は思考の遺産を身につけて

この感覚世界に生まれてきた。
神の力が私をここに導いた。
死が道の終わりに立っている。
私はキリストの存在を感じたい。
キリストは素材の死の中で霊の誕生を可能にする。
私は霊の中に宇宙を見出し
宇宙生成の中に私自身を認識する。

＊

次回の秘教講義は一週間後ではなく、二週間後の八時半からです。

霊学自由大学第一学級のための秘教講義

第 19 講

ドルナハ

1924 年 8 月 2 日

愛する皆さん、またふたたび、あのマントラを魂の前に呼び起こすことから始めましょう。このマントラは、宇宙の中にあるすべてから、あるであろうすべてから、過去にあったすべてから、真の現実認識の基礎となる自己認識を求めるように、と私たちに呼びかけてくるのです――

おお、人間よ、汝自身を知れ！
宇宙からの言葉が響く。
魂を強く保ち、霊の力を働かせて
この言葉を聴くがよい。
宇宙の力にあふれ、こころの奥底から
誰がそう語るのか。

言葉は空間の拡がりを貫いて
お前の感覚体験に働きかけるのか。
時間の波打つ流れを貫いて
お前の生命《いのち》の生成に響いてくるのか。

空間を感じ、時間を体験しつつ
この言葉を創造するのは
お前自身なのか。

空間の中で魂のむなしさを感じ
時間の破滅の流れの中で
思考の力を失っているのは
お前自身なのか。

愛する姉妹兄弟たち、私たちは今、マントラを魂の前に呼び起こしました。このマントラは霊界への道を、その言葉の力の中に含んでいます。この道は、魂から見ると、境域の守護霊の傍らを通って、まず暗い夜の闇に包まれた霊界の中に入っていきます。次いで、その闇が明るく感じられるようになり、最後には、まったく明るくなるのです。私たちはこの明るい霊界の中で――いつもは無意識でしたが、今は意識的な仕方で――、高次のヒエラルキアの互いの語り合いを人間がどのように受けとめるのかを見ました。まるで高次のヒエラルキアと働きを共にするように、宇宙そのものが宇宙言語となって語るのを人間は意識できたのです。そして最後に、私たちは、さまざまなヒエラルキアの合唱の響き合う宇宙領域へ身を移すのです。

そこでさまざまなヒエラルキアの合唱がどのように響き合うのか、もう一度心に思い浮かべてみましょう。そこでの私たちは、魂を第二ヒエラルキアと第一ヒエラルキアの本性たちの語る言葉に浸透させています。今私たちはこの本性たちの発する言葉の響きを合唱のように聴きます。

守護霊は次のように注意します。この言葉はこれまでの秘教講義の中ですでに聴きました――

エーテルの虹の
明るく力強い光輪を見よ。
光を生み出すお前の眼の力によって

お前の自我をこの光輪に浸透させよ。
そうすれば彼岸の立場から
色の流れの中に
宇宙の器が見えてくる。

守護霊が虹のこの霊的な秘密に私たちの注意を向けますと、天使、大天使、人格霊の合唱のように、次の言葉が響きます——

器の横溢する光の中に
色彩を呼吸する
われらの思想の生命《いのち》を感じとれ。
われらは感覚の輝きを
霊の本質領域へ担っていく。
そして宇宙を貫いて
高次の霊たちへの奉仕につとめる。

第三ヒエラルキアの霊たちは、自分たちが人間のために第二ヒエラルキアの形態霊、運動霊、叡智霊に仕えようとしている、と説明します。私たちはふたたびこの霊たちの領域から次のような合唱を聴きます――

あなたたちが受けとったもの
死せる感覚の影から甦らせたもの――
われらはそれを存在の中で目覚めさせる。
われらは光の輝きにそれを贈る。
光の輝きは霊の本性の中で
愛を働かせて
素材のむなしさを開示する。

第二ヒエラルキアの本性たちが宇宙創造のために私たちの自我に訴えかけているのだ、ということを私たちが聴いたとき、私たちのこころに第一ヒエラルキアのセラフィーム、ケルビーム、トローネの次のような合唱が響いてきます――

お前の意志の世界の中に
われらが宇宙の働きを感ぜよ。
われらが思考によって創造するとき
霊が素材の中で輝く。
われらが意志によって生きるとき
霊が素材の中で創造する。
宇宙は自我が求める霊の言葉なのだ。

今私たちは宇宙創造の根底に存するあの霊言の中にいます。私たちは周囲にこの霊言を感じ、宇宙がこの霊言に浸透されていると感じます。そして、自分もまたこの霊言に織り成されており、私たちの内なる人間の本質の中にこの霊言が浸透していると感じます。宇宙に響き渡るこの霊言が私たちのこころに流れ込むのを感じるのです。私たちの存在全体がこの霊言の波の中を漂っていると感じ、霊の言葉で織り成された宇宙霊の中にみずからを感じるのです。

守護霊は遠くにいます。私たちは守護霊のそばを通ってここまで来ました。守護霊は今ずっと遠くにいます。その守護霊は遥か彼方から最後の警告を私たちの霊耳に発します。

今、人間自我はセラフィームとケルビームとトローネに担われた霊言の領域にいる自分を自覚しています。その人間自我に守護霊は遠くから、こう語るのです――

宇宙の火に燃え上がる
焔のような言葉をもって
誰が霊言を語るのか。

第一ヒエラルキアの領域から答えが響きます――

星々の光輝体が語る。
セラフィームの霊火が燃え上がり
焔となる。

そこで私たちは、宇宙言語をおのれの内部に次のように感じます――

その霊火は私の心の中でも燃える。

人間のこころは

原存在の愛の泉の中に
創造する霊火の言葉
「それは私である」を見出す。

愛する姉妹兄弟たち、秘教の分野に参入しようとする人は、まず感じとらなければなりません。太古の真言「エイェー・アスヘル・エイェー」(私は私である)、「私である」が彼岸の現実から響いてくる聖なる言葉であるということをです。私たちが日常何気なく使う「私です」は、その残照にすぎないのです。

真の「私である」が地上界の私たちによって語られることはありません。もし私たちがふさわしい仕方で「私である」と言いたいのなら、セラフィーム、ケルビーム、トローネの領界へ赴かなければなりません。このことを意識していなければなりません。本当に「私である」と言えるのは、この領界においてであり、この地上界での「私である」は幻想でしかないのです。

ですから、真の「私である」を内的に体験するためには、宇宙の言葉を聴き、そして境域の守護霊の問いに答えなければなりません。「誰が宇宙の言葉を語るのか」という問いにです。セラフィームは霊の稲妻の焔で宇宙の道を渡っていき、今私たちの立っているところで宇宙の火の言葉を発します。その言葉は焔のように響きます。私たちがこの燃え上がる宇宙の火の中で焔の声を聴くとき、真の「私である」を体験するのです。

これが私たちからもうすでに遠く離れてしまった境域の守護霊の問いに対する答えなのですが、この答えは、第一ヒエラルキアの領界からくるのです――

宇宙の火に燃え上がる
焔のような言葉をもって
誰が霊言を語るのか。

星々の光輝体が語る。
セラフィームの霊火が燃え上がり
焔となる。
人間のこころは
原存在の愛の泉の中に
創造する霊火の言葉
「それは私である」を見出す。

［マントラの第一部が板書される］

守護霊が遠くから語る（人間自我はセラフィーム－ケルビーム－トローネを担う霊言の領域に自分がいると悟る）――

　宇宙の火に燃え上がる
焔のような言葉をもって
誰が霊言を語るのか。

第一ヒエラルキアの領界から――
　星々の光輝体が語る。
セラフィームの霊火が燃え上がり
焔となる。
人間のこころは
原存在の愛の泉の中に
創造する霊火の言葉

「それは私である」を見出す。

人間の言葉が響くとき、その言葉から人間の思考が語っています。そして、霊の宇宙の言葉が響くとき、霊の宇宙の言葉から宇宙の思考が語っています。このことは今、遠くから守護霊が発する第二の問いの中にあります。

守護霊は遠くから問いかけます。人間自我は自分がセラフィーム－ケルビーム－トローネを担う霊言の領界にいるのを知っています――

霊言の中で
宇宙魂たちから生じる思考内容をもって
何ものが考えるのか。

この思考内容は、さまざまなヒエラルキアの本性たちに属するすべての宇宙魂たちから生じ、宇宙の諸領界の一切を造形し、形成します。それゆえ守護霊は形成力のあるこの思考内容を考えるのは誰なのか、と問うのです――

霊言の中で
宇宙魂たちから生じる思考内容をもって
何ものが考えるのか。

ふたたびその言葉は、第一ヒエラルキアの領界から私たちのところに響いてくるのです——

星々の光輝体が考える。

言葉を発するのは、はじめは焰でした。今は星々という光輝体が語ります。焰の元であるこの光輝体が考えるのです。

星々の光輝体が考える。
ケルビームの形成力が輝く。
この形成力が私の頭の中でも輝く。

その中に立っている人間はこう言います——

原存在の光源の中で
人間の頭が
思考する魂の形成作用
「それは私である」を見出す。

これが第二の対話です。私たち自身の中の第一ヒエラルキアの本性たちが、「私である」を体験させてくれるのです。宇宙が私たちにそれを許しているのです——

霊言の中で
宇宙魂たちから生じる思考内容をもって
何ものが考えるのか。

星々の光輝体が考える。
ケルビームの形成力が輝く。
この形成力が私の頭の中でも輝く。

原存在の光源の中で
人間の頭が
思考する魂の形成作用
「それは私である」を見出す。

［マントラ第二部が板書される］

守護霊が遠くから語る――
　霊言の中で
　宇宙魂たちから生じる思考内容をもって
　何ものが考えるのか。

第一ヒエラルキアの領界から――
　星々の光輝体が考える。
　ケルビームの形成力が輝く。
この形成力が私の頭の中でも輝く。

原存在の光源の中で
人間の頭が
思考する魂の形成作用
「それは私である」を見出す。

宇宙の霊言は語らなければなりません。思考内容がその霊言から流れてきます。しかし、その思考内容は創造的で、力に貫かれています。思考内容が流れますと、そこから宇宙存在と宇宙事象が、存在するすべてが生じます。言葉を形成する宇宙思考、思考内容を担う宇宙の言葉がそこに生きています。これは考え、語るだけではなく、創造であり、力の働きであり、言葉の中の力の流れなのです。力が思考内容を宇宙存在、宇宙事象の中に描き込むのです。

次に境域の守護霊が遠くから第三の問いを提示します――

霊言の中で
宇宙体を生きる力をもって
何ものが働くのか。

宇宙の言葉が響き、宇宙の思考内容に輝く宇宙存在は、人間の思考や言語と同じように、体《からだ》に担われています。ですから宇宙の言葉を響かせ、宇宙の言葉の中で思考内容に浸透されて輝いているのは、宇宙体なのです。トローネがこの体を担っています。というよりも、この体の中で、トローネが思考内容に輝く宇宙の霊言を担っているのです。

したがって、第一ヒエラルキアの領界から守護霊の問いに対する答えが返ってきます――

星々の宇宙体が働く。
トローネの担う力は体となって働く。

私たちは普通用いることのない用語を造らなければなりません。しかし、ちょうど光について「輝く」と言い、生命について「生きる」と言うように、体が担うために行使する力について「体となって働く」と言うことができます。実際、「体」は死んだものでも、出来上がったものでもなく、どの瞬間にも活動し、運動し、反応する「体となって働く」何かなのです。

トローネの担う力は
私の肢体の中でも体となって働く。

原存在の生命《いのち》の泉の中に
人間の肢体は
働く宇宙の担い手の力
「それは私である」を見出す。

宇宙の言葉、宇宙の思考、宇宙の体。守護霊の第三の問いがこの宇宙の体に向けられます

——

霊言の中で
宇宙体を生きる力をもって
何ものが働くのか。

星々の宇宙体が働く。
トローネの担う力は
私の肢体の中でも体となって働く。
原存在の生命の泉の中に

人間の肢体は
働く宇宙の担い手の力
「それは私である」を見出す。

［マントラの第三部が板書される］

守護霊が遠くから語る――

――人間自我はセラフィーム－ケルビーム－トローネを担う霊言の領界にいる自分を自覚します――

霊言の中で
宇宙体を生きる力をもって
何ものが働くのか。

第一ヒエラルキアの領界から――

星々の宇宙体が働く。
トローネの担う力は
私の肢体の中でも体となって働く。
原存在の生命《いのち》の泉の中に
人間の肢体は
働く宇宙の担い手の力
「それは私である」を見出す。

私の姉妹兄弟たち。これはひとつの道の一種の終点です。この道は幻想の領界に始まり、この領界が私たちを境域の守護霊のところへ導き、この守護霊が私たちを自己認識へ導きました。自己認識を通して、ヒエラルキアの合唱が聞こえる霊界へ導いてくれました。今私たちが真なる「私である」を、「エイェー・アスヘル・エイェー」を内部に体験することが許されるとき、それはひとつの終点に達したことなのです。この三重の「それは私である」が私たちのこころの中から湧き出るとき、そしてセラフィーム、ケルビーム、トローネが私たちのこころの中に響かせるものがこだまとなって私たちのこころの中から湧き出るとき、私たちはこの「私である」を体験できるのです——

宇宙の火に燃え上がる
焔のような言葉をもって
誰が霊言を語るのか。

星々の光輝体が語る。
セラフィームの霊火が燃え上がり
焔となる。
人間のこころは
原存在の愛の泉の中に
創造する霊火の言葉
「それは私である」を見出す。

霊言の中で
宇宙魂たちから生じる思考内容をもって
何ものが考えるのか

星々の光輝体が考える。
ケルビームの形成力が輝く。
この形成力が私の頭の中でも輝く。
原存在の光源の中で
人間の頭が
思考する魂の形成作用
「それは私である」を見出す。

霊言の中で
宇宙体を生きる力をもって
何ものが働くのか。

星々の宇宙体が働く。
トローネの担う力は
私の肢体の中でも体となって働く。

原存在の生命《いのち》の泉の中に
人間の肢体は
働く宇宙の担い手の力
「それは私である」を見出す。

愛する姉妹兄弟たち、以上でこの第一クラスの最初の部分が修了したことになります。私たちは霊界から得ることのできる情報を、霊界に由来する形象と霊聴内容を、魂の前に呼び起こし、セラフィーム、ケルビーム、トローネの環境の中で真の人間自我を把握できるところにまで通じる道がどのようなものであるかを知ることができました。

愛する姉妹兄弟たち、一般人智学の講義でお聞きになったように、はじめにこのような内的な、こころの教えが響いたのは、ミカエルの超感覚的な学堂においてでした。次いで一九世紀初頭に、ミカエルのそばにいるように選ばれた魂たちの前に、一五、六、七世紀の学堂の諸啓示が霊視的な祭祀での圧倒的なヴィジョンとなって現れました。この超感覚的な学堂は、明らかにミカエルとその仲間によって導かれていたのです。そして今私たちも、ミカエルによって創設された人智学の学堂の前に立っています。私たちはこの学堂にいる自分を感じています。霊界と人間自我へ導く道を教えてくれるのは、ミカエルの言葉です。ミカエルの秘教学堂のこれらのミカエルの言葉が、いわば第一学級の第一部をなしていました。

あとでお知らせするように、私たちは秋にまたこの秘教学級でお目にかかれますが、そのときは、一九世紀初頭の霊視による祭祀の内容を述べるつもりです。それがミカエルの力の意志なのですから。これが第二部に当たります。これまで受けとってきたマントラの言葉は、そのとき形象となって私たちの魂の前に現れるでしょう。この形象は――可能な限り――一九世紀初頭の超感覚的な霊視的な祭祀から取ってこようと思います。

この学堂の第三部は一五、六、七世紀の超感覚的なミカエル学堂でのマントラの解釈に私たちを直接導いてくれる内容になるはずです。

私たちは以上のすべてによって、霊界そのものに導かれるのです。しかし、そのときも私たちは繰り返して物質的‐感覚的な地上世界に眼を向けなければなりませんし、謙虚に感覚的‐物質的な地上世界での働きをしっかり受けとめなければなりません。

ですから最後に、どの石、どの植物、どの動物、どの雲や水の流れ、どの風、森、山々からも響いてくるすべてを、地球の諸事物、諸経過から響いてくるすべてを魂で受けとめようと思います。ただそれには、ふさわしい感覚を働かせて受けとめなければならないのです。

私たちはセラフィーム、ケルビーム、トローネの領界にいました。守護霊の声でさえ、遠くからしか聞こえてきませんでした。私たちは謙虚にふたたび守護霊のところにまで戻り、感覚的仮象の領界に立ち返ります。そして、ふたたび以下の言葉をこころに響かせます――

おお、人間よ、汝自身を知れ！
宇宙からの言葉が響く。
魂を強く保ち、霊の力を働かせて
この言葉を聴くがよい、

宇宙の力にあふれ、こころの奥底から
誰がそう語るのか。

言葉は空間の拡がりを貫いて
お前の感覚体験に働きかけるのか。
時間の波打つ流れを貫いて
お前の生命《いのち》の生成に響いてくるのか。

空間を感じ、時間を体験しつつ

この言葉を創造するのは
お前自身なのか。

空間の中で魂のむなしさを感じ
時間の破滅の流れの中で
思考の力を失っているのは
お前自身なのか。

＊

愛する姉妹兄弟たち、この秘教学級ではっきり指示された規則が残念ながらメンバーの多くから守られずにいます。私は昨日もいろいろ不愉快なクレームをつけなければなりませんでした。信じられないことですが、会員証である青い証明書を椅子に置き忘れた人がいました。またこの学級のマントラを記したノート二冊とバッグひとつを置いたままにしてしまった人が三人いました。タイプで記されたマントラの入ったバッグは、路上で発見されました。ノートの一冊は、昨日皆さんに申し上げたような仕方で書き写されていました。もうひとつのノートはガラス工房に置いたままになっていました。ですから、この学級の三人のメンバーを今日の秘教講義を始める前に除名せざるをえませんでした。

以上で一九回のこの秘教講義を終わります。この学級が何を意味しているか、これまですでに聴いてこられた方々なら、真剣な態度で学んでこられたはずだと思ってしまいます。ところが、ひとりはマントラを路上に落としてしまい、もうひとりはこの会場の席に置き忘れ、三人目はガラス工房に置いたままにしたのです。まったく重要な役職にあった三人のメンバーがこの学級から除名されざるをえませんでした。愛する姉妹兄弟たち、この学級の始めに述べた規則は厳格に守られなければなりません。繰り返して申し上げますが、厳格に守られなければなりません。この学級を守護する霊的存在たちの名の下に求められねばならぬことを、メンバーたちが遵守するときにのみ、こういう学級の秘教上の真剣さが守られるのです。

真にオカルト的な事柄とは、そういうものなのです。人智学協会でいろいろに行われてきた事柄がそのまま今後も行われることはありません。真剣さでその性格を充たすべきものは、実際にも真剣に受けとめられねばなりません。

参考図版

シュタイナーのノート・メモ（第12講）

I.) Vernimm des Denkens Feld:

1.) Es spricht, der dir die Wege
Von Erdensein zu Erdensein
Im Geisteslichte weisen ~~kann~~ will:
Blick auf deiner Sinne Leuchtewesen.

2.) Es spricht, der dich ~~als~~ zu Seelen
~~Wenn du als seine Seele~~
Im stoffbefreiten Seinsgebiete
~~Vor Seelenaugen~~
Auf Geistesschwingen tragen will:
Blick auf deines Denkens Kräftewirken

3.) Es spricht; der unter Geistern
~~Der~~ Im ~~Dich~~
~~Dir Im~~ erdenfernem Schöpferfelde
Den Daseinsgrund ~~bauen~~ dir geben will:
Blick auf ~~Seines~~ der Erinnerung Bildgestalten.

II Vernimm' des Fühlens Feld.

1.) Es spricht, der ~~dich, als im Denken denkend Dich~~
~~Als Geistesselbst als Gedanken~~ Gedanke
~~Im Weltensein durch~~
Aus ~~Sonnenrot~~ Geistessonnenstrahlen
~~Dich~~ Dich zum ~~erg~~ Welten~~sein~~dasein ~~erf~~ ruft
Fühl' in ~~Blick auf~~ deines Atems Lebens ~~schaffen~~ regung.

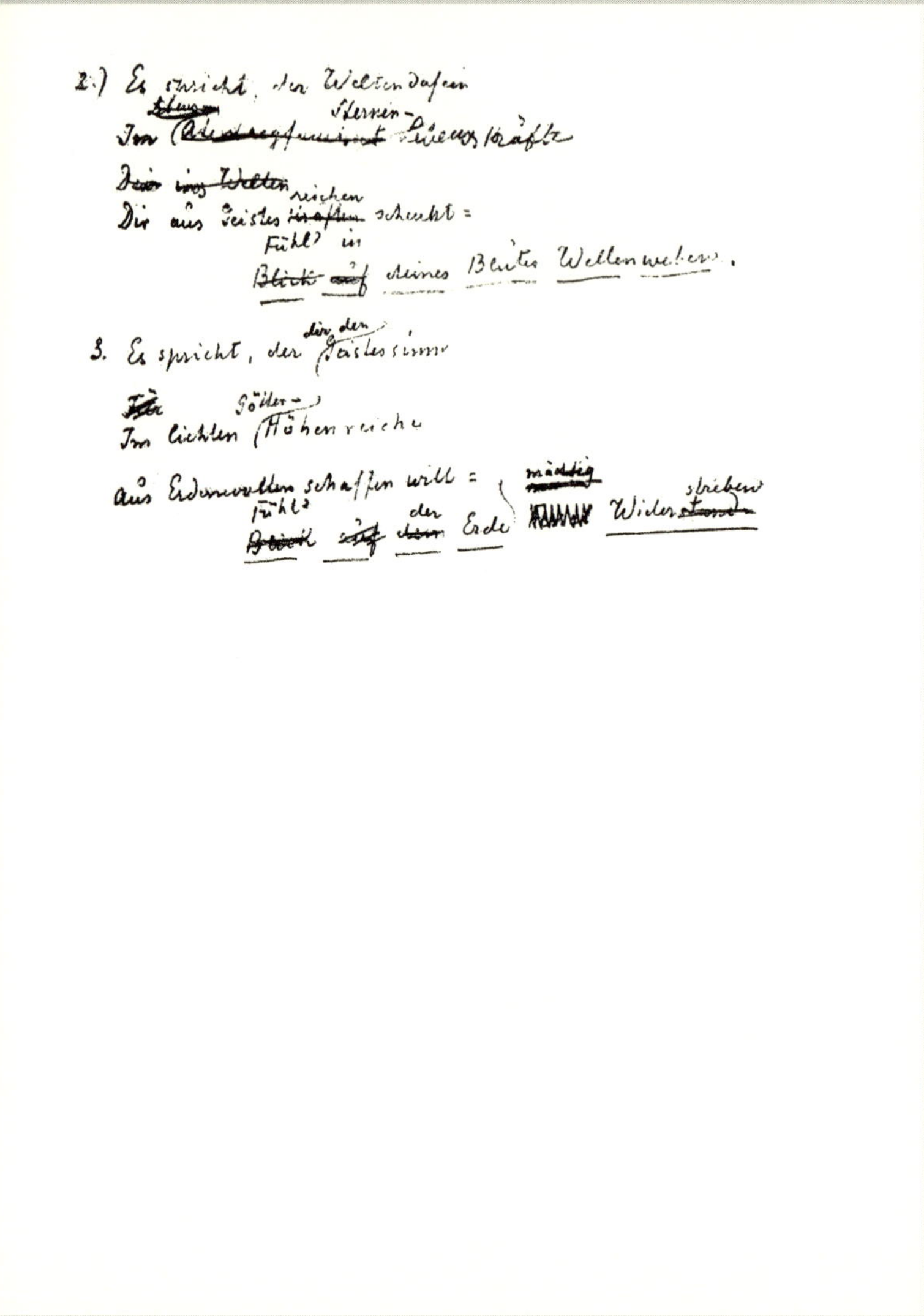
2.) Es spricht, der Weltendasein
Im Sternen-Lichtes Kräfte
~~Dir ins Welten~~
Dir aus Geistes ~~kräften~~ reichen schenkt =
Fühl' in ~~Blick auf~~ deines Blutes Wellenweben.

3. Es spricht, der die den Geistessinn
~~Für~~
Im lichten Götter-Höhenreiche
Aus Erdenwollen schaffen will =
Fühl' ~~Blick auf~~ der ~~dem~~ Erde ~~mächtig~~ Wider~~stand~~streben

11. Mai 1924

I.) Vernimm des Denkens Feld:

1.) Es spricht, der dir die Wege
Von Erdensein zu Erdensein — Angeloi
Im Geisteslichte weisen will:

Blick' auf deiner Sinne Leuchtewesen.

2.) Es spricht, der dich zu Seelen
Im stoffbefreiten Seinsgebiete — Archangeloi
Auf Seelenschwingen tragen will:

Blick' auf deines Denkens Kräftewirken.

3.) Es spricht, der unter Geistern
Im erdenfernen Schöpferfelde — Archai
Den Daseinsgrund dir geben will:

Blick' auf der Erinnerung Bildgestalten.

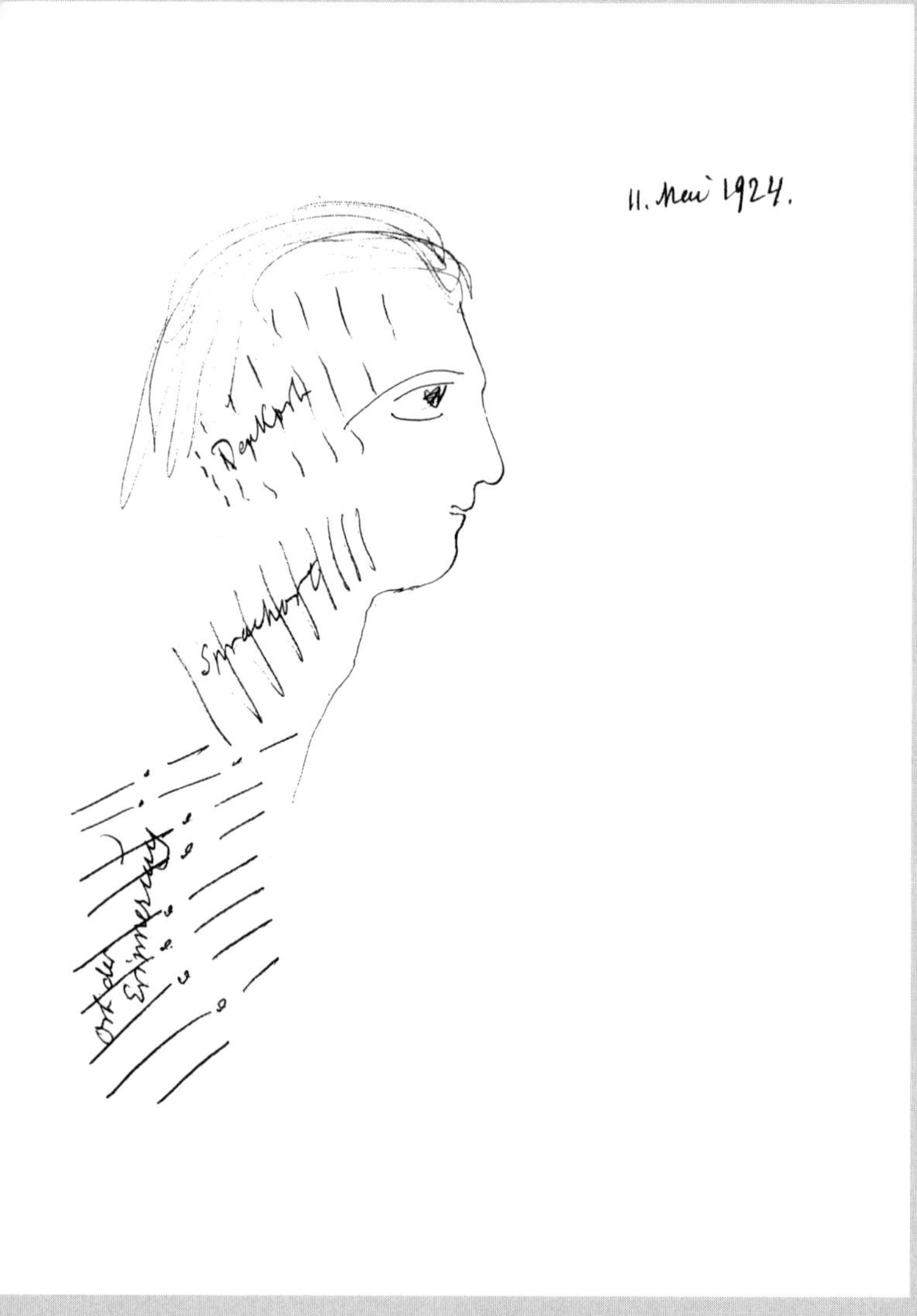
11. Mai 1924.

11. Mai 1924

II.) Vernimm des Fühlens Feld:

1.) Es spricht, der als Gedanke
Aus Geistessonnenstrahlen — Exusiai
Dich zum Weltendasein ruft:

Fühl' in deines Atems Lebensregung.

2.) Es spricht, der Weltendasein
Aus Sternen-Lebenskräften — Dynamis
Dir in Geistesreichen schenket:

Fühl' in deines Blutes Wellenweben.

3.) Es spricht, der dir den Geistes-Sinn
Im lichten Götter-Höhenreiche — Kyriotetes
Aus Erdenwollen schaffen will:

Fühl' der Erde mächtig Widerstreben.

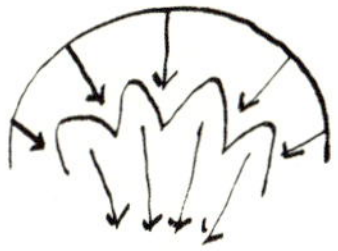

III. Vernimm des Willens Feld:

1.) Es spricht, der die Weltenkräfte, die dumpfen
Aus den Erden-Untergründen, den finstern (Throne)
In deiner Glieder Regsamkeiten lenket:

Blick' auf deiner Triebe Feuer-Wesen.

2.) Es spricht, der die Geisterstralen, die hellen
Aus Gottes-Wirkens-Feldern, gnadevoll (Cherubine)
In deinem Blute kreisen lässt:

Blick' auf des Gewissens Seelen-Führung

3.) Es spricht, der das Menschensein, das vollbrachte
Durch Tode und Geburten, sinngerecht (Serafine
Zum Atmen bringt in gegenwärt'ger Zeit:

Blick' auf deines Schicksales Geistes-Prüfung

プロフィール

ルドルフ・シュタイナー　Rudolf Steiner（1861-1925）
ハンガリーのクラリエヴィェベック（現クロアチア）に生まれる。ウィーン工科大学卒業。ゲーテ学者、哲学者として活躍した後、1902年、神智学協会ドイツ支部書記長に就任。13年、神智学協会を離れ、人智学協会を設立。霊学的観点から新たな総合文化の必要性を説き、その影響は宗教、芸術、教育、医療、農法、経済など、広範な分野に及ぶ。1925年、スイス・ドルナハにて逝去。著書・講演録多数。

高橋 巖　Iwao Takahashi
東京、代々木に生まれる。慶應義塾大学文学部大学院修了後、ドイツに留学。ミュンヘンでドイツ・ロマン派美学を学ぶなか、シュタイナー思想に出会う。1973年まで慶應義塾大学で教鞭をとる（美学・西洋美術史を担当）。1985年、日本人智学協会を設立。著書に『神秘学講義』『シュタイナー哲学入門』ほか、訳書に『シュタイナー・コレクション』全7巻ほか。

秘教講義 1

2018 年 11 月 30 日　第 1 刷発行
2022 年 7 月 10 日　第 3 刷発行

著　者＝ルドルフ・シュタイナー
訳　者＝高橋　巖
発行者＝神田　明
発行所＝株式会社 春秋社
〒 101–0021 東京都千代田区外神田 2–18–6
電話　(03)3255–9611（営業）
(03)3255–9614（編集）
振替　00180–6–24861
https://www.shunjusha.co.jp/
印刷所＝萩原印刷株式会社
装　丁＝本田　進

ISBN978-4-393-32547-6 C0010　定価はカバーに表示してあります。